Waste to Wealth
The Circular Economy Advantage

サーキュラー・エコノミー

デジタル時代の成長戦略

ピーター・レイシー & ヤコブ・ルトクヴィスト 著
アクセンチュア・ストラテジー 訳
牧岡宏・石川雅崇 監訳

日本経済新聞出版社

Waste to Wealth
The Circular Economy Advantage
by
Peter Lacy & Jakob Rutqvist

First published in English by Palgrave Macmillan, a division of Macmillan Publishers Limited under the title Waste to Wealth by Peter Lacy and Jakob Rutqvist. This edition has been translated and published under licence from Palgrave Macmillan. The authors have asserted their right to be identified as the authors of this Work.

Japanese translation rights arranged with Palgrave Macmillan, a division of Macmillan Publishers Limited, Hampshire through Tuttle-Mori Agency, Inc., Tokyo.

賛辞

「2020年前後、自動車産業にとって誕生以来最大の変革と機会が訪れます。これをどう活かすか？　大いなるヒントがサーキュラー・エコノミーという経済モデルの転換にあります」

——日産自動車　取締役副会長、志賀俊之氏

「持続可能な開発、気候変動の影響、災害の大規模化など、様々な世界的問題を解決するための具体策が求められている中、サーキュラー・エコノミーは、その1つの具体策です。本書は、問題解決策を商機と成長戦略に結びつけることの重要性を教えてくれました。企業は過去の成功体験を覆し、経営理念から事業計画に至るまで、再考しなければなりません。斬新な事業モデルの構築と、破壊的なテクノロジーの創出、これこそが成功の鍵です」

——国際航業　代表取締役会長、呉文繍《サンドラ・ウー》氏

「『サーキュラー・エコノミー』で業界を代表する企業のケーススタディが示すとおり、サーキュラ

ー・エコノミーのビジネスモデルは我々企業と顧客の双方に大きな成果をもたらしています。企業に求められているのは、古い慣習から脱却し変革へ向けた取り組みに着手することです。より耐用年数の長い製品を設計するとともに、市場的には寿命を迎えた製品の残存価値を活かすことが重要です。企業側が製品を所有し技術的運用を行えば、すでに製品のメリットを高く評価している顧客に対して、メリットそのものをサービス化して提供することは困難ではありません」

——フィリップス社CEO、フランス・ファン・ホーテン氏

「サーキュラー・エコノミー、サーキュラー型の責任、サーキュラー・アドバンテージ（競争優位性）、いずれも極めてシンプルですが効果的なアプローチです。本書は、世界的な資源不足に迫られる企業が将来性のあるビジネスモデルを確立する方法を実践的に示しています。事業を展開するにあたり、すべての企業に透明性が求められる現在、取り組みを開始すべき時期が来ていると言えるでしょう」

——ユニリーバ社CEO、ポール・ポールマン氏

「持続可能な経済体制を構築するためには、システムを根本から見直すことが必要です。本書では、一方通行型の経済モデルからサーキュラー・エコノミーに転換するためのステップが順を追って説明されています。サーキュラー・エコノミーとは、単なるリサイクルを指すのではなく、イノベー

ションと新たなビジネスモデルを用いて全く新しい価値創造を実現することなのです」

——DSM社CEO兼取締役会長、フェイケ・シーベスマ氏

「本書では、いま最も注目を集めるビジネストレンドの1つであるサーキュラー・エコノミーの精神が明らかにされています。ピーター・レイシー、ヤコブ・ルトクヴィストの両氏は、シンプルかつ実践的なアプローチでこのテーマに迫り、『取って、作って、捨てる』一方通行型の経済モデルが消滅しつつある（すべきである）ことを明示しています。また、資源が持つ本来の価値と可能性を『生産、使用、初期寿命』というすべての段階において最大限に活用することの重要性についても明示しています。このアプローチは、当社カールスバーグ・サーキュラーコミュニティの活動に大きな影響を与えただけでなく、持続可能な成長を目指すすべての企業にとって極めて重要な意味を持つと感じています」

——カールスバーグ社前CEO、ヨルゲン・ブール・ラスムセン氏

「我々はすでに、この地球が再生可能な量を超える資源を消費しており、エネルギー、水、原材料など資源全般において使用量の削減努力を求められています。当社は化学工業の分野において、生産時（再生可能な資源の利用）または廃棄時（リサイクル可能な原材料の利用）のどちらかで製品ライフサイクルを完結させる方法を研究しています。新たな技術とビジネスモデルを開発するため

に抜本的なイノベーションを必要とする我々にとって、サーキュラー・エコノミーはソリューションの1つとなり得るはずです。また、企業が新たな一歩を踏み出すにあたり、本書が正しい方向へ導く指針となることを期待しています」

――ブラスケム社前CEO、カルロス・ファディガス氏

「サーキュラー・エコノミーが提供するソリューションの妥当性および重要性は広く普及しつつあります。サーキュラー・エコノミーは、雇用、事業の成長、資源の効率化、気候変動対策など様々な課題に対応するための極めて効果的なビジネスモデルといえます。サーキュラー・エコノミーを初めて実践に移した代表的企業が我がスエズ・エンバイロメント社であり、原材料のリサイクルと回収を実現しました。取り組みを開始していない企業にはぜひ本書をご一読いただき、転換への一歩を踏み出されることをお勧めいたします」

――スエズ・エンバイロメント社CEO、ジャン＝ルイ・ショサード氏

「本書で述べられている内容は、向こう10〜15年で企業を成功へと導く世界標準となるでしょう。シールドエアー社は保存期間中の食品を安全に保つとともに、食品ダメージを排除することで流通を円滑にし、衛生管理によって人々の生活を守り続けてきました。かつてサステナビリティの概念を新たな品質の定義として採り入れたように、いまやサーキュラー・エコノミーの理念は包括的価

値創造の定義として我が社に定着しています」

――シールドエアー社社長兼CEO、ジェローム・ペリベール氏

「ピーター・レイシー、ヤコブ・ルトクヴィストの両氏は、時代をサーキュラー・エコノミーへと導く旗手であり、彼らの著書はサステナビリティとサーキュラー・エコノミーのコンセプトが民間企業に課される負担と捉えられるべきではなく、むしろ競争優位性を高めるための原動力であることを強調しています。天然資源の枯渇が経済成長を圧迫するこの時代、『ありきたりのビジネスモデル』はもはや機能しないということが本書では具体的なケーススタディに基づき説明されています。あらゆる視点から見て、ぜひ手に取っていただきたい1冊です」

――ノボザイムズ社社長兼CEO、ペダー・ホルク・ニールセン氏

「サステナビリティは食品業界にとって必須条件です。そしてサーキュラー・エコノミーは、増加を続ける人口を支えるための持続可能な農業および漁業の実現において重要な役割を果たします。サーキュラー・エコノミーを実践するにあたり、従来の価値観に異議を投げかけ、かつて『無駄』とされてきた資源の新たな活用法を見出すとともに、長期的な競争優位性維持のためのエコシステムの構築が必要です。サーキュラー・エコノミーによるイノベーションを実現したのが、甚大な津波災害に見舞われた東北地方です。資源が豊富とは言えないこの地方が、いまや最先端の野菜工場

やコワーキングスペース、ワークシェアリングの中心地となっていることは皮肉な結果ともとれますが、これこそ日本が実現すべきイノベーションであり、今後得意分野に成長すると考えられます。『サーキュラー・エコノミー』のような書籍が日本のみならず、世界各国をより持続可能な未来へ向けて導くことを願ってやみません」

——オイシックス　創業者・代表取締役社長、髙島宏平氏

「21世紀は〝脆弱性増大の時代〟と言っても過言ではありません。これまでになく密接に相互が接続し依存しあうなかで我々に課される個別および集団での責任は増大しつつあります。サステナビリティ、環境に配慮した経済、資源の効率化、サーキュラー・エコノミーなど表現は様々ですが、明確なことは従来の生産および消費の方法、そして生き方を転換しなければならない時期に来ているということです。我々にとって避けることのできない課題に対処するために、本書が大いに役立つことを期待しています」

——国際資源パネル（ＩＲＰ）共同議長・前欧州委員会環境担当
ヤネス・ポトチュニック氏

「サーキュラー・エコノミーの発展と拡大には、学術関係者、政府、そして企業の関係強化が不可欠です。今世紀に入り中国政府は、サーキュラー・エコノミーに関する政策立案に大きく貢献して

きました。今後これを実行に移す企業にとって『サーキュラー・エコノミー』の刊行は絶好のタイミングだと言えるでしょう。サーキュラー・エコノミーの5つの実践的ビジネスモデルと関連する破壊的テクノロジーを把握することで、中国におけるビジネス転換とサーキュラー・エコノミーのさらなる発展が大きく後押しされると予想されます」

――同済大学持続可能な発展・管理研究所　教授・所長、諸大建氏

日本語版への序文

「デジタル」「ＡＩ」「シェアリング」「プラットフォーム」「エコシステム」「サステナビリティ」などのややこしい単語、あるいは「第４次産業革命」「破壊的テクノロジー」「破壊的プレーヤー」「トランスフォーメーション」などの大仰ともいえる単語が紙面を賑わしています。長年、戦略コンサルティング業界に身を置く私たち監訳者は、なぜそれらが必要なのか、それらによって何を成し遂げる必要があるのか、という点については、必ずしも明らかになっていないケースが多いことを痛感しています。

その一方で、「天然資源の制約」「労働力減」「社会サービスコストの増大」「消費の停滞」といった多重な課題の重圧は日ごとに深刻化する状態にあることは言うまでもありません。

こうした、将来のビジネスの在り方に対する不確実性がこれまでにないレベルで増加しているなか、改めて自社の成長をどこに求めるか、それをどのように実現するべきかについて、企業のトップの方々から相談を受けることが多くなりました。企業の成長戦略は不変のテーマですが、一種の諦観も含めた深刻な相談を受ける機会が増えたことは、私たち監訳者のこれまでの経験に鑑みても過去に例を見ません。

例えば、創業以来長い歴史を持つ耐久消費財のサプライヤーであるA社のトップからは、次のような相談をいただきました。「新しい機能を付加した新製品を出して、買い替えを含めた新規需要を喚起するやり方が終焉しつつある。このことは以前から分かっているが、長年にわたって染みついた社内の仕組みや風土がそこからの転換を阻んでいる。こうした状態を甘受できる余裕はないのだが……」つまり、新しい成長モデルを示せないことに根本原因があるのは分かっているものの、もはや日本国内では成長を追求することは不可能と考えるべきなのか、という深刻な悩みをお持ちでした。

また、革新的な風土で知られるハイテク製品とサービスを提供するB社のトップは「これまで徹底した顧客指向でやってきたつもりだが、この数年は顧客の声をヒントにしたイノベーションに限界を感じている。それでも会社としては成長を目指していくことに変わりはない。どうしたらいいのだろうか?」と仰っていました。このトップは、顧客の価値観や購買行動の変化を感じているようでしたが、それらをどのように把握して次の成長につなげられるかが不透明なことに、大きな焦りを感じておられたようです。

さらに、業界では比較的新しいプレーヤーであるC社のトップは、「言い古されてきたことではあるが、PDCAをいかに速く回転させ続けるかが結局は成長の鍵。当社は高速回転型の組織と自負しているが、それにしても〝破壊的プレーヤー〟と言われる企業の動きの速さを目にするにつけ、大きな脅威を感じる。彼らと我が社のどこに根本的な違いがあるのだろうか」と胸中を吐露されていました。

こうした、極めて不確実性が高い環境の中にあっても、新たな付加価値を創造する、すなわち成長を可能にする視点を、本書は提示しています。本書の意義をあえて簡潔にまとめれば、現時点でのビジネスの停滞の原因が一方通行型経済モデルにあることと喝破していること、そして、そうした停滞を打破するための新しいモデルを提示していることです。

言い換えれば、顧客や最終消費者の価値観が集約されていた時代とは異なり、価値観が爆発的に分散化、多様化、変化する時代においては、既存の資産を循環的に使い倒して応えていかないと、そもそも顧客の期待に応えることができないということです。

ここで「既存の資産を循環的に使い倒す」という表現について留意すべき点を補足しておきましょう。まず、「既存の資産」とは広義の意味合いであり、製品、製造設備などのハード資産、テクノロジーやノウハウなどのソフト資産を意味しています。また、「循環的に使い倒す」とは、これらの資産を顧客や消費者が必要なタイミング、必要な場所で、必要な分だけ、繰り返し利用される状態、およびそうした利用における不満点がスピーディに製品の設計や製造プロセスにフィードバックされる状態を意味しています。言い換えれば、これまでの企画から販売で終わる一方通行の長くて遅い事業サイクルではなく、顧客や消費者の利用起点での短くて速い事業サイクルを指しており、こ

◉新たな経済モデル

「働いていない」「使われていない」「空いている」状態の資産を循環的に使い倒すことで成長機会を獲得する。

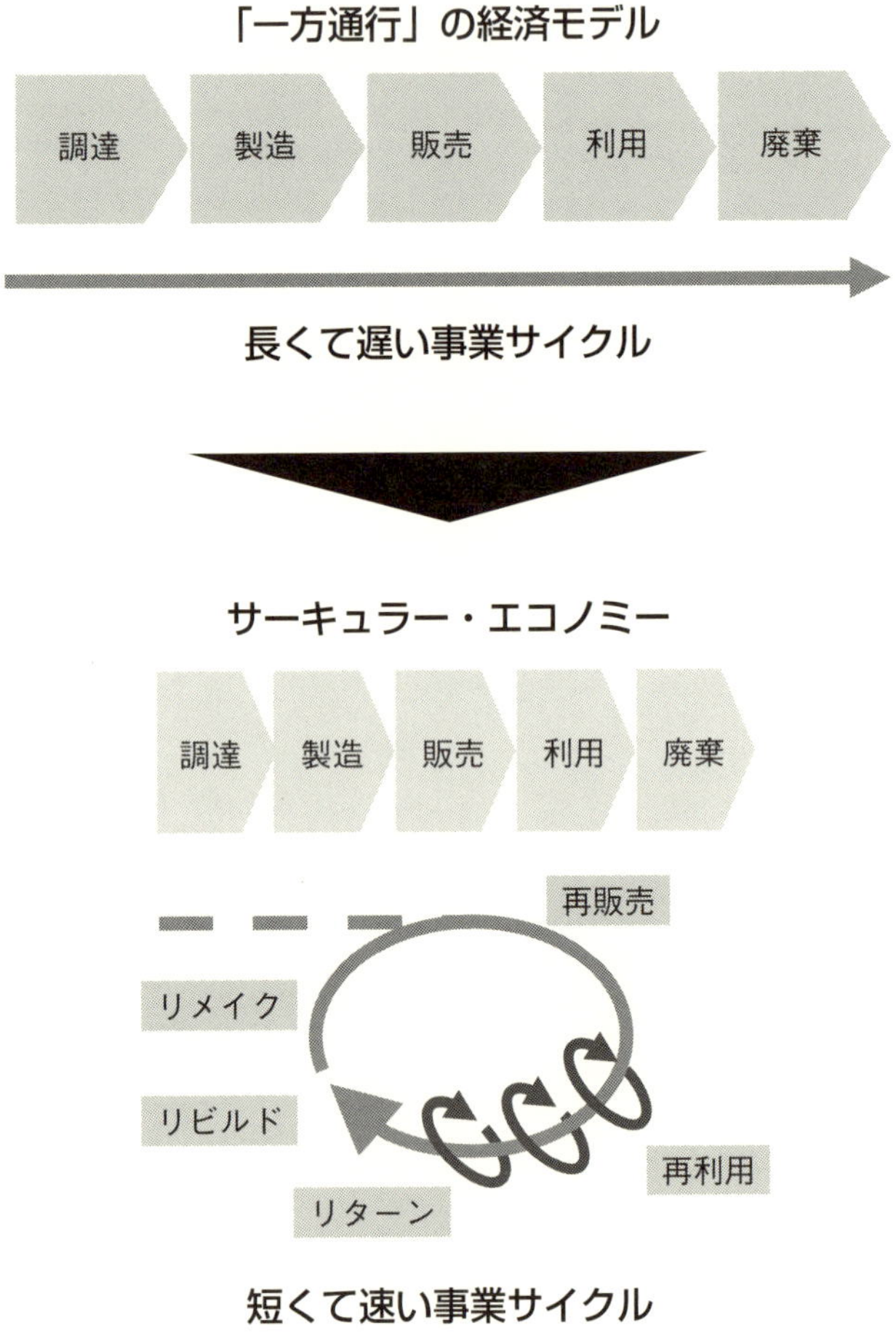

れが本書のタイトルである「サーキュラー・エコノミー」が意味するところです。

顧客や消費者起点での短くて速い事業サイクルについて、具体的な事例を紹介しましょう。ここで鍵になるのがモノの利用率、稼働率の視点です。

日本における自家用車の利用率は実に5％という低さであり、これは言い換えれば、車という製品の生産に使われた投入資源・資産が、無駄に眠っていることを意味しています。カーシェアリングはこうした無駄を活用した新たなビジネスモデルですが、本書が唱える「サーキュラー・エコノミー」という考え方の下では、1つのビジネスモデルのバリエーションにすぎません。すなわち「サーキュラー・エコノミー」は、従来の売り切りによってコストと「適正なる」利益を回収するモデル（＝長くて遅い事業サイクル）ではなく、利用ベースで、利用価値に基づく対価を徴収するモデル（＝短くて速い事業サイクル）を意味しています。


こうした考え方は、B2Bのビジネスにおいてもあてはまります。製造設備を利用ベースで第三者に提供することはすでに行われていますが、そのやり方を、もっと広い顧客ベース（場合によっては従来の産業分類を超えて）で提供する、提供のサイクルをさらに短期化する、顧客の利用価値に対する貢献をシェアする形の価格設定にする、などの余地はおおいにあるでしょう。一方、B2Cにおいても、消費者に対して、製品の利用価値を利用シーンに応じて短いサイクルで提供することが「サーキュラー・エコノミー」のポイントです。その場合の消費者が不特定多数である場合がシェアリングで、不特定多数としないやり方ももちろん存在します。

短くて速い事業サイクルを実現するためには、テクノロジーの活用が重要な鍵を握ることも強調しておきたいと思います。顧客や消費者の利用状況をきめ細かくモニターできなければ、適切に課金することも難しいことは明らかです。その意味においてＩｏＴが必須でしょう。また、モニターは課金だけではなく、顧客や消費者の千差万別な利用シーンにおける利用のやり方を解析して、継続的、かつ、スピーディに既存製品の改善に活かすことにこそ意味があります。そのためには、ビッグデータ解析に代表される新しいデジタル・テクノロジーが重要となるでしょう。さらに、こうした解析の結果が的確に反映された製品は、必然的に個別の利用ニーズにカスタマイズされた方向に進まざるを得ず、高度にパーソナライズされた製品を従来よりも効率的に生産・供給するためのテクノロジーとしてIndustrial IoTが鍵となるわけです。

このように考えてみると、冒頭に述べたように、ＩｏＴをはじめとする新しい技術がなぜ必要なのか、それによって何が成し遂げられるのかという点についても、新しい見方が浮かびあがってくるのではないでしょうか。

本書では、こうしたテクノロジーの重要性が繰り返し述べられていますが、個別の技術要素の重要性もさることながら、前に述べたようにＩｏＴ、ビッグデータ解析を含むデジタル・テクノロジー、Industrial IoTが有機的に統合されたシステムとして活用されることによって、短くて速い事業サイクルが構築できるという視点が重要です。

本書の内容は、豊富な事例の紹介も含めて極めて実践的なものになっています。論点は個別企業のみならず、経済、社会の在り方にまでおよんでいるため、多くの読者にとって最大の関心事、すなわち、「明日、何を決断しなければいけないのか？」「何を実行しなければいけないのか？」については必ずしも明白とならないきらいもあるでしょう。

前述した通り、私たち監訳者としても、本書の内容で最も意義深い点は、日本企業にとっての新しい成長戦略論を示唆していることにあると考えています。こうした観点から私たちの書き下ろしとして、最終章に日本企業にとっての成長戦略論として補足するとともに、最初の一歩を踏み出すうえでの視点をしたためました。短くて速い事業サイクルの考え方に共鳴するアクション志向の読者であれば、はじめに最終章をご一読いただくこともお勧めしたいと考えます。

本書の翻訳と出版にあたっては、日本経済新聞出版社の國分正哉氏に多大なご支援をいただきました。改めてお礼を申し上げます。第14章の書きおろしについては、アクセンチュアの代表取締役社長である江川昌史から多くの助言を受け、江川との複数回にわたる熱い議論がなければ、日本企業の成長戦略の試論として本書の内容を昇華させることは不可能だったでしょう。そして日々のクライアントへのコンサルティング活動におけるアクセンチュアの戦友、その中でも清水新、ジェフリー・バーンスタイン、和氣忠、前川敦、赤羽陽一郎、輪島総助、森健太郎、廣瀬隆治、山形昌裕、髙橋信吾、百瀬亮輔、榮永高宏、齋藤倫玲、齋木結花、牛渡綾香からの示唆によって、私たちの思考が高速回転され、不純物が取り除かれたことも事実です。最後に本書の企画の裏方として終始一貫したプロフェッショナルな支援を提供してくれたアクセンチュア・マーケティングコミュニケーション部の加治慶光、高坂麻衣には改めて多大な感謝を表明したいと思います。

アクセンチュア・ストラテジー
マネジング・ディレクター　牧岡　宏
マネジング・ディレクター　石川雅崇

序文

現在、サーキュラー・エコノミーに関して最も注目すべき点は、既存のシステムやビジネスモデルに対して非常に挑戦的な考え方であるにもかかわらず、シンクタンクや学術機関の専門家によって「象牙の塔」で議論される現実とかけ離れた概念から、企業や行政の理解を得て実践の場へと急激な変化を遂げていることでしょう。

理論から実践への移行を誘引した鍵となる要素は、ＩｏＴの登場です。デジタル時代の到来によって、デバイス、システム、サービスの連携はかつてないレベルまで高度化しました。これにより、本書のテーマでもある「無駄」を「富」に変えるビジネスモデルは実現可能というだけでなく、旧来の一方通行の経済モデルより望ましい存在になるのです。

具体的な事例も数多く見られます。エアビーアンドビーやウーバーのように世間の注目を集めるシェアリング・プラットフォームから、さらに拡大して製品だけでなくサービスを売るに至ったアパレルブランド（バッドジーンズ）や自動車メーカー（ダイムラー、ルノー、ＢＭＷなど）まで、サーキュラー・エコノミーはビジネスにおける優位性獲得の鍵を握っています。

本書で取り上げたこれらの成功事例によって明らかになるのは、サーキュラー・エコノミーのビジネスモデルが、限界に達しつつある「取って、作って、捨てる」システムから脱却する道を示し、新たな視点で「今日、今すぐに」自社のビジネスモデルを見直す必要があると気づかせてくれる存在であることです。その過程において、企業は自社なりのサーキュラー・エコノミーを実践するために、ビジネスモデルや技術、能力を活用することで、目まぐるしく変化し、かつてないほどイノベーションが活発な事業環境を生き抜くことが可能です。

変革を進めていけば、農業経済から工業経済への移行に匹敵するほどの劇的かつ根源的な変化、刺激的な時間を体験するでしょう。これは同時に数々の発明が生まれる時代でもあります。本書が紹介するアプローチを他社に先駆けて把握し行動を起こす企業は、先行者利益を手にするはずです。「万能の」正解は存在せず、一気にビジネスモデルを刷新できる企業も稀でしょう。それでも、既存のビジネスモデルから踏み出すならば、新たな機会を摑み、実用に足るサーキュラー・エコノミーツールを活用して業界における確かな優位性を確立することは可能です。

キングフィッシャーグループ前CEO
イアン・チェシャー卿
2015年1月15日

ビジネスの一義的な役割は、社会的な利益や資産を創出して顧客の役に立つことであり、不利益や損失を作り出すことではありません。しかし残念ながら、とりわけ20世紀においては商業活動が数々の問題を引き起こし、その解決に何世代もの時間を要し、人類にとって常識的な時間内では解決できない禍根を残す結果となっています。

先の産業革命による「取って、作って、捨てる」という一方通行型の経済モデルについて、無節操な商業活動が期せずして武器となり、地球および全生命体に戦闘を仕掛けたようなものだと表現する人もいるかもしれません。それが現在でも、怯えて退却中の軍隊のように、何もかもを勢いよく捨て続けているのです。分別ある人たちは、気候変動や環境汚染の差し迫った惨状を認識しています。今こそ地球に平穏をもたらすという強い意識を持たなければなりません。その節度ある繁栄と有意義な変革への原動力として、強力で創造的かつ迅速な力を発揮できるのは、商業活動以外にありません。

人間の意思はまず意匠に表れ、次に交換活動が行われます。一般的な商品の構想や発売のプロセスから読み取れるのは、企業や政府の関心が相も変わらず商品の「ライフサイクル」や「耐用年数」にあるということです。つまり、最新の生産方法（世界中から資源を調達できるからこそ可能）で生産され、雑に消費された挙げ句、有害物質として山や川、海に投棄・埋設されるか、焼却炉や廃棄物再処理工場に送られるまでの時間のことです。資源が潤沢な時代ならではの「使い捨て」の発想です。今や世界は縮小傾向にあり、限りある資源での成長にも限界があることは明らかであり、宇宙から地球を眺めると「過去は過去」だと認識できるはずです。

幸いなことに今日では、企業や社会のリーダーたちがクレイドル・トゥ・クレイドル認証（Cradle to Cradle Certified）に適応する製品を開発し、サーキュラー・エコノミーの思想を用いて、顧客に資源、エネルギー、水の永続的かつ安全な有効活用を、そして何より地球の現状に危機感を抱いているクリエイティブな人々の才能を現状の打破に活かすよう提案しています。彼らが作る新しいビジネスモデルは、限界と制約のある中、性急で短絡的な計画を練る現状から脱却し、豊かでチャンスと新たなビジネスモデルに満ちた社会で長期的な資源の利用・再利用を考える思慮に満ちた行動なのです。

ピーター・ドラッカーが指摘しているように、効率的に正しい方法で物事を進めるのはマネジャーの仕事であり、社会的な影響力を持つ正しい事業を行うのは経営陣の責務です。最近では多くの企業が有害物質の排出ゼロを目標に掲げ、素材、エネルギー、水の使用量を削減することで環境負荷を抑制していると報告しています。しかし大切なのは、廃棄物という概念そのものを実質的になくす時期に来ているというメッセージのはずです。企業は意図的に売れないものや損失を生みだすことはありません。マイケル・ブラウンガートとの共著『Cradle to Cradle』（邦題『サステイナブルなものづくり　ゆりかごからゆりかごへ』２００９年、人間と歴史社）や『The Upcycle』でも述べているように、「悪影響を抑える」という発想は悪くありませんが、本当の活力や希望は、よりよい存在を目指す企業から生まれるものです。世界が駄目になるのを遅らせるのではなく、速やかに改善する姿勢が求められているのです。
『Cradle to Cradle』で取り上げた産業デザインとサーキュラー・エコノミーの実践は、商業活動の原理そのものを根本的に変革するものです。古い市場原理が問いかけてくる単純化された自己中心的な「支出を最小限に抑えて、どれだけ多くを手に入れられるか」という疑問、限界と恐怖を感じる縮小社会における定量的な経済価値を求める問いかけから離れ、示唆に満ちた寛容な問いかけである「手に入れるすべてのものに対して、どれだけ与えることができるか」という豊かさと希望に満ちた成長し続ける社会に生きる人間としての新たな市場価値を考えていく必要があります。

本書『サーキュラー・エコノミー』のテーマは、豊かさだと考えています。経済的なバリューチェーンのあらゆる結びつきを取り上げ、廃棄という概念を排除して、豊かさを共有するための手段や成果を創出します。本書は規模や産業に関係なく、リーダー的立場にある人々に向けた示唆に満ちた内容であり、グローバルビジネスという超大型タンカーが目的地を変えずにスピードを抑えるだけでなく、新たな目的地に向かって革新的な道を進む指針として役立ちます。

本書が示す方向は、我々が手放したいもの、我々とその子孫が前進する際に作り上げようとしているものについて明確な気づきを与えてくれます。そこに加わる企業は、停滞することに何の価値も認めていません。ひたすら全速力で前へ上へと懸命に改善を続ける楽しみに動かされているのです。重要なことであるがゆえに困難です。全力投球が求められ、永遠に終わりがありません。しかし、そこが大切なのです。

たとえ現状がどうあろうとも、本書はこれからの指針として役立つでしょう。

マクダナーイノベーション社創業者
ウィリアム・マクダナー
『Cradle to Cradle』（邦題『サステイナブルなものづくり　ゆりかごからゆりかごへ』
2009年、人間と歴史社）、『The Upcycle』共著者
世界経済フォーラム　サーキュラー・エコノミーに関する協議会議長
2014年12月23日

本書を世界経済フォーラム　ヤング・グローバル・リーダーズの関係者、次世代のリーダーとして私たちに刺激を与え力になってくれた人々、また私たちより前にサーキュラー・エコノミーの概念や行動を構想してきた方々に捧げます。そして誰よりも4人の子ども達、ジャック、サム、フェリックス、ヘニー、彼らの明るい未来のために。

目次

第2部　サーキュラー・エコノミーの5つのビジネスモデル

第3部　サーキュラー・エコノミーの競争優位性 「サーキュラー・アドバンテージ」を獲得する

第4部　初めの一歩

第5部　日本企業とサーキュラー・アドバンテージ

［編集部注記］
本書の原注については小社ホームページをご参照ください。
http://www.nikkeibook.com/book_detail/32123/

著者のノート

ダボス会議において、参加者限定で配布したデジタル書籍『Waste to Wealth: The Circular Economy Advantage』を改めて世に送り出せたことに感謝しています。本書は、サーキュラー・エコノミーにおける競争優位性を獲得するための明確な方法を示し、行動を促すために執筆されました。温めてきた新しい成長戦略、ビジネスアイディアが開花する時が来たのです。本書のような実務書が企業経営者たちに力を与え、グローバリゼーションやデジタル革命の時と同様、サーキュラー・エコノミーによって変革を起こすことを期待しています。実際、これら過去の変革は、成長やイノベーションというものに対する認識を新たにするための破壊的な力となりました。もはやビジネスの成功は限りある天然資源に依存するのではなく、誰もが永続的に十分な資源を入手できるようなグローバル経済の創出にかかっているのです。

本書は2年間にわたる緻密な調査の成果をまとめたものです。世界経済フォーラム、ヤング・グローバル・リーダーズ（YGL）関係者、そして何よりYGLのサーキュラー・エコノミー・タスクフォースの面々、タスクフォースでピーター・レイシーと共同議長を務めたデイヴィッド・ローゼンバーグ、イダ・アウケンの献身的なサポートがなければ実現不可能でした。彼ら一人一人を紹介することは字数の関係で難しいのですが、いずれも名の知れた人物です。とりわけデイヴィッドとイダはビジネスシーンに大きな影響力を持つリーダーであるだけでなく、一級の起業家であり、政策決定にも関わっています。今後のサーキュラー・エコノミーの浸透に欠くことのできない人物です。

エグゼクティブ・サマリー

サーキュラー・エコノミーへの転換は、世界経済の中で過去250年間続いてきた生産と消費の在り方における、史上最大の革命となる可能性を秘めています。サーキュラー・エコノミーの本質は、市場、顧客、および天然資源の三者の関係性を全く新しい視点で見つめなおすことにあります。企業は無駄から富を生み出す莫大な機会を活かすことで、サーキュラー・エコノミーの競争優位性「サーキュラー・アドバンテージ」を新たに獲得できます。革新的なビジネスモデル、デジタル・テクノロジー、エンジニアリングを創出し、これを具体化する能力を備えた企業は、生産と消費の在り方を根本から変化させます。

アクセンチュアの調査によると、サーキュラー・エコノミーのビジネスモデルを実践し「無駄」を「富」に変えていくことで、2030年までに新たに4兆5000億ドルもの経済価値を生み出せることが明らかになっています。このサーキュラー・エコノミービジネスにおいて新たな「富」を生み出すと期待されるものは、廃棄物としてのいわゆるゴミだけではなく、企業の会議室や自動車、日用品など、現状「働いていない」「使われていない」「空いている」資産や天然資源も含まれるのです。サーキュラー・エコノミーにおいては「無駄」という考え自体を改め、あらゆるモノには価値があることを認識し、それらを「効率的」に使う以上に「効果的」に活用することが求められます。

例えば、家を建設するために必要な建材、エネルギーや金属、その他の資源を一切使わずに不動産ビジネスを展開し、100億ドルの利益を創出している企業があります。別の企業は、使用済みの部品を回収して再利用することで、営業利益を50％向上させながらも、使用する資源量を90％削減しています。また、あるメーカーでは資源管理の手法を見直すことにより、10億ドル相当の価値創出に成功しています。その他、それまで有効利用されていなかったバイオマス資源を活用することで、800億ドルの市場規模を持つ先端化学・エネルギー分野への参入を成功させた例も存在します。

以上のように、サーキュラー・エコノミーがもたらす様々な機会を活かすことで、世界の業界リーダーと革新的なベンチャー企業は、すでに莫大な利益を手にしています。しかも、これはまだ序章に過ぎません。本書では、サーキュラー・エコノミーによる競争優位性「サーキュラー・アドバンテージ」を獲得するために企業のリーダーが学ぶべきことを、具体的な成功事例を通して明らかにしていきます。まずは、サーキュラー・エコノミーを抽象的な概念から、ビジネスの現場ですぐにでも適用可能な、実用レベルのビジネスモデルへと具体化することが必要です。

社会全体を俯瞰すると、限りあるエネルギーや資源に依存していた従来の経済モデルや実践方法とは異なるアプローチを通じて、経済成長と繁栄を実現することが真に求められています。

アクセンチュアが各国政府や国際機関、またグローバル企業と協業して、アドバイスを提供してきた経験からいうと、サーキュラー・エコノミーこそが、環境に影響を与えずに世界経済の成長と人類の発展を可能にする唯一のソリューションだと考えています。

「従来のビジネス」は今日、長期間にわたり解決できていない様々な課題を抱えています。議論の余地のない事実として、地球上の資源には限りがあります。貴金属などいくつかの資源は実際、過去250年にわたる略奪的ともいえる過剰採掘により、非常に限られた資源となりました。それどころか、その希少性は現在も増し続けています。水、空気、森林などの資源は技術的に再生可能ですが、需給の逼迫は深刻化しています。人口増加の歯止めに目途がついていないことに加え、より多くのモノやサービスを求めて消費者ニーズが爆発的な拡大をみせており、今後もこの傾向が続く場合、水資源などが枯渇しかねません。さらに悪い事には、従来の成長モデルがいまだに廃棄物を「誰かの問題」と放置していることです。その間にも廃棄物を吸収、処理する地球の能力が限界に近づいています。

2001年以降、経済が成長するに従い、天然資源価格が一貫して下落するという過去40年間のトレンドが反転しました。2000年から2014年の間、成長と資源価格の逆相関関係は逆転し、経済成長と実物資産はともに上昇しました。[1] 2014年末に原油価格が地政学的要因により記録的

◉世界の資源利用量　1900-2014年

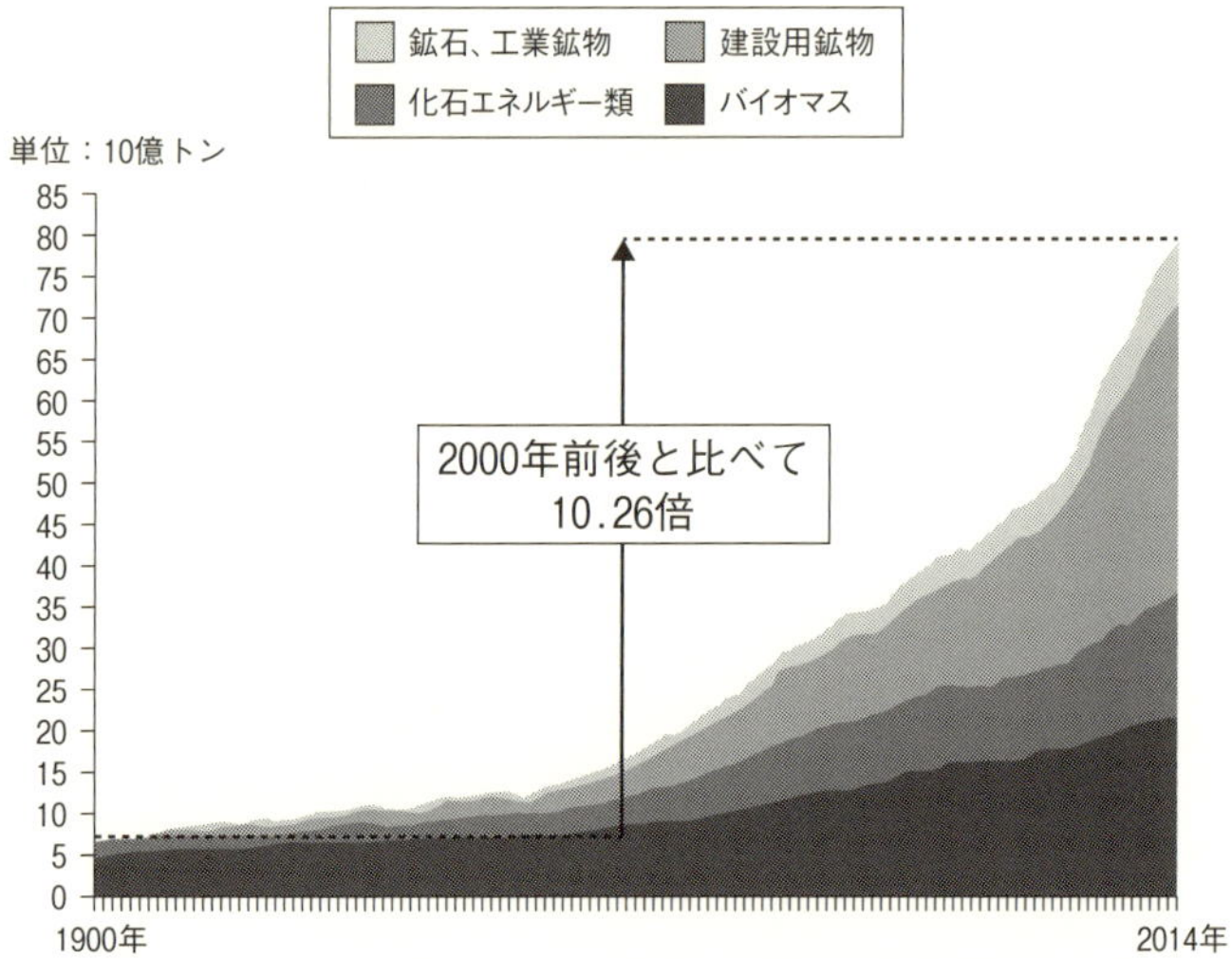

出所：以下のデータを基にアクセンチュアが分析し、予測
・過去データ（1961～2010年）：フリドリン・クラウスマン、シモン・ギングリッジ、ニーナ・アイゼンメンガー、カールハインツ・エルブ、ヘルムート・ハーベルル、マリーナ・フィッシャーコヴァルスキー著「世界における資源利用の拡大　20世紀のGDPおよび人口」エコロジー経済学、68巻10号、2009年8月15日現在
http://www.sciencedirect.com/science/article/pii/S0921800909002158

な下落をみせ、シェールオイルやオイルサンドなど非在来型の化石燃料の生産が増加した時期でさえ、２０１４年12月時点での原油価格は２０００年12月時点に比べ50％も高騰しています[2]。すべての問題が解消に向かい、差し迫った資源の逼迫は幻想であったかのように、従来のペースで企業活動や広範な経済活動を続けていくのは不可能です。現在の企業活動を継続すれば、将来の経済成長や繁栄に必要な資源はすぐにでも枯渇します。これが現実なのです。世界人口の50％に当たる約30億人が一日あたり２・５ドル以下で、50億

近くの人が一日あたり10ドル以下で生活しています。[3] 彼らを経済の繁栄に招き入れない世界経済の成長モデルはいかなるものも検討に値しません。一方で、50億人の繁栄を考慮に入れたどのモデルであっても、資源利用方法の根本的な変革が避けられません。よって、何らかの行動をとる必要があります。その何かがサーキュラー・エコノミーへの転換です。

サーキュラー・エコノミーのコンセプトは数十年前から存在し、今日よく知られるよう、化石燃料やリサイクルが困難な金属や鉱物など、環境に悪影響をもたらす希少資源の採取・消費と経済成長を分離することを意味します。限りある資源への依存は、長期的に競争上の不利益をもたらします。一方で、本書が提唱するサーキュラー・エコノミーのアプローチでは、資源を可能な限り長い期間、生産的に利用し続けます。ビジネスにとっては、「無駄」を「富」に変えることを意味します。重要なポイントは、本書での「無駄」は、ゴミなどの単なる廃棄物以上のことを意味しているということです。「無駄」は以下の4つの異なる種類に分類できます。

1. 資源の「無駄」：継続的に再生できず消費されるだけのものであり、使用後は永久に消滅する原材料やエネルギーを意味する。
2. 製品のライフサイクル価値の「無駄」：人為的に使用期間が短縮される、あるいは他者のニーズがあるにもかかわらず廃棄される製品価値を意味する。

3．キャパシティの「無駄」：未使用の状態で不必要に放置された製品性能を意味する。例えば、自動車は一般的に製品寿命の90％が使われていない。

4．潜在価値の「無駄」：廃棄製品から回収・再利用されない部品、原材料、エネルギーのことを意味する。

こうしたすべての「無駄」は、今日における莫大な経済機会です。「無駄」を「富」に変えるビジネス・ソリューションを生み出すことは経済合理性があるだけでなく、より希少性が高まる天然資源を使わずにビジネスや経済を成長させることを可能にします。さらには資源に依存した経済成長から脱却し、成果ベースの成長時代への移行を効果的に促します。この移行過程では無駄だけでなく、無駄という考え方自体がなくなり、有効活用されていなかった価値があらゆる資源に存在することを認識します。

サーキュラー・エコノミーを形成する一部の取り組み（リサイクルなど）はよく知られていますが、他の取り組みはあまり認知されていません。しかしながら、資源のより合理的な利用方法を強調するサーキュラー・エコノミーの原理こそ、「取って、作って、捨てる（take-make-waste）」という従来の一方通行型経済モデルの欠点に対する論理的な回答となると考えています。

アクセンチュアの調査・分析によると、２０３０年までに一方通行型経済成長モデルは資源需要増に対応できず、天然資源の需給バランスにおいて80億トンものギャップが生じる見込みであることが判明しました。この資源不足量は、2014年の北米における総資源利用量にほぼ匹敵するものです。アクセンチュアが想定する最も可能性の高いシナリオでは、経済的損失は2030年までに4兆5000億ドル規模、2050年までに25兆ドル規模に達します。これは、高騰する原材料価格が資源効率性の向上を促し、新しいタイプの資源開発を加速させることを前提とした、調整後の数字です。換言すれば、一方通行型経済モデルから脱して、サーキュラー・エコノミーに転換できた場合には、2030年までに4兆5000億ドルの経済価値が創出できるということです。

サーキュラー・エコノミーへの転換は、同時に顧客価値の向上も実現します。消費者は従来、短期的に望まれることと長期的に持続可能なこととの間でトレードオフを強いられていましたが、両者の差異は解消に向かいます。一方、サーキュラー・エコノミーを実践する企業では、消費者が製品の価値を最大限引き出せる様々なサービスを提供します。例えば、ユーザー間取引の促進や、未使用商品の収益化サービスの提供、便利な買い取りオプションの提供、製品の販売に代わるサービスの販売などです。このようなサービスを提供するには、企業は製品の利用方法や、顧客が本当に評価するサービス、顧客同士のやりとりなどをこれまで以上に深く理解する必要があります。デジタル・テクノロジーは、大規模な相互作用や、従来は無かった高いレベルの効率性を実現しつつあります。例えば、カーシェアリングは高い拡張性と利便性を実現し、稼働率の低かった自動車を有効活用することから収益を生み出しています。無駄を富に変えることは、企業と顧客双方に利益を生むモデルです。

大局的見地から見れば、サーキュラー・エコノミーへの転換を促す3つの根本的要因が存在します。

● **限りある資源**　従来型経済では資源を浪費するため、必要な資源を永久に確保できない

● **テクノロジーの進化**　新たなテクノロジー、特にデジタル・イノベーション（囲み文章を参照）が進化したことで、ビジネスにとってサーキュラー・エコノミーはより魅力的かつ実現可能なものに変わりつつある

● **社会経済の観点から見た機会**　経済成長と限りある資源を分離することで、マクロ経済の成長だけでなく、顧客が製品や資産から最大限の価値を引き出すことを可能にする

企業や政府、経済は、前述の課題にどのように対処して無駄を富に変えることができるのか。本書は、こうした問いに初めて真正面から取り組んだものです。従来の成長モデルが直面する問題を提起する書籍がある一方で、本書は、こうした問題に対する実用的ソリューションを探求し、積極的取り組みやイノベーションを促すために企業や社会、また顧客が果たすべき役割を考察しています。アクセンチュアが2013年と2014年に、120社以上の企業を対象に実施した調査とともに、50名の企業幹部リーダーたちとの詳細インタビュー、数多くのクライアントとの協業から得た実際の経験に基づき、企業が「サーキュラー・エコノミーの優位性」を獲得するために従うべき、

非常に実践的なアプローチを策定しました。本書では、アクセンチュアのインサイトとアプローチを紹介していきます。

デジタル・テクノロジーとサーキュラー・エコノミー

過去の大変革と同様、サーキュラー・エコノミーの拡大にはテクノロジーの発展が大きく寄与しています。資源を獲得し製品を生産することを中心に据えた一方通行型経済モデルとは大きく異なり、サーキュラー・エコノミーでは、資源の市場への投入からはじまり、市場内での有効活用、市場からの回収・再生に至るまで、これまでよりも広範囲に資源を循環させます。デジタル・テクノロジー（クラウド、モバイル、ソーシャル、M2Mコミュニケーション、ビッグデータ・アナリティクスなど）は、このような資源管理やその収益化を可能にしています。一方では、長期的なイノベーション促進や顧客提案の改善に向けて分析可能なデータを収集しています。この分野にデジタル・テクノロジーがもたらした巨大な恩恵を、いくつかの事例とともに紹介します。

より効果的な資産の活用

企業が資源消費を増やさずに、既存資産を活用したサービスを提供するためには、どのようにすればよいのでしょうか。例えば、土地が不足している都会のモビリティ分野が、こうした課題に対処することは急務です。世界的な巨大運輸企業ＤＨＬ社が試験運用しているMyWaysはこの課題に取り組んでいます。MyWaysはモバイルアプリであり、荷物の受取人と配達人を結びつける配送サービスを実現しています。このサービスでは、配送車を増やすのではなく、受取人、配達人の位置情報を把握し、両者をマッチングします。MyWaysでは、荷物は追跡番号とともに登録され、荷物の受取人は配達先住所と料金支払いの意思を示し、配達人はアプリを通して作業確認・予約を行ったうえで、ＤＨＬ社のサービス拠点で荷物を受取り、配達します。配達途中では、受取人と配達人はアプリのチャット機能を通じた会話が可能であり、配達人は、配達地点で換金可能なデジタル・ポイントを獲得します。Myways は、モビリティ・ネットワークにて実装可能であったが以前は使われていなかったケイパビリティを有効活用しています。本事例はサーキュラー・エコノミーの可能性の一端です(4)。

物的資源の流れを管理

どのようにすれば企業は、市場における数千もの製品を追跡でき、さらには、これを輸送するためのプラットフォームを低コストで運用できるのでしょうか。また、どのように製品の利用回数や期間を最大化できるのでしょうか。これは、起業家であるジェニファー・ハイマン氏が高級服のリース事業を開始した時に直面した主要課題でした。後に500万人の会員を擁し、10億ドル近くの企業価値を得たレント・ザ・ランウェイ（Rent the Runway）社は、デジタル・テクノロジーを活用することで、米国全土にまたがる会員間で6万5000着以上のドレスと2万5000個の宝石を移動させるという不可能とも思える偉業を達成しています。同社は、顧客行動、顧客レビューを把握するためにビッグデータ・アナリティクスを活用することで、需要予測を行うと同時に、最適エリア内でのアイテム移動を徹底しています。わずか数年前は悪夢ともいうべき煩雑性を持った業務でしたが、今日ではデジタル・イノベーションにより巨大な顧客データベースへのアクセスや共有が可能となり、大きな成功を収めました[5]。この事例では、サーキュラー・エコノミーの優位性が明確に示されました。このような再分配モデルでは、顧客が製品を所有するよりも共同利用することを促し、製品が持つ本来価値が完全に解き放たれることを保証します。

稼働中システムの性能を最適化

サプライヤーとの良好な関係を維持しつつ、部品交換の延長や故障の低減を実現するには、どのように機械を最適化すればよいのでしょうか。SKF社の「インテリジェント・ベアリング（Intelligent bearings）」は、ベアリングにインテリジェント無線テクノロジーを統合し、稼働状況のモニタリングを可能にすることで、この課題解決に取り組んでいます。SKF社の社長兼最高経営責任者であるトム・ジョンストン氏は同社のテクノロジーについて次のように述べています。「SKF社の顧客は、機械のライフサイクルを改善することで、総コストを低減させつつも信頼性や稼働時間の延長を可能にします」

オペレーターは従来、機械の故障を発生後にしか検知できませんでしたが、このテクノロジーを活用すれば、温度、速度、振動、負荷などのパラメーターが測定可能となり、必要時期・箇所に対してのみ予防的メンテを実施することを可能にしました。この予防的ソリューションは、機械の効率性だけでなく、長寿化、複数化されたライフサイクルにおける稼働性に革新をもたらし、計画的な修理やメンテナンスを促します。[6] 製品寿命の延長や、高い効率性、「取り換え」よりも優れたソリューションとしての「修理」などを通じて、サーキュラー・エコノミーの普及に貢献するものです。

第1部：サーキュラー・エコノミーの時代

第1部では、過去250年間にわたり企業に成功をもたらしてきた一方通行型経済成長モデルが実用性を失いつつあり、近い将来に文字通り「ガス欠」に直面するであろう理由を探ります。過去50年間でサーキュラー・エコノミーの考え方が発展してきた歴史を概観した後、企業が限りある原材料や化石燃料を大量消費せずに新たな方法で価値を創出するサーキュラー・エコノミーの可能性を考慮し、なぜサーキュラー・エコノミーが一方通行型経済モデルの代替として適切、もしくははるかに優れたモデルになれるかを探求しています。本書では、過去と最新の調査から、新たな経済成長モデル（約4倍の成長）に必要とされる資源生産性の向上度を定義すると同時に、従来モデルが継続した場合に世界経済が被る影響を定量化しています。

第2部：サーキュラー・エコノミーの5つのビジネスモデル

第1部で明確化するように、サーキュラー・エコノミーにおけるビジネスケースには直感的に理解可能なものがあります。希少性が増し調達コストの高い天然資源への依存を減らしながら、無駄にした機会から収益を生み出すことを望まない企業はありません。

サーキュラー・エコノミーのビジネスモデルを理解することは難しくありませんが、実際にサーキュラー・エコノミーへとビジネスの舵を切ることは容易ではありません。大量生産／大量消費を前提に成長を目指す企業戦略、組織構造、オペレーション、およびサプライチェーンといった機能は、すでに企業のＤＮＡに組み込まれてしまっているからです。サーキュラー型の競争優位性を目指す企業は、使い捨て思考を捨て、新たなビジネスモデルを構築しなければなりません。革新的な方法で資源効率性を向上させている１２０社以上の企業をアクセンチュアが分析した結果、５つのサーキュラー・エコノミーのビジネスモデルが明らかになりました[7]。本書では、その5つのサーキュラー・エコノミービジネスモデルを紹介します。

サーキュラー・エコノミーのビジネスモデルは企業に対して、差別化要素の拡大、サービス提供や資産保有コストの削減、新たな収益の創出とリスクの軽減をもたらし、さらに企業活動と需給バランスの関係も変化させます。これらの変化は本書の中心的なテーマです。

サーキュラー型のサプライチェーン

供給量が少ない原材料や調達リスクが高い素材を活用する企業は、「より多くの資金を投じる」か「代替素材を模索する」の二択を迫られます。サーキュラー型のサプライチェーンではそのような原材料に関わるコストを削減し、安定調達を実現するために、繰り返し再生し続ける、１００％再生可能な原材料や生分解性のある原材料を導入します。

この考え方を事業の中核に据えている企業に、クレイラー・テクノロジーズ（CRAiLAR Technologies）社があります。同社は、亜麻や麻などの原材料を使って、コットン並みの柔らかさ、耐久性を持った繊維を環境に影響を与えずに生産しています。同様に、塗装・コーティング業界の世界的リーダーであり、特殊化学製品の大手企業であるアクゾノーベル社は、クリーンテクノロジー企業のPhotanol社と提携し、太陽光を利用して化学製品を生産するプロセス構築に取り組んでいます。

このテクノロジーは、植物の光合成を模倣することで「グリーンな」化学成分を生産するものであり、最終的には、一方通行型経済モデルで大量に消費されてきた化石燃料を代替することを目指すものです。この提携が目指すものは、２０１８年までに市場規模が８００億ドル規模を超えると予測される、第４世代のバイオ・ケミカル製品を商用生産することです[8][9]。

回収とリサイクル

回収とリサイクルでは、従来は廃棄物と見なされていたあらゆるモノを他の用途に活用することを前提とした生産・消費システムを構築します。企業は寿命を迎えた製品を回収し、価値のある素材や部品、エネルギーを取り出して再利用するか、あるいは製造工程から生じる廃棄物や副産物を再利用します。例えばプロクター・アンド・ギャンブル（Ｐ＆Ｇ）社は、45の生産施設でゴミの排出量をゼロとしたオペレーションを実践中です。これらの施設では排出したゴミをすべてリサイクルし、違う用途への転用やエネルギー変換を行っています[10]。一方、ゼネラル・モーターズ社は現在、全世界の工場廃棄物の90%をリサイクルしており、１０２の施設においては、廃棄物すべてをリサイクルしてゴミの排出をなくすことに成功しています（リサイクルと再利用により、年間10億ドルの利益を創出しています）[11]。

製品寿命の延長

消費者は自身にとって価値を失った製品、つまり壊れたり、時代遅れになったり、不要になったりしたモノを廃棄します。しかし、廃棄された製品の多くはまだ使用することが可能です。製品寿命の延長ではこれらの製品を回収し、修理やアップグレード、再製造、再販することによって製品を保守・改善することで新たな価値を付与し、可能な限り製品寿命を延長します。製品寿命を延長することは、これまでの単にモノを売るだけの「売り切り型」のビジネスから、消費者にとって必要な製品としてモノを積極的に活かし続けるビジネスへの転換を意味します。この転換は企業と消費者との接点もその場限りの取引関係から、必要に応じてアップグレード、修理を行う長期的な関係に変化することを意味します。

世界有数のコンピュータメーカーであるデル社は、同様のビジネスモデルを採用して、様々な顧客向けのサービス展開や、収益拡大、廃棄製品からの再利用可能なテクノロジー回収を行っています。デル・アウトレットやデル・リファービッシュ・ビジネスを通じて、未使用製品（返品された製品など）や認定製品（リース終了による返却品）、外見が傷んだ「傷・凹みのある」製品を回収、再販しています[12]。建設機械メーカーのキャタピラー社は、4000人以上を新たに雇い入れた新規事業を展開・拡大しており、毎年数百万の部品を再生産して利益を生み出しています。自社や顧客に対して、莫大な処理費用や最大90%のエネルギー使用量を節約することに成功しています[13]。

シェアリング・プラットフォーム

先進国では、一般家庭にある製品の最大80%が月にわずか1度しか使われていません[14]。新たなデジタル・テクノロジーを積極的に活用するシェアリング・プラットフォームでは、使用していない製品の貸し借り、共有、交換によって、消費者・企業・起業家に対して新たな事業機会を提供します。消費者はこの新たなモデルによって金銭を得ることや節約が可能であり、企業は購入頻度が低い製品の生産に資源を割かずに済むことができます。

こうしたビジネスモデルを活用する多くの企業は、数百万人の会員を獲得してメディアから大きな注目を集め、その中には４００億ドルもの利益を生み出す企業も存在します[15]。ホームシェアリングのエアビーアンドビー社をはじめ、ライドシェアリングのウーバー社、リフト社、出荷サービスシェアリングのDeliv社、消費財シェアリングのピアバイ社などが成長企業としての代表例です。これらの企業は、顧客や企業が「利用されていない」製品を利用しやすくすることで、製品に使用された資源価値を最大化しています。

サービスとしての製品

もしも、メーカーと小売企業が製品の「総所有コスト（ＴＣＯ）」の責任を負った場合、どんな対応をするでしょうか？　多くの企業は、これまでの優先順位を変更し、製品寿命や信頼性の向上、再利用可能性に注力するようになるはずです。サービスとしての製品では、消費者はモノを必要な時にだけ借りて使い、利用した分だけのサービス料金を支払います。そしてこれは、従来のビジネスモデルからの根本的な変革であり、製品の量よりも質、処分のしやすさよりも耐久性が重んじられるようになり、企業と消費者の関係の持ち方も刷新されます。

タイヤメーカーのミシュラン社が導入した新たなビジネスであるミシュラン・ソリューションズ（www.michelin-solutions.com）は、サービスとしての製品を売るモデルを展開しており、フリートカスタマーはタイヤ購入でなく、リースで利用できる仕組みを構築することで、顧客が走行マイルに応じて料金を支払う「サービスとしてのタイヤ」を効果的に販売しています。同じく、消費者エレクトロニクス大手のフィリップス社は、ＬＥＤ電球というモノではなく、その使用量に応じて料金を課す「サービスとしての照明（Lighting as a service）」と呼ばれるビジネスモデルを導入しており、２０２０年までに４００億ドル規模を超える市場で顧客価値の向上に寄与しています[16]。また、ソーラーパネルではなく電力を売る「サービスとしてのソーラーエネルギー（solar power system as a service)」を提供しているソーラーシティ社は、すでに50億ドルの売上を誇る企業に成長しています。上記3つの事例では、各企業が製品の所有権を持ったまま、従量課金による顧客満足度の向上を成功させています。

第3部　サーキュラー・エコノミーの競争優位性「サーキュラー・アドバンテージ」を獲得する

5つのサーキュラー・エコノミーのビジネスモデルの導入事例は過去10年間で著しく増加していますが、私たちはまだ、来るべき大きな変化の始まりに立ったに過ぎません。サーキュラー・エコノミーのビジネスモデルの活用は当初、スタートアップ企業によって始まりましたが、現在では、アクセンチュアと国連グローバル・コンパクトの調査が示すように、グローバルの大企業が続々と採用しています。同調査によると、グローバル企業の3分の1が、サーキュラー・ビジネスモデルを積極的に採用しようとしているのです[17]。サーキュラー・エコノミーのビジネスモデルを採用している企業では、短期間での事業収益改善に成功しているだけでなく、最も重要な点として、長期におよぶサーキュラー・エコノミーの競争優位性「サーキュラー・アドバンテージ」を獲得する体制を整えつつあることです。第3部では、こうした「勝ち組企業」の成功要因を明らかにしていきます。

- 勝ち組企業は、自社に最適なビジネスモデルを慎重に選択している。さらに、新たなサーキュラー・ビジネスモデルの実践においては、慎重に外部のイネイブラーやエコシステムを識別し活用している。
- 勝ち組企業は、新たなビジネスモデルの実現や事業拡大に必要なテクノロジーを確保している。これらのテクノロジーを活用して資源の効果的な管理や、廃棄物の削減と収益化、顧客への製品／サービス提供を実施することで、事業成長と製品開発を恒常的に実現している。
- 勝ち組企業は、サーキュラー・エコノミーの原理を効果的に取り入れ実践するために必要な能力を組織的に蓄えている。本著では企業が製品設計から、生産、販売、使用、回収、修繕、再利用までのバリューチェーン全体を掌握するために必要な5つの機能シフトを紹介している。

第4部：初めの一歩

変化が必須であり、サーキュラー・ビジネスモデルへのシフトが急務なのは明白ですが、企業の多くは依然として、初めの一歩をどう踏み出せばいいのか苦慮しています。新たなビジネスモデルを試験導入してみたものの、将来的に事業拡大が可能な領域とそうでない領域の特定にてこずり、多くの企業は新規事業へのシフトに踏み切れていません。

本書では、最初の一歩を踏み出すためのシンプルなフレームワークを提示しています。これは、業種にかかわらず、あらゆる企業の幹部がサーキュラー・エコノミーに着手するために活用できる戦略的オプションです。ビジネスの成功は、次の5つの重要な初期アクションにかかっています。

1. 現実的な事業機会を見極めて、そこに注力する（非現実的な事業機会は「ノイズ」と捉える）。
2. 顧客への価値の創出方法と顧客への提供方法を見直す。
3. ビジネスに必要不可欠な新たな能力を順次開発する（少なくとも初期段階では、「完璧な」循環は不可能であることを認識する）。
4. テクノロジーに投資して、サーキュラー型のバリューチェーンを構築する。
5. 短期間でカンタンに手にできる成果と長期間に発生する大規模な変化のバランスを取る。

現在のトレンドが、「取って、作って、捨てる」という従来の成長戦略に依存している企業に逆風となることは疑いの余地がありません。一方通行型経済成長モデルは近未来に行き詰まると考えられ、もはや存続が可能かということではなく、完全な終焉がいつであるかという問題であることを示す証拠は膨大にあります。このため、サーキュラーモデルの原理を採用するのは早いほど有利であり、より早期の対応を取ることで、希少性が高まる天然資源が成長の阻害要因になるという事態を回避できるのです。

サーキュラー・エコノミーへの転換には時間と努力を要します。いつ、どのように変革に着手するのか、事前に戦略を策定することが重要です。サーキュラー・エコノミーによる競争優位を発揮するための第一歩は、現在の大量生産・大量消費モデルを放棄する理由とサーキュラー・ビジネスモデルがもたらすメリットを、コアテクノロジーや必要な能力の見極めを含めて明確に理解することです。

常に成長し続けることを目指す企業にとって、サーキュラー・エコノミーを活用した競争優位性の確立は無視することのできないテーマであり、今こそが第一歩を踏み出す絶好のタイミングなのです。

◉サーキュラー・エコノミーを活用した競争優位性の確立

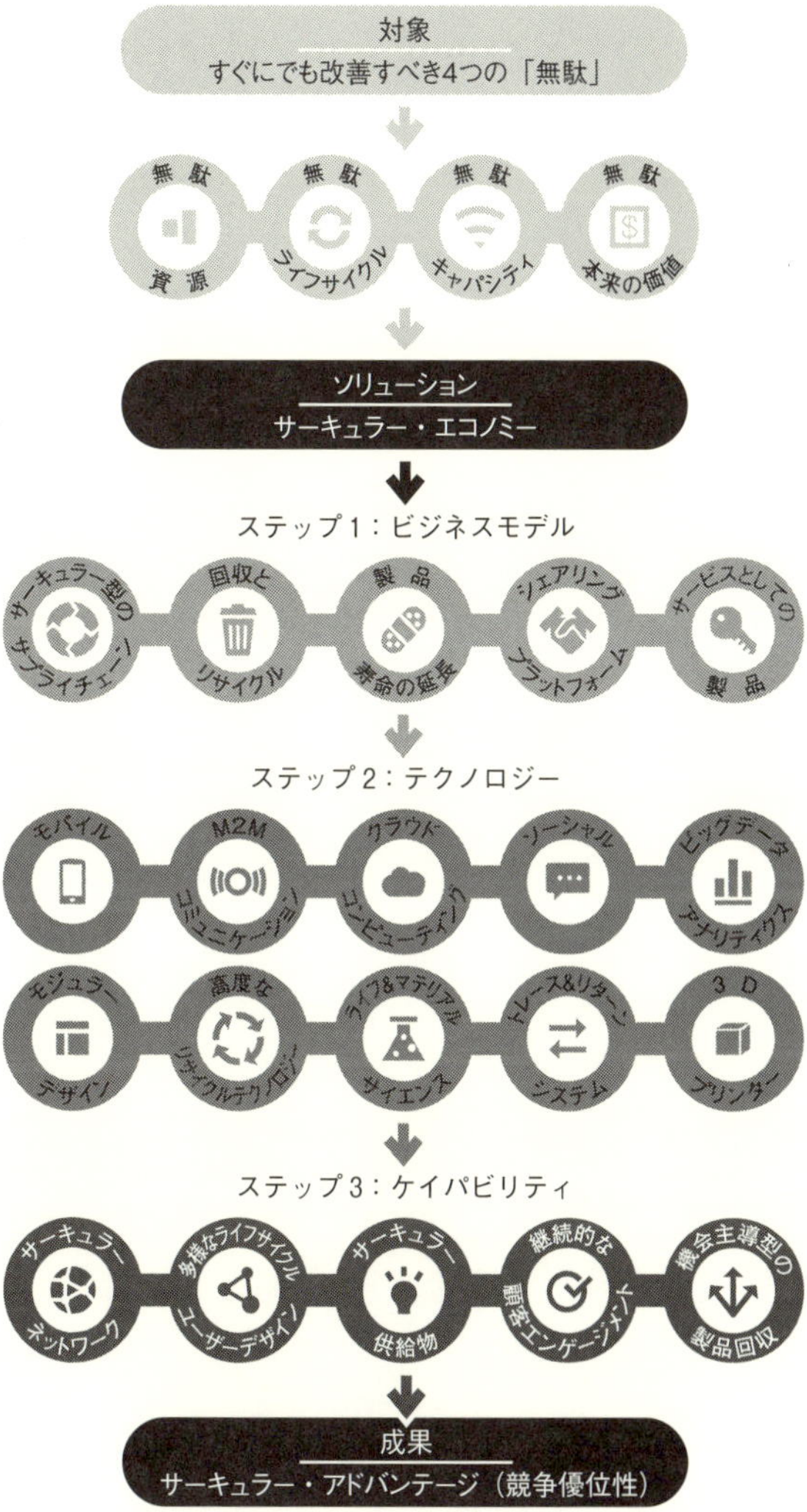

第1部

サーキュラー・エコノミーの時代

第1章 終焉の時

過去250年間にわたり、国家や多くの企業が支持してきた成長モデルは、まもなく終わりを迎えます。同モデルに依って立つ企業も同じ運命です。このことは20年ほど前から数々の研究で指摘されてきました。例えば、国連環境計画の国際資源パネルは、「世界の天然資源は、近年の急激な都市化および工業化によって、枯渇、価格高騰、さらには生態系の崩壊という危機に瀕している(1)」と指摘しています。

安価な資源が無尽蔵に手に入り、環境負荷が世界的な懸念になっているのでなければ、現行の一方通行型アプローチは社会の需要を満たす優れた方法といえます。企業は効率を追求しながら、希少な資源を採取して需要に応じた製品を生産し、可能な限り多くの顧客に販売します。顧客は使用後不要になった商品を廃棄します。「取って、作って、捨てる」を原則とする経済です。

しかし、私たちは一方通行型成長モデルを続けられない段階に急速に近づきつつあります。世界的な人口の増加と生活水準の向上により、多くの再生不可能な金属、鉱物、化石燃料の供給が需要

◉資源使用量と経済成長の相関　2010年、163カ国を対象に調査

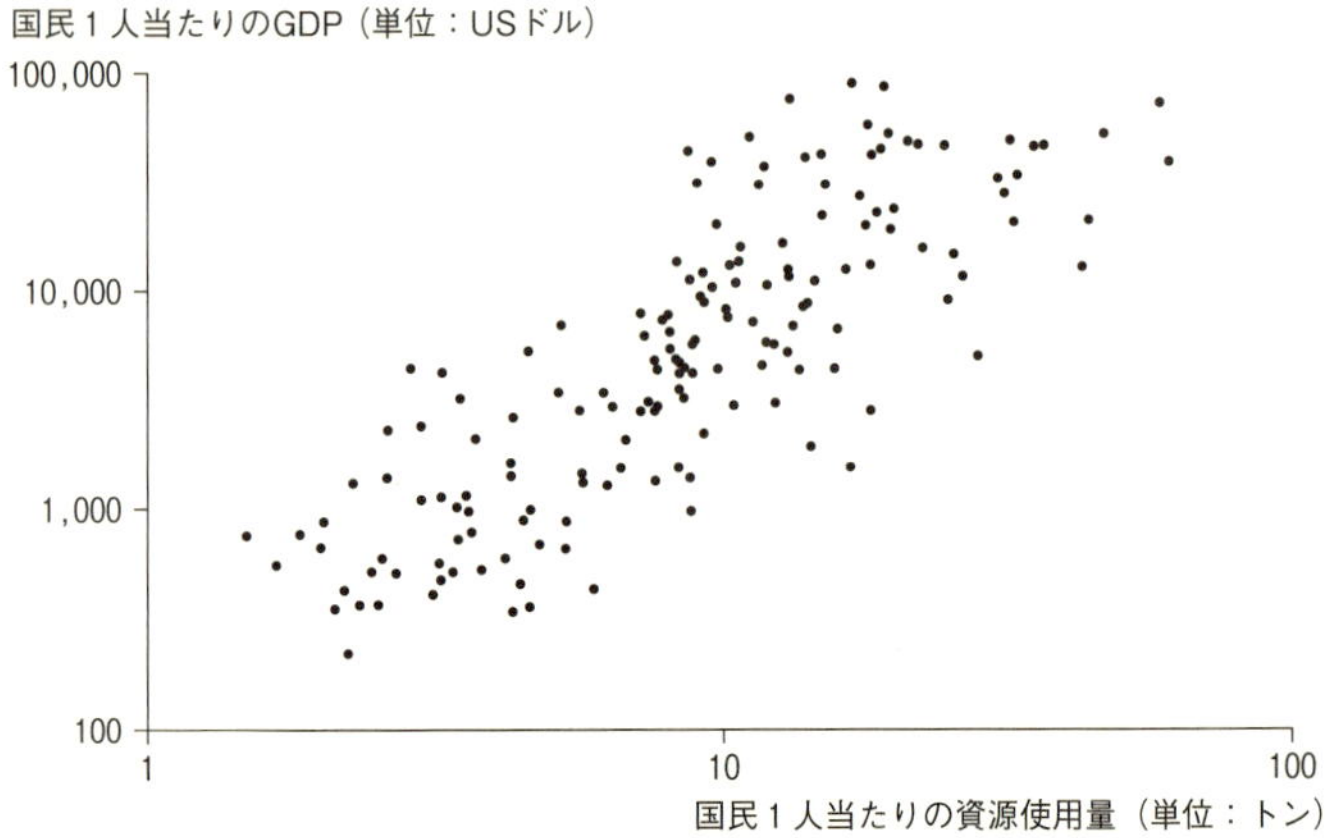

出所：以下のデータを基にアクセンチュアが分析
・資源使用量：SERI（Sustainable Europe Research Institute：持続可能性に関するヨーロッパ研究所）および ウィーン経済大学マテリアルフローデータベース（http://www.materialflows.net/home/、データ取得日：2015年1月8日）
・国民1人あたりのGDP（USドル）：世界銀行（http://data.worldbank.org/indicator/GDP.PCAP.CD、データ取得日：2015年1月8日）

に追いつかず、土地や森林や河川の再生能力も限界を超えようとしています。人類が生存可能な地球システムの限界「プラネタリー・バウンダリー」も、かつてないほど深刻な状況にあります。世界自然保護基金（WWF）の「生きている地球レポート2014」によれば、世界の代表的な野生生物のうち1万頭を維持している種は、1970年と比較し52％減少しているという恐ろしい実態も明らかにされています[2]。

　つまり、現在の経済システムは持続不可能なのです。長年にわたって、景気後退をはじめとする諸課題の普遍的な救済策とされてきた経済成長は、いまや地球にとって何よりも厄介な問題の元凶となっています。経済成長の低迷やマイナス成長は、社会的に受け入れ難く、望ましい状況でもありません。しかし、従来型の成長モデルは、今日のグローバルな環境、経済、社会の複雑なニーズとは相容れないものです。

一方通行型経済モデル、サーキュラー・エコノミー、サーキュラー・エコノミーの競争優位性（サーキュラー・アドバンテージ）

現行の経済成長モデルは、天然資源が「ゆりかごから墓場まで」を直線的に流れていくため「一方通行型経済モデル」と呼ばれます（「取って、作って、捨てる」と表現することもあります）。背景には、資源が安価で潤沢であった時代に、企業も国家も製品を作り続け、供給し続けることに集中していたという過去があります。環境への影響は無視され、商品の使用中や使用後に出るゴミの量を最小限に抑えようという意欲も見られません。廃棄物の新たな利用法を考えることなど、生産プロセスに戻して原材料とすることにも全くと言っていいほど無頓着です。

サーキュラー・エコノミーは、希少資源の利用を伴わない経済成長モデルの総称であり、設計段階から再生、再利用について考慮されています。資源の利用には2種類のタイプがあり、生物資源（再生可能）は再利用の後、最終的に生物圏に還元され、工業資源（再生不可能）は、品質や価値の低減を最小限に抑えながら生産と消費を繰り返す工夫がなされます。企業は、市場における資源管理によって価値を創出することを第一義としますが、これは生産段階でのみ資源管理を行うのと対照的です。こうしてサーキュラー・エコノミーは再生エネルギー（再生可能）に支えられた廃棄物ゼロのバリューチェーンとなり、天然資源は一方通行で消費されて捨てられることなく、つながった環の中で利用されるのです。

成長戦略の柱としてサーキュラー・エコノミーの原則を取り入れている組織が獲得できる競争優位性「サーキュラー・アドバンテージ」は、希少資源を利用した成長と訣別することで、コモディティ市場の価格変動に巻き込まれず、供給危機への耐性を上げ、環境負荷を抑制することができます。また、設計、生産、販売からなるバリューチェーンを商品の使用や回収にまで拡張することで、重要顧客に対する価値提案を明確化する多彩なツールの利用が可能になり、顧客にとって最も本質的な価値や利便性が創出されるのです。

従来型の経済モデルの崩壊

私たちの研究では、多くの先人たちの研究と同様、資源消費とGDPに強い相関性があることを確認しています。歴史的にみれば、GDPが1％成長するごとに、資源消費量は平均0・4％上昇していました。[3] 1975年から2010年までの過去35年間では、GDPは225％成長し、人口は64%増加する一方で、原材料の消費は120%増加しています。[4] 人口増加と経済成長が、資源の消費が増加する要因であることは明らかです。しかし、より重要なことは、こうした数値が示すようにたとえ世界経済の効率性が向上を続けたとしても、なお資源の総消費量は増加し続け、しかもそのペースは急速であるということです。

1975年から2000年までは、GDPが1%成長するごとに、コモディティ価格は平均0・5%低下していました。[5] ところが、2000年を境に、資源供給が逼迫したためにこうした関係性は逆転しており、2000年から2013年までの期間では、GDPが1%成長するごとにコモディティ価格は平均1・9%上昇するようになりました。[6] 人口増加や、世界における中産階級の拡大による需要増加のスピードは、イノベーションや資源の代替利用が需要を押し下げるよりも速く、GDPとコモディティ価格の逆相関の関係は今後も継続し、従来型の経済モデルを維持することはますます困難になる見通しです。

世界の人口は、10年ごとに7億5000万人増加し続けており、現在の増加率からみた場合、2014年から2030年までに新たに中産階級の仲間入りをする消費者は25億人も増え、天然資源の獲得競争に加わると試算されています。[7][8] ビジネスの在り方に画期的なイノベーションが生じなければ、重要かつ希少な資源に依存している企業は、コモディティ価格の高騰により減益に甘んじるか、または値上げを余儀なくされ、増加し続けてきた家計収入に占めるシェアは失われることになるのです。

何故このような事態に至ったのでしょうか。現在進行中の問題と今後必要な変革を理解するため、「人類の経済発展への欲望」と「一方通行型経済モデル」の両立を妨げる3つの危機を考察してみます。

1つ目の危機：自然が有限であること、そして再生不可能な資源の希少性が増していること

1980年から2000年までの間に、化石燃料、金属、鉱物など再生不可能な資源の需要は50%増加しました。最も力強く成長したのは建材で、新興国がインフラや建物への投資を加速したため、需要が75%も増加しました。2001年から2014年の間では、再生不可能な資源の需要はさらに80%の増加を見せています。化石燃料および鉱石の市場は、増加した世界の中産階級がより多くの移動や製品を求めるのと軌を一にして、成長を遂げています。このような事実は、1960年から2014年に至るまでの間、再生不可能な資源の消費が450%拡大してきた長い成長の歴史の一部であり、当分の間、成長が衰える兆しは見えません[9]。

再生不可能な資源に対する需要は拡大を続けていますが、埋蔵量の減少と相まって、これ以上の需要増加に応えることが困難な状況です。資源の枯渇時期に関する試算があてにならないことはよく知られています。しかし、現在多くの専門家は、石油、銅、コバルト、リチウム、銀、鉛、スズなど現代の経済成長に不可欠な主要コモディティは50〜100年以内に枯渇するリスクがあると考えています[10]。新たな鉱脈の発見により埋蔵量が増加したとしても、鉱石の質の低下や採取コストの

上昇によって資源の利用は困難さを増し、経済成長の鈍化あるいは停滞を招くとともに、環境を荒廃させることが予測されています[11]。

2つ目の危機：再生可能な資源の不足が深刻化していること

例えば、世界の水需要は2000年から2050年の間に、55％増加することが予測されています。2050年には、世界の人口の40％以上に当たる約40億人が、水不足が深刻な地域（水需要が水の供給量を40％上回る地域）に居住することになります[12]。世界の多くの地域では地下水汚染が深刻化し、その枯渇も急速に進んでいます。1960年から2000年の間に地下水の枯渇スピードは倍以上にもなっており、1年当たり250㎦以上の地下水が枯渇しています。1年間に枯渇する地下水の量はヨーロッパ最大の河川であるヴォルガ川の年間水量に匹敵するもので、宇宙から確認できるほどの規模となっています[13]。

第1、第2の危機からも明確ですが、従来型の経済モデルにおける天然資源の過剰かつ不健全な消費は、コントロール不能な重大な環境問題を引き起こしているのです。

3つ目の危機：「プラネタリー・バウンダリー」が侵され始めていること

2009年、世界28カ国の著名な科学者が、9つの「プラネタリー・バウンダリー」を識別し定量化しました。「プラネタリー・バウンダリー」とは、それを超えると急激な、あるいは不可逆的な環境の変化をもたらす境界をいいます。世界はすでに、絶滅率（生物多様性の減少）、大気中の二酸化炭素濃度（CO_2濃度）、窒素循環の変化という3つの領域において境界を超えています[14]。

温室効果ガスによる地球温暖化が大きな懸念となっています。

前述のように、「生きている地球レポート」では、1970年から2014年の間に生物多様性が全体の約50％まで減少していると示しています[15]。大気中の温室効果ガス濃度は、過去65万年の歴史における自然な範囲をはるかに超えています。大気中のCO_2濃度は産業革命以前の280ppmから、2014年6月時点で401ppmまで上昇しており、高濃度化は加速を続けています[16]。人間活動が、繊細な生態系を大規模に破壊しているのです。例えば、農業用の肥料は水資源中の窒素過剰を招き、藻類が異常繁殖した結果、絶滅する魚やその他の生物が増えています[17]。

このほか、多大な環境負荷により、廃棄物、汚染物質、有毒物質を吸収してくれる森林、大気および海洋などの、いわゆる「プラネタリーシンク」が脅かされています。化石燃料の過剰消費により大量の炭素が大気中に排出されると、海水の酸性化が進み、海洋生物、特に珊瑚と魚にとって脅威となります。米国カリフォルニア州にあるモントレー湾研究所のジェームズ・バリー氏はシアトル・タイムズ紙のインタビューに次のように答えています。「かつては、海洋生物が絶滅することなどほとんど考えられませんでした。しかし現在我々が経験している変化はあまりにも速く、ほとんど瞬時にさえ思えます。今起きている大規模かつ急速な絶滅はあまりにも重大です[18]」

「プラネタリーシンク」を脅かすことによる影響はすでに明らかです。世界各国の生態系に関する第一人者1000名以上が参加する国際的な取り組みである、2005年度「ミレニアム生態系評価（Millennium Ecosystem Assessment）」では、生態系が持つ機能の60％が劣化あるいは非持続的に使用されていると結論づけています。人間は地球史で自然に起きていた絶滅の速度より約1000倍速い速度で生物を絶滅させてきました。過去の生態系の改変は、人間生活の改善や経済発展に大きく寄与してきましたが、こうした発展は様々な犠牲の上に成り立っています。こうした現状を放置した場合、人類の将来世代が生態系から得る利益は減少することが予測されますが、農業が世界の労働人口の約半分を占めることを考えると、なお一層恐ろしい事態に思われます[19][20]。

あふれるゴミ

3つの危機をさらに悪化させているのは、一方通行型経済モデルが生み出す大量の廃棄物です。世界で11億トンもの廃棄物が生じており、このうち25％のみが回収され、生産システムに再投入されています[21]。そのほかの廃棄物を再利用する機会は失われ、ゴミ箱に詰められ、埋め立て地を満杯にしています。

従来型の経済モデルに大幅な変更がなされないならば、2013年から2025年までに、一般廃棄物は75％以上、産業廃棄物は35％以上増加することが予測されています[22]。廃棄物の排出量は、地域だけではなく、収入水準によって大きく異なります。OECD諸国は毎年46億トンの廃棄物を排出している一方で、アジア・パシフィック地域では毎年の廃棄物は22億トンです[23]。先進国内においても国による違いは大きく、米国における1人当たりの廃棄物は英国よりも40％多くなっています[24]。

しかし、廃棄物の問題は単なる環境問題に留まりません。世界全体のリサイクル率は残念なほど低く、未活用の廃棄物を価値換算すると、毎年1兆ドルにも上ります（一般廃棄物分が3000億ドル、産業廃棄物分が7000億ドル[25]）。ここでも、地域によって驚くほどの違いが見られます。中国で無駄になった廃棄物は年間約1500億ドルにも上り、これは米国（1000億ドル）の1・5倍、ドイツ（200億ドル）の7倍以上です[26]。

リサイクル量を増やせば、一方通行型経済モデルが抱える問題を緩和する助けになるのでしょうか？　ある程度の貢献にはなります。リサイクル率の向上は、埋め立てられる廃棄物量を削減し、問題の改善に寄与します。しかし、リサイクルは廃棄物の排出そのものを減らすものではありません。また、リサイクルによって、企業は製品の本来の価値を維持できるわけでもないのです。しかもリサイクルは、製品廃棄物を分解し修繕する際に資源を消費します。リサイクルするよりも、製品、部品の修繕、再利用によって廃棄物の排出そのものを削減する方が、経済合理性があります。中国の経済計画に関する最上位組織である国家発展改革委員会（NDRC）において副議長を務めるXie Zhenhuaは次のように述べています。「例えば、500キログラムの自動車エンジンを鉄スクラップとしてリサイクルした場合、その価値は約1000元（約160ドル）にしかなりませんが、エンジンを再生産すれば、少なくとも3万元（4900ドル）の価値になります[27]」

リサイクルは、複雑な製品を原材料にまで分解しますが、それにより製品の設計・開発に投資された労働力のほとんどが無価値になるのです。廃棄物の排出量削減には貢献しますが、単純なプロセスでしかないため、単独では資源問題を解決できません。

危険な不均衡

従来の経済成長アプローチはいずれ、資源の需給バランスにおける危険な不均衡や手に負えないほどの環境破壊をもたらし、拡大させることになります。多くの天然資源の価格が過去15年間に急騰したため、企業の業績に下方圧力がかかり、成長見通しを押し下げてきました。価格急騰の影響はあらゆる産業に広がり、貿易収支の変調や家計支出の大幅な減退をもたらし、社会不安までをも引き起こしています[28]。

エネルギー商品に関しては、石油の供給はすでにピークに達しています。2000年から2004年までのエネルギー価格指数（実質、年平均）は、1985年から2000年の2倍に上昇しています[29]。代替品の発見・開発によって、資源供給の減少分を穴埋めできることを期待するほかありません。米国では、シェールガスの登場を受け、消費者も企業も石炭や石油からの脱却を進めています。しかしながら、シェールガスが主要なエネルギー源の代替となりうるかの見通しは不明瞭であり、期待はできるものの、多くの未知の要素を抱えています。２０１２年に欧州委員会へ提出されたレポートには、「現状の資源量に関する試算については、かなり慎重な取り扱いが必要である」とあります[30]。米国エネルギー省エネルギー部のシナリオでは、米国における２０４０年までのシェールガス生産量は28兆〜45兆立方フィートの範囲になる見込みであり、２０１４年のシェールガス生産量はすでに24兆立方フィートに達しています[31]。シェールガスはピークオイルの脅威を一時的に緩和するものの、単独で世界経済を長期間維持することは難しいでしょう。

多くの国は、いつかは枯渇してしまう不安定な資源からの脱却を目指すのではなく、これら資源の消費を拡大させる一方です。欧州における天然ガスの消費シェアは２０１１年には24%だったのが、２０３０年までには30%に拡大すると予測されています[32]。

化石燃料については、供給の不確実性に加えて、埋蔵分の継続的な開発がもたらす地域的、世界的な環境への影響が懸念されています。また、中東や北アフリカの政情不安、ウクライナ問題に関するＥＵとロシア間の利害衝突など、地政学的リスクによる供給不安も懸念されています。

新興国の旺盛な需要を背景に、建設業、製造業が好景気に沸いており、金属価格を押し上げています。２０００年から２０１４年までの期間の後半には、世界経済が停滞したにもかかわらず、銅、鉄、鉛、スズの価格は１５０〜２５０%上昇しました。貴金属価格も同期間、２００%以上上昇しています[33]。インド、パキスタン、インドネシア、ナイジェリア、およびその他の国が中国の経済発展を模倣しようと懸命に取り組んでおり、エネルギー、金属、鉱物への需要は増加するばかりです。

◉産業における資源投入量と価格動向（金属および農産物資源）1984-2014年

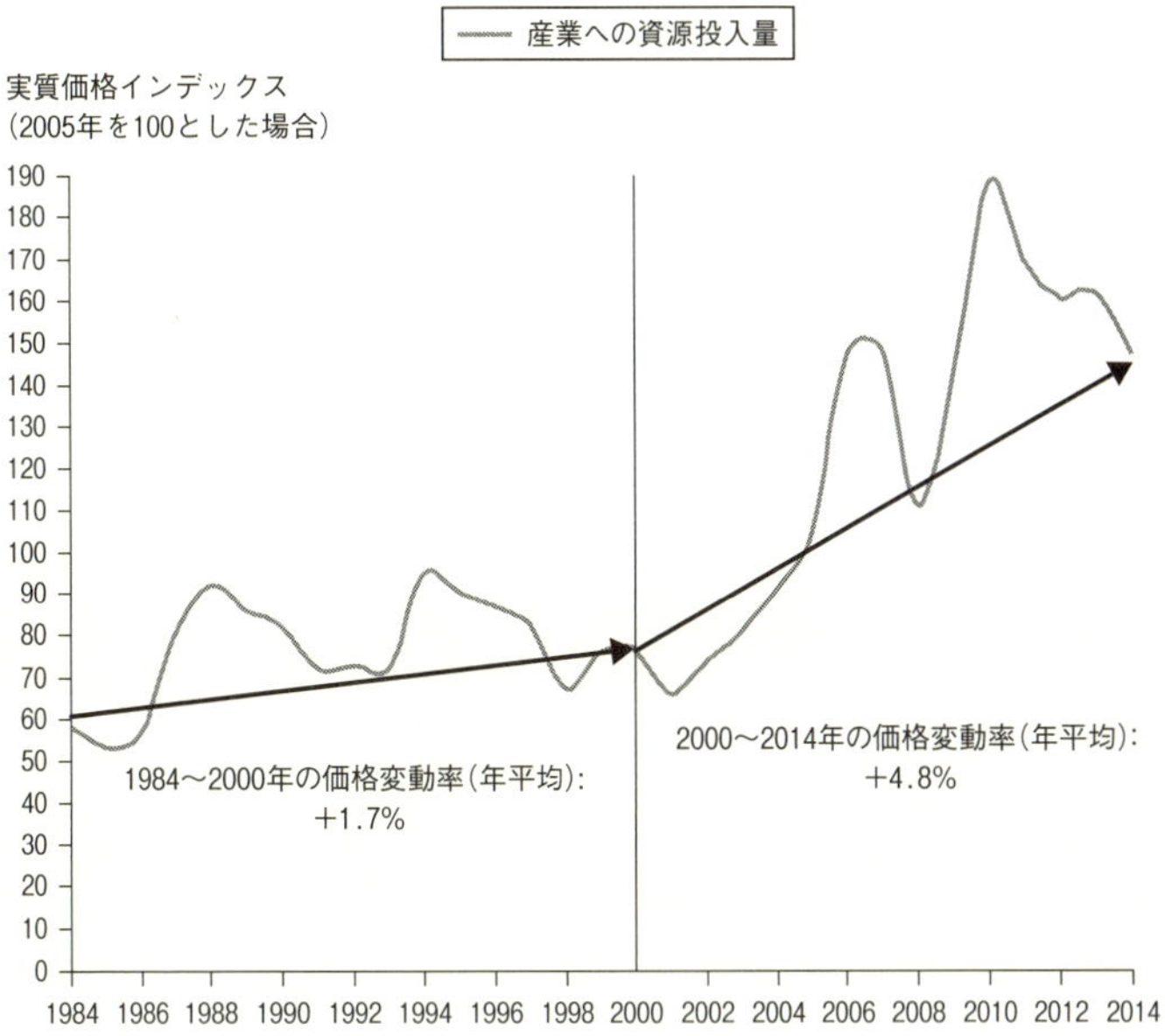

出所：以下のデータを基にアクセンチュアが分析
・コモディティ産業投入価格インデックス（月別指数）：IndexMundi（http://www.indexmundi.com/commodities/?commodity=industrial-inputs-price-index&months=360、データ取得日：2014年１月８日）

再生可能な資源は不規則に価格が変動してきました。綿価格は２０００年から２０１１年の間に90％上昇したため、サプライヤーは供給価格を最大30％値上げし、小売業者は利益幅を削るか小売価格を値上げするかの二択を迫られました。[34][35] 農産物価格は、需要の増加に加え、窒素、リンなど重要栄養素の供給不足が重なり、大きく変動しました。

農産物の実質価格は２０００年から２０１４年

の間にほぼ60％上昇したため、[36] 食品の実質価格は70％以上も高騰し、[37] 世界中の家計消費を減退させるとともに社会不安を煽りました。農業の生産性向上に欠かせない肥料の実質価格は２０００年から２００８年の間に３００％以上急騰し、２０００年から２０１４年の間で見ると、全体として１１０％上昇しています。[38]

資源価格の上昇トレンドは、希少な天然資源に大きく依存した成長モデルを採用し続ける企業に災いをもたらします。

供給が不安定化し、消費者の好みが変化することで、企業が収益を上げ、市場シェアを維持することが難しくなると思われます。資源の供給が途絶えた場合、希少な資源に大きく依存している企業は生産停止に追い込まれ、必要量の製品を供給できなくなります。これは非常に現実的なシナリオの１つです。資源供給が完全に途絶えなくとも、供給量が不足すれば、資源価格は法外な水準まで高騰する可能性があります。世界のレアアース金属供給で圧倒的シェアを占める中国が、エレクトロニクス製品で広く使用されているネオジムの輸出を制限した際には、その価格は１キログラム当たり50ドルから５００ドルに急騰し、重要部品の価格は７００％という唖然とするほどの上昇を見せました。[39] 日立などの企業では、将来の供給量確保とコスト削減のため、部品リサイクルへの投資拡大や、他のテクノロジーの模索を余儀なくされました。[40][41]

事業成長が希少な資源と密接に関わる企業は、資源価格の変動や上昇が、自社の将来予測能力と資源への依存度が低い競合他社との競争力を著しく低下させており、競争上不利な立場にあること

◉ GDPとコモディティ価格の相関（エネルギー＆非エネルギー） 1960-2014年

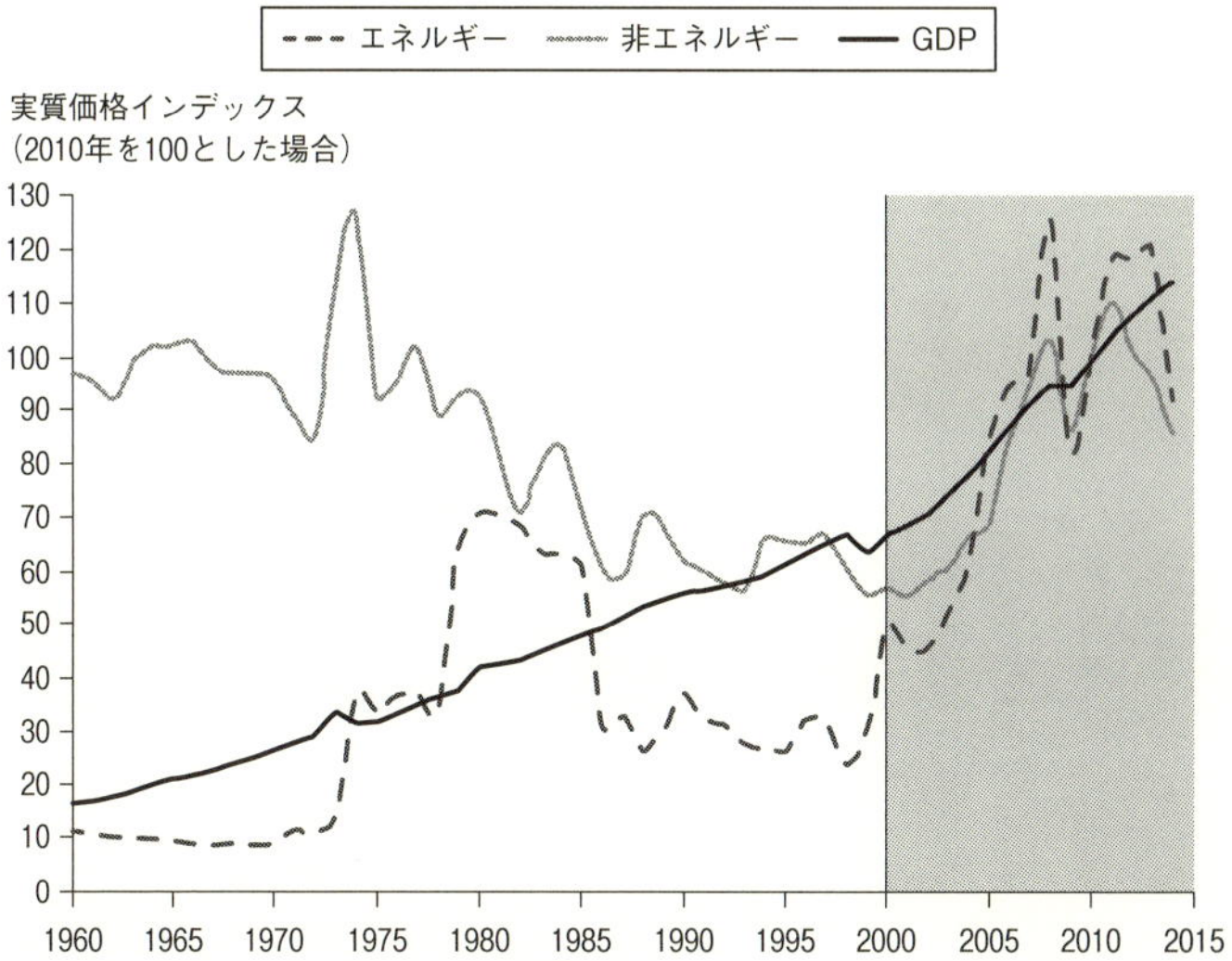

出所：以下のデータを基にアクセンチュアが分析
・総合経済データベース：米国全国産業審議会（http://www.conference-board.org/data/ economydatabase/、2014年１月）
・世界銀行コモディティ価格データ：世界銀行（http://siteresources.worldbank.org/INTPROSPECTS/Resources/334934-1111002388669/829392-1389028647906/Pnk_1214.pdf、2014年12月）
・コモディティ価格：IndexMundi（http://www.indexmundi.com/commodities/、データ取得日：2015年１月６日）

にも気づきます。２０１１年、アパレル小売業のＨ＆Ｍ社は、綿価格の高騰が大きく影響し、第１四半期に30％の減益となりました[42]。２００４年から２００８年の間、鉄、プラスチック、銅、アルミニウムの価格が上昇したため、エレクトロラックス社は約13億５０００万ドルのコスト増となり、大幅なコスト削減を強いられました。同社の営業利益は２００７年には約６億６０００万ドルだったのが、２００８年には

ウクライナ
シリア
イラク
アフガニスタン
イスラエル
パキスタン
エジプト
中国
イエメン
インド
スーダン
フィリピン
ベトナム
ナイジェリア
エチオピア
中央アフリカ
共和国
インドネシア
コンゴ
民主共和国
ケニア
ジンバブエ

◉資源紛争　1967年-2014年

1億8000万ドルまで落ち込みました[43][44]。

無形固定資産も同様の損害を被る恐れがあります。環境に大きな負荷をかけ、資源に依存する企業は、消費者から社会的に無責任な企業として避けられ、ブランド価値を下げることになります。企業は、生活の質の向上に関して政府と同等の責任を持つものという社会認識があります。国連のグローバル・コンパクトとアクセンチュアが5大陸の3万人を対象に実施した共同研究によると、72%もの人が「企業は社会的貢献活動において期待に応えていない」と考えていることが明らかになっています。

そして消費者も立ち上がっています。グローバル・ダイベストメント・キャンペーンを展開するフォッシル・フリー（gofossilfree.org）は、化石燃料への投資撤退（ダイベストメント）を呼びかける学生や市民の運動団体であり、2014年9月までに181の機関、地方政府からの賛同を得て、500億ドル超規模の化石燃料への投資から撤退させることに成功しました。また、ローマ教皇フランシスコがダイベストメントを呼びかけるまでに至っています[45][46]。地球の限界と資源の希少性がより危機的な様相をみせるにつれ、各国の指導者は、プラスの社会的影響をもたらし、国の天然資源を枯渇させることなく国家を運営できることの証しとして、こうしたキャンペーンを支持し続けるものと思われます。

コモディティ市場の逼迫や価格変動に加えて、食品の安全確保や水不足の問題がこのまま放置されれば、各国が希少性を増す資源をめぐって争うことになり、地政学的緊張や政情不安につながります。歴史が示すように、急激な資源不足は常に社会不安のきっかけや継続、長期化の要因となってきました。近年においても、2010年には100年に1度と言われる干ばつが中国、ロシア、オーストラリア、カナダなどの食糧生産・輸出国に影響を与えたほか、食品価格の高騰は、「アラブの春」の引き金となり、拡大させた要因の一端となりました。過去20年間においては、ダイヤモンド、木材、ココアなどの天然資源をめぐり、少なくとも18の内戦が勃発しています[47]。シエラレオネのダイヤモンド鉱山をめぐる内戦のような資源紛争は、政府統治が脆弱な地域において和平合意を頓挫させる原因となっています。

従来型の経済モデルが、気象や生態系に不可逆的な影響をもたらすことも見逃せません。人類は、地質学的に新しい時代、すなわち科学者が非公式に「人新世（アントロポセン）」と呼ぶ、人間が地質学的に影響力を持つ存在となった時期に突入しています[48]。この呼称（語源であるギリシャ語では、「新しい人間」を意味します）は、人間を原因とする気候変動がもたらす生態系の変化が、地球に永続的に影響するだろうことを示唆しています。

ギャップを定量化する

私たちの知る経済発展が資源の利用可能性の限界に行き着く針路を進んでいることは、データから明確に読み取れます。世界一流の科学者、国家、組織からなるNGO組織グローバル・フットプリント・ネットワークのメッセージ「世界はすでに毎年、地球資源の1・5倍分を消費している」は、一般に広く引用されています。当たり前のことですが、人類が生息している地球は1つしかありません。しかしながら人間が消費する資源は、地球が1年で再生産し、廃棄物を浄化可能な量より50%も多いのです。資源の需要超過（オーバーシュート）を測定する指標を「エコロジカル・フットプリント[49]」と呼び、必要な資源の生産、建物や道路の敷設、排出物を浄化する生態系などに必要な土地面積の合計として示されます。この数値を、「生物生産力（biocapacity）」と呼ばれる、生物による生産が可能な土地面積と比較します。現在の開発スピードを前提に置くと、人類は2050年まで毎年地球3つ分に相当する資源を必要とします[50]。資源の過剰消費を長期的に継続することは不可能です。稼いだ以上の金額を消費するのと同じく、短期間しか機能しません。借金は最終的に返済する必要があるからです。

アクセンチュアは、次の10年間における課題を明確化するために、資源の需給不均衡を定量化するモデルを開発しました。またモデルによる試算値を、エコロジカル・フットプリントから着想を

◉制約資源およびエネルギー資源に対する需要と供給
1960-2050年

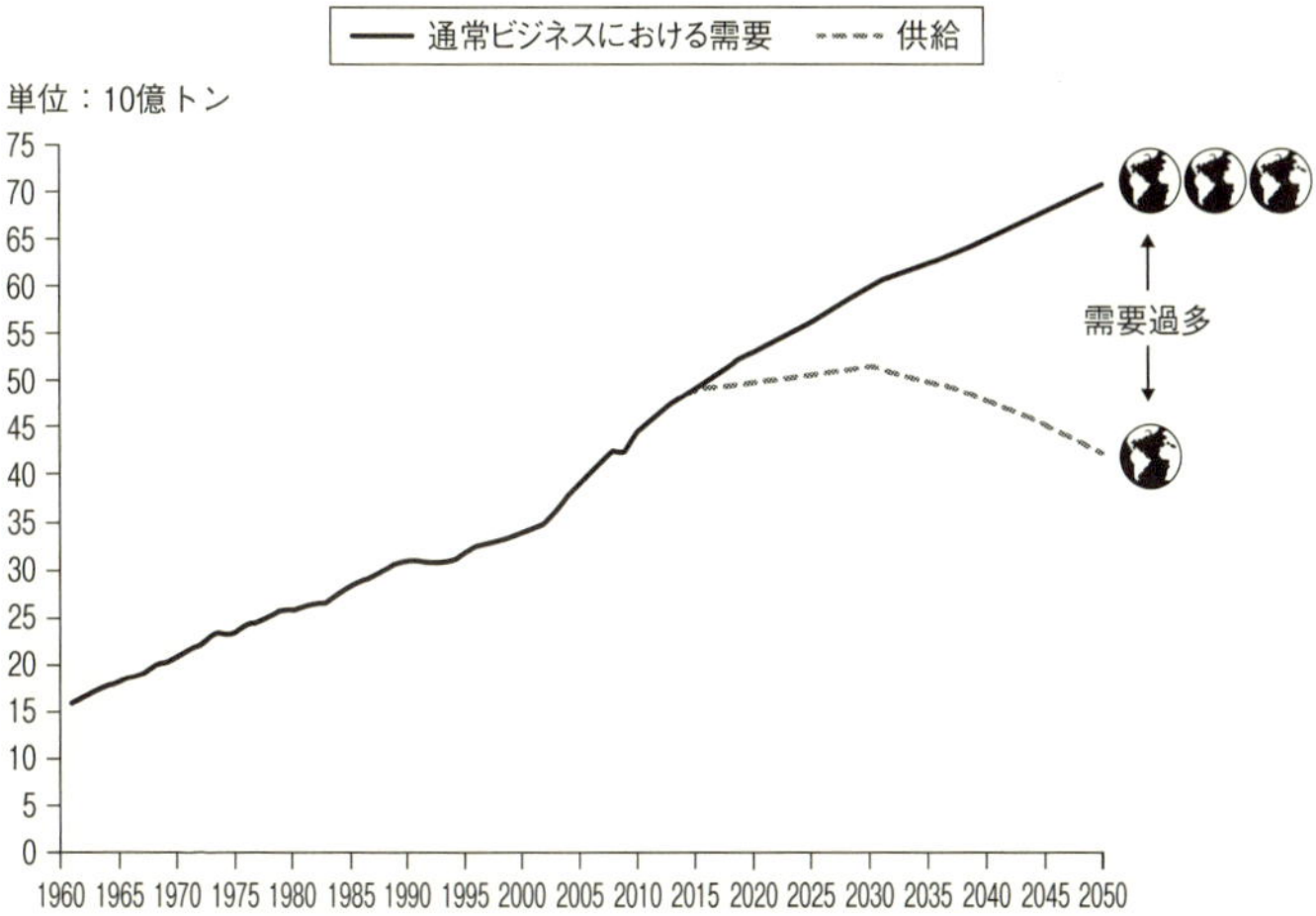

出所：アクセンチュアによる分析。分析元データについては、補足資料「モデル構築のためのデータテーブル」を参照。

得た、資源の利用可能性についての調査結果に統合しています。このモデルは、1961年から2014年までの人口増加、経済成長データ、および2050年までの予測データを用いたもので、バイオマス、化石燃料、鉱石、工業用および建設用鉱物に対する資源需要変数も加味したうえで、将来の資源需要を予測しています。またテクノロジーの発展シナリオに基づく調整も加えています。

モデルに関して補足しておきましょう。資源の長期的な供給能力に対する需要過剰の変化率が保守的になりすぎるのを避けるために、このモデルを構築しました。実際には、2030年までは資源の需要過剰が拡大し続け、その後2050年までに需給がバランスに向かうと仮定しています。これは、いくつかの国、地域、都市、企業が迅速に取り組みを進めたとしても、世界全体では経済モデルの転換には時間がかかると想定し、これを調整したものです。この仮定の例証としては、中国が2030年より温室効果ガスの排出量削減を開始することにコミットしたことが挙げられます[51]。

私たちの調査により、すでに長期的な環境収容力を超えたペースで消費されている、金属、鉱物、化石燃料、森林などの限りある資源に対する需要は、2014年の480億トンから2050年には1300億トンにまで増加することが明らかになりました。2050年には、資源の過剰消費は地球1つ分相当の資源のほぼ400%分に達する見通しです[52]。従来型の経済モデルを維持しつつも、資源効率性、環境負荷の低い生産技術双方においてテクノロジーが進化するというシナリオでは、2050年における資源総需要は850億トンまで下がる試算です。確かに、通常シナリオよりも需要は低くなるものの、2014年の需要と比べるとほぼ倍増となります。

楽観的シナリオでは、テクノロジーが急速に進化したとしても、希少な資源は2030年には15%、2050年には75%の消費過剰となります。結局のところ、現状の変化率を徐々に改善することでは、問題の解決には近づかないのです。

天然資源の需要が供給量を超過すれば、企業は妥当な価格で望むだけの量の資源を調達することが困難になり、低成長を招きます。グローバル・フットプリント・ネットワークの代表であるマティス・ワッカーネイゲル氏はインタビューに答えて次のように語っています。「簡単なことです。大量の原材料や需給が逼迫している資源を必要とするビジネスモデルは今後成功しないでしょう[53]」

本書の分析によると、天然資源の供給という点では、2050年に290億トンの原材料不足（2030年には80億トン）に陥る可能性が高く、何らかの対処が不可欠です。どのような対処が可能でしょうか。著名なシンクタンクである「ローマクラブ」の共同代表を務めるエルンスト・ウルリッヒ・フォン・ヴァイツゼッカー氏は次のように述べています。「65億の人々を貧困状態に置いたまま成長を諦める、あるいは地球上に15億人しかいなかった時代に戻る、どちらの選択肢も現実的でなく、望ましくもありません。しかし、繁栄と環境のサステナビリティの両方を実現できる第三の選択肢が存在します。そしてその選択肢は、資源生産性を5倍に向上させるのです[54]」

資源生産性の大幅な向上を達成するには、急速に枯渇に向かう資源に依らない成長、再生可能資源を生産する能力の保護、現在および将来世代に必須のプラネタリーシンクの確保などが可能な新しい手法で、企業と経済の成長を目指すことが必要です。

本書では、新しいモデルの中心は「サーキュラー・エコノミー」であると考えています。

一方通行型経済モデルの終焉

年3％の成長を遂げてきた一方通行型経済モデルによる世界経済成長は、25年で2倍の規模に拡大します。今のところ、こうした成長と資源消費の関係性が終焉に向かっていることを明確に示すものは何もありません。しかし、ジュネーブのプロダクトライフ研究所の初代所長であり、国際保険経済学研究会（ジュネーブ会）で異常気象と気候変動リスクに関するシニア・アドバイザーを務めるヴァルター・R・スタヘル教授は次のように述べています。「従来の産業モデルを特徴づける、『より大きく、より高品質で、より速く、より安全な』新製品を求める行動様式は、資源の希少性が高まり廃棄物が蓄積された時代には通用しなくなります[55]」

一方通行型経済モデルを調整することで、今後数年の間に現在のトレンドを逆転させ、サステナビリティを高めることは可能なのでしょうか。他の多くの調査同様、本書の調査によると、答えははっきり「ＮＯ」です。従来型の成長モデルにおけるテクノロジーの進化を考慮に入れたとしても、希少な資源の過剰消費量は10億トン単位で指数関数的に増加する見通しです。一方通行型経済モデルの根本的欠陥は、製品寿命の延長ができないこと、そして製品に組み込まれた部品、原材料、エネルギーを、製品の寿命後に生産時と同等の価値で回収できないことにあります。多大な価値が失われ、原材料、エネルギー、労働力を浪費する結果となります。

２０１０年から欧州委員会の環境担当委員を務めたジャネ・ポトニック博士は、大規模な変革が急務であると語ってくれました。「原料効率の段階的な向上は可能かつ必要であり、またビジネス的にも大変合理的です。しかし、天然資源の消費を減らしながらも、より多くの富を生み出すには十分ではありません。これこそ、従来の『取って、作って、使って、捨てる』という一方通行型経済モデルから脱却しなければならない理由なのです。１トンの原材料からより多くのエネルギーを生み出すだけでなく、原材料を繰り返し利用することで、より多くの価値を生み出すことが求められています[56]」

拡大を続ける世界中の需要を満たすには、一方通行型経済モデルの大幅な改善では足りず、それよりもはるかに高い資源生産性を実現する新たな成長モデルが必要です。そのモデルこそ「サーキュラー・エコノミー」なのです。「サーキュラー・エコノミー」のビジネスモデルを実践する企業は、もはや量的拡大や、サプライチェーン、工場、オペレーションの効率性向上によるコスト削減を重視することはありません。むしろ、将来的な持続性を確保すべく製品やサービスを根底から見直すとともに、顧客にトレードオフを強いることなく、避けられない資源の制約に備えることに専念するのです。「サーキュラー・エコノミー」のビジネスモデルを実践する企業は、他の企業への投資が引き揚げられる中、自然界と共存しながら繁栄し、オーナー、従業員、顧客、コミュニティに利益をもたらします。

第2章　サーキュラー・エコノミーのルーツ

個人、企業、政府など、誰もが「社会的責任」と「長期的思考」を口にする時代になりました。将来にわたって生活の質を維持するためには、環境負荷を減らし、天然資源の使い方に一層配慮することが求められています。

歴史的に、といっても過去200～300年のことですが、社会の関心は現在とは異なるものでした。天然資源の利用責任という考え方が、ごく短い期間で注目を集めましたが、先進国でも40～50年前までは、製造業者による河川や湖への廃棄物投棄が常態であり、現在でも新興国や発展途上国の多くで続いています。家庭でのリサイクルという発想も、消費者にとっては人類の月面着陸と同程度に無縁なものでした。

幸いにも、企業と消費者が環境に対する関心を共有しようとする時代になりました。つまり、貴重な資源をより有効に使うことで、中毒性のある、あるいは有害な物質の使用を極力抑えて、廃棄物を減らすということです。天然資源は無限であることを前提とした経済活動を継続するならば、地球という惑星が現在の人口を支え続けることは不可能です。ましてや、今後数十年で急増すると見られる世界人口（最新の予測では2050年までに95億人、2100年までに110億人に達する見込み）[1]に対応するなど不可能であることに、人類はようやく気付いたのです。

環境意識の台頭により、「サーキュラー・エコノミー」という新たな考え方が生まれました。企業は天然資源の採取や消費、エネルギーの浪費、埋め立て材や環境汚染物質にしかならない製品の大量生産に依らない成長を目指します。「サーキュラー・エコノミー」は、産業経済の幕開けから主流であった「取って、作って、捨てる」産業モデルに対する唯一の代案なのです。

世界的にはまだ確立されていない「サーキュラー・エコノミー」という考え方ですが、年々その存在感を増しています。産業界や政府、消費者までもが「サーキュラー・エコノミー」の理念が持つ根幹的な価値に気付き始めており、サーキュラー・エコノミーの競争優位性「サーキュラー・アドバンテージ」の獲得に向けた取り組みに着手しています。

企業におけるサーキュラー・エコノミーの理念の適用手法について探る前に、その本質と今日まで発展を遂げてきた経緯について簡単に見ていきましょう。

「サーキュラー・エコノミー」のルーツは、想像よりはるか以前の18世紀後半まで遡ります。1798年、トマス・マルサスは急増する世界の人口に懸念を示し、代表作である『人口論』を出版しました。中心となる主張は当時最新とされた思想に真っ向から反対するもので、人口の増加傾向が続けば最終的に世界の自給率は低下すると結論付けたのです。[2]彼はこの定義に基づき、人口増加のスピードは農地開発のペースを大きく上回っているとしました。同じくこの時代に影響を与えた人物として、天然資源の管理責任を説いたジョン・スチュアート・ミルとハンス・カール・フォン・カルロビッツが挙げられます。

環境問題を研究する歴史学者によれば、現在の環境保護運動の盛り上がりは、1900年以前に始まった議論が実を結んだものです。アダム・ロウム氏は19世紀後半に世界で初めて『The Journal of American History』誌上に、汚染問題に対する抗議、天然資源を保全する取り組み、野生動物を保護するキャンペーンなどの記事を掲載しました[3]。間もなくして、再生不可能な資源の枯渇のもたらす影響がエコノミストたちの関心を喚起し、その1人であるハロルド・ホテリング氏は、1931年に次のように述べています。「鉱物、森林、その他の枯渇性資産が世界中で減少していることを熟考すると、資源の採取に対する規制が必要であるとの結論に至らざるを得ません。『現在の資源価格は、将来世代に恩恵をもたらさないほど安価である』、『資源はあまりに速いペースで利己的に開発されている』、『資源採取コストがあまりに低いため、資源は無駄に生産、消費されている』といった感情が環境保護運動のきっかけとなりました[4]」。

他にも影響力のある多くの思想家が各々の見解を表明し、環境問題に対するホテリング氏の論調に追随しました。彼らの結論はすべて、「豊富で安価な天然資源の採取は、短期的には収益を生む一方で、持続可能ではない」という同様のメッセージを繰り返し伝えるものでした。

さらに近年になると、天然資源が本来持つ有限性と枯渇リスクに焦点を合わせた『成長の限界

(The Limits to Growth)』が1972年に刊行されたことに伴い、資源枯渇と経済発展に関する議論は活発化しました。同書は、世界各国の意思決定が遅れるならば、エコロジカル・フットプリント拡大が鈍化する前に人間の経済活動は地球の限界を超えてしまい、そして持続不可能な領域にまで一度踏み込んでしまったなら、人間社会は資源の消費や廃棄物の排出ペースを緩めざるを得なくなるだろうと結論づけています[5]。また、適切な「監視」がなくては、人間活動によるエコロジカル・フットプリントは地球の持つ物理的な収容力、いわゆる「持続可能な限界」を超えてしまうだろうとも主張しています。同書は重要な警告を発しています。政治家による合意形成は間に合わず、人間による環境開発がコントロール不能な状態に陥る結果、人間社会は縮小するか、「管理された衰退」をたどるか、「自然」や「市場」の容赦ない力により崩壊するか、このいずれかを余儀なくされるだろうというのです[6]。

数年間の議論を経た後、何人かの科学者は解決策に焦点を移しました。エルンスト・ウルリッヒ・フォン・ヴァイツゼッカー氏は1988年、『Factor Four: Doubling Wealth, Halving Resource Use(ファクター4—豊かさを2倍に、資源消費を半分に)』を出版し、成長とサステナビリティは両立可能であり、人間社会は天然資源を消費し尽くすことなく繁栄が可能であると主張しました。彼は、経済成長と人間生活の改善をともに実現するには、現存資源から少なくとも4倍の富を創出する必要があると提案し、実現に向けた様々なケーススタディを紹介しています[7]。

21世紀を迎えて

かつては、資源価格の上昇が資源の減少スピードを上回るペースでイノベーションや他のソリューションを促したため、資源の希少性や人口過剰の脅威が意識されることはほとんどありませんでした。しかし21世紀に入るや否や、資源の採取、利用方法に対する関心が高まり、変革運動に火を付けました。コモディティ価格の上昇により、資源の希少性への関心が増大、拡大しました。人々はまた、化学物質、有毒物質、肥料、化石燃料を企業が大量消費していることは、環境、社会にとって許容されることなのか、疑問を抱き始めました。

2002年に出版された『Cradle to Cradle』は、全面的変革への新たな関心を生むきっかけとなりました。マイケル・ブラウンガート氏とウィリアム・マクダナー氏による宣言は、「環境効率」よりも「環境効果」、すなわち「環境への害を減らすこと」よりも「環境に良いことを行うこと」を重視した経済発展や経済思想を推進すべきであるという考え方を提示しました。著者たちは、欠陥システムがもたらす負の影響を最小限に抑えたとしても、システムが本来持つ欠陥は何も変わらないと考え、「減らす、再利用する、リサイクルする」ことはその場しのぎの対策に過ぎないと主張しました。同書は、問題があるのは消費、経済活動ではなく、欠陥を抱えた設計であると主張し、「排出物が食物になる」生物界をお手本に、「資源が安全な形で環境に再び戻る」、あるいは「閉じられたループ内で循環する」設計哲学を取り入れることを提唱しました。すなわち、エコロジカル・フットプリントを縮小しようとするのではなく、ポジティブな形で増加させることで成長を目指す、「クレイドル・トゥ・クレイドル（cradle-to-cradle）」アプローチの実践を目指すものです。

「クレイドル・トゥ・クレイドル」プログラムは現在、Cradle to Cradle Products Innovation Institute が管理する認証プログラムであり、品質アセスメントやイノベーションのための標準フレームワークを提供しています。[8] マクドナーとブラウンガートの最新作『The Upcycle: Beyond Sustainability — Designing for Abundance』は、地球の環境危機に対処する次のステップを構想したもので、単に資源を効率的に再利用、リサイクルするだけではなく、生活、創造、構築など様々な人間活動を行いながら、世界を実践的に改善していくことを提唱しています。[9]

21世紀初頭、資源消費を最小限に抑えて経済成長を目指そうとする思想がいくつも登場しました。その代表例は、ヴァルター・スタヘル氏が著した『The Performance Economy』[10]です。2006年に初版、2010年に最新版が発行された同書では、資源消費と経済成長の分離を提案し、実現可能な経済モデルを構築する重要な鍵はビジネスモデルのイノベーションであると主張しました。

2009年に『Factor Four』の続編として出版された『Factor Five: Transforming the Global Economy through 80% Improvements in Resource Productivity』[11]は、様々な業界の企業が「資源効率性の4倍向上」を実現した方法と、さらに5倍の向上に挑戦する姿を描いています。その1年後の2010年に登場したグンター・パウリ氏の著作『The Blue Economy』（邦題『ブルーエコノミーに変えよう』２０１２年、ダイヤモンド社[12]）は、自然の生態系におけるエネルギーと資源の流れからインスピレーションを得たもので[13]、産業界においても１つのプロセスから排出されたものを別のプロセスで取り込むことで、結果として廃棄物や排出物のない環境を形成することが究極の目標であるとしています。

同年、「サーキュラー・エコノミー」理論の普及を目的としたエレン・マッカーサー財団が設立されました。本財団は、世界の一流企業が中心となって出資した慈善団体であり、設立当初は様々な学派を「サーキュラー・エコノミー」と呼ぶ統一フレームワークへ統合することに注力してきました。

その後財団は、サーキュラー・エコノミーの経済的潜在力を定量化した経済レポートを世界で初めて作成するとともに、サーキュラー・エコノミーにおけるイノベーションや共同基礎研究のためのプラットフォームである「サーキュラー・エコノミー１００（ＣＥ１００）」を創設しました[14]。

エレン・マッカーサー氏は２０１１年、自身が取り組んでいるサーキュラー・エコノミーのコンセプトを世界経済フォーラムのヤング・グローバル・リーダーズ（ＹＧＬ）のコミュニティに紹介しました。以降、サーキュラー・エコノミーとエレン・マッカーサー財団は、ヤング・グローバル・リーダーや世界経済フォーラムの他のコミュニティにおいて大きな支持を集めています。

財団は現在、「ビジネスと政治」「教育」「洞察・分析」「コミュニケーション・出版」の４つの分野において、サーキュラー・エコノミーへの転換を加速することを目標に活動しています。

国連も、サーキュラー・エコノミーの提唱に重要な役割を担ってきました。「ポスト2015」開発アジェンダにおける国連の取り組みは、国連加盟国が持続可能な開発を推進する明確な方策を定めた「国連持続可能な開発会議リオ+20（2012年6月に開催）」の成果と密接にリンクしたものとなるでしょう。[15]この方策には、「持続可能な開発目標（SDGs）」の策定に向けたプロセスや、グリーン経済への取り組みなどが盛り込まれています。[16]現在、資源効率性や生産性に関する議論が、国連の「ポスト2015」開発アジェンダの一部として継続されています。[17]そのほかにもいくつか影響力の大きなNGO組織がサーキュラー・エコノミーに関する議論に参加しています。例えば、オックスファム・インターナショナルは、資源利用と成長の分離や、資源効率性向上への動機付けが「ポスト2015」フレームワークの基礎を成す重要な要素であると考えています。[18]

このような取り組みすべてがサーキュラー・エコノミーの推進に影響を与えています。著名な思想家やエコノミストの取り組みも、資源の戦略的利用に関する議論の進展に貢献してきました。サーキュラー・エコノミーという用語は、1990年に出版されたデビッド・ピアス氏、R・ケリー・ターナー氏の著作『Economics of Natural Resources and the Environment』[19][20]で初めて登場したものですが、その後何年もの間、多くの識者が協力し、反復することによって発展を遂げています。

サーキュラー・エコノミーの競争優位性「サーキュラー・アドバンテージ」を獲得する

本書は、何世紀にもわたって積み重ねられた研究や洞察を基にしており、言わば「巨人の肩の上に」立つものです。本書を執筆した目的は、企業が理論を実践に変え、サーキュラー・エコノミーの大規模な実践を通じた具体的な競争優位性「サーキュラー・アドバンテージ」の獲得を支援することにあります。

次章以降では、資源生産性におけるイノベーションが果たす役割を精査し、どのビジネスモデルが成功を収めるのか、「サーキュラー・アドバンテージ」を獲得するのに必要となる戦略的な選択肢やケイパビリティ(組織的能力)、テクノロジーを企業の経営陣はどのように評価すればよいのか、検討を進めていきます。サーキュラー・エコノミーの普及を促進するような制度変更を政治家はどのように後押しできるのかについても考察していきます。私たちは今まで、一方通行のサプライチェーンを構築するのに50年間もの時間を費やしてきました。今こそ、双方向のサプライチェーン構築へと向かう時なのです。

第3章　サーキュラー・エコノミーモデルで優位に立つ

サーキュラー・エコノミーモデルへの転換は、従来の一方通行型経済モデルにおける生産・消費ロジックからの脱却を意味します。再生可能エネルギー、生分解性のバイオマテリアルやバイオケミカル素材、回収や再利用が容易な金属部品などの利用が、これまで以上に求められるでしょう。製品は、回収した再生資源を使用するように設計され、低コストで寿命を迎えた製品をリサイクルし、製造プロセスのループをうまく閉じるようにするべきです。再利用を前提に設計された部品や、廃棄・交換ではなく修理・改良が可能な製品が求められているのです。サーキュラー・エコノミーではこうした取り組みが供給サイドの基本となります。

しかし、誤解されがちですが、サーキュラー・エコノミーのビジネスモデルの原動力は効率的な資源利用ではありません。本質的な影響力を発揮するのは需要サイドであり、企業の姿勢、例えば、どのようにして製品を使用する消費者の心に訴え、どのように製品開発や資源要件の検討に携わってきたかという点を問うています。つまり、サーキュラー・エコノミーは、製品需要をより深く理解することに始まり、資源の制約条件や供給品の仕様の検討に至ります。

消費者は、クラウドコンピューティングやビッグデータなど革新を続ける情報テクノロジーを通じて、製品やサービスの価格、提供状況、性能に関する詳細な情報を自在に入手できます。また、企業活動にも関心を向けており、価格、提供状況、品質、性能、サステナビリティなど、すべてに「三つ星」を期待しています。今後消費者は、このような要望に応えられる企業を選択するでしょう。

2013年に米国で実施された消費者調査によると、消費者は「企業が社会的責任をアピールする最善の方法は、エネルギー消費量や廃棄物の排出量、廃棄処理で排出されるCO_2を最小限に抑えた製品を設計すること」と回答しています。こうした消費者ニーズはすべてサーキュラー・エコノミーの本質に合致するものです[1]。世界の一流企業54社を対象とした調査では、5分の4の企業が「最も意識する顧客の行動は、製品のリサイクルやコミュニティへの参加、持続可能な製品の購入、廃棄物の削減である」と回答しています[2]。このような企業側の認識も、サーキュラー・ビジネスの原理に直結するものです。

しかし現時点では、持続可能なビジネスへの取り組みの多くは消費者にトレードオフを強いており、次のような疑問を頻繁に耳にします。「リサイクル部品を使った製品は未使用素材を使用した新品と同じ品質、性能ですか?」「社会貢献に役立つ製品の購入を増やすべきでしょうか?」「普段購入している製品よりもサステナビリティが高い代替品は本当に存在しますか?」「新品の代わりに中古品を購入する場合、購買チャネルや製品の選択肢が限られてしまうのではないでしょうか?」

デジタル技術の発達とともに、消費者が抱えるトレードオフは、サーキュラーモデルの原理に則って解消され始めています。例えば、以前は製品の共同利用・共同所有に大きな手間を要し、製品の状態を事前に確認することは困難もしくは不可能だったため、取り組みの多くは期待した成果を得られませんでした。現在、モバイル端末や衛星ナビゲーションなどのサービスがプロセスを自動化するだけでなく、十分な情報をユーザーに提供しています。大手自動車メーカー、アウディ社のパイロットプログラム「アウディ・ユナイト（Audi Unite）」は、地図情報、ルート追跡、予約アプリ、燃料残量のモニタリング、その他様々な機能を搭載し、運転者4名を上限とした車両共有ソリューションを提供しています(3)。

サーキュラー・エコノミーの考え方が浸透すれば、企業に社会的責任を求める消費者は、サーキュラー・エコノミーモデルの原則を採用する企業に強い関心を抱きます。消費者は、限りある資源を脅かさないようなビジネスモデルで製造、提供された製品と、一方通行型経済モデルで製造された製品とを比較して、品質、性能、価格の面で同じか、より優れていることに気付きます。また、消費者は、製品を所有するのではなく、利用することによって利便性が非常に高くなるだけでなく、保守や修理の心配もほとんどなくなり、自宅は散らからず、お金の節約になることを理解するでしょう。おそらく最も重要なことは、消費者がサーキュラー・ビジネスに強いロイヤルティを感じ、深く長期的な関係性を望むようになることです。こうした変化は、あらゆる領域で一斉に起こるわけではありません。企業がサーキュラー・ビジネスを導入するには、自社に最適な製品、ブランド、市場、顧客セグメントを慎重に見極めることが大切であり、その後、徐々に事業規模の拡大を図ることが肝要です。

サーキュラー・ビジネスへの転換は、従来型企業の多くにとって大きな変革であることは間違いありません。サーキュラー・ビジネスは従来のビジネスモデルを根底から覆し、企業は製造領域よりも販売領域における資源管理に重点を置くようになります。製造コスト削減だけではない真の消費者ニーズを理解し、そこに集中することが急務です。消費者は、製品に費やされた資源やエネルギーよりも、製品が提供するサービスに支出することを望むようになるでしょう。サーキュラー・エコノミー社会においては、製品に組み込まれた資源の回収はごく自然なことであり、資源リサイクルによってコスト削減だけではなく、製品のライフサイクル期間中ずっと最高の利用経験と性能を提供することが可能になります。企業が製品の所有権を保持したまま、消費者間で共有したり不要になった製品の再販を支援したりするケースもあります。

サーキュラー・エコノミーモデルへの移行を試みる企業は、製品の利用・廃棄方法の見直しに真剣に取り組むことを求められるだけでなく、モノの販売を収入源とするモデルから脱却し、モノへのアクセスを提供する、あるいはバリューチェーンにおいてモノの性能を最大限発揮させることを収入源とするモデルへと転換する方法を開発することが必要です。例えば、従来の電動ドリルは通常、製品寿命を迎えるまでに30分も使われないということが少なくありません[4]。しかし店頭には無数のドリルが並び、そのほとんどが埃をかぶって在庫となります。仮に必要な時だけ高品質なドリ

◉北米におけるカーシェアリング会員数の推移
2002-2013年（単位：1,000人）

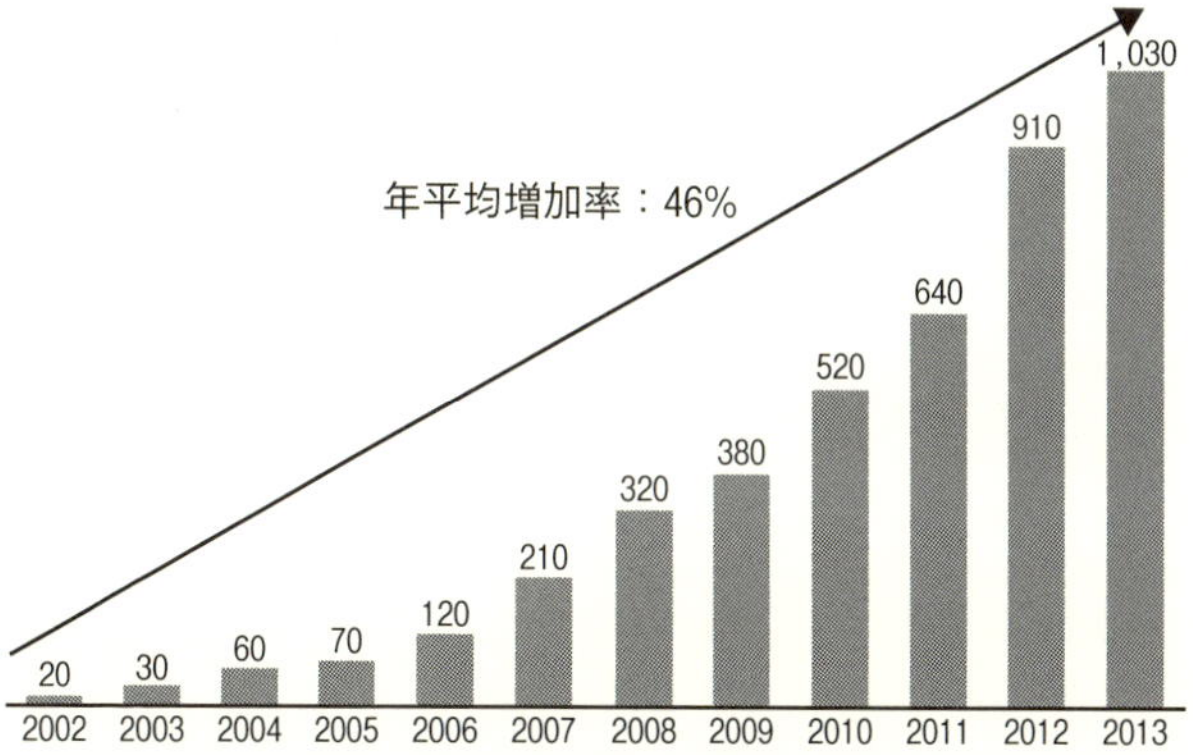

出所：スーザン・シャヒーン、アダム・コーヘン著 「革新的カーシェアリングの現況、カーシェアリング市場の概要、分析、傾向」（http://tsrc.berkeley.edu/node/629 2013年7月8日現在）

ルを利用することができる利便性の高い仕組みがあれば、消費者はお金と時間を節約でき、ドリルの仕様は最適化されて、耐久性の向上、部品の再利用、リサイクル、最寄りのドリルを検知する衛星ナビゲーションによるトラッキング、ユーザーコミュニティからのアドバイス、モバイル決済を活用した利用・返却手続きの簡易化などが可能になるでしょう。

「所有から共有へ」というコンセプトは、道具類からトラック、建物、化学製品、プリンターに至るまで何にでも適用可能です。サーキュラー・エコノミーモデルに転換した企業は、製品を製造・販売するのみならず、その利用と返却も手掛ける必要があります。この発想により、消費者と企業の価値観には革命的な変化が生じ、すぐに陳腐化してしまう設計の製品や、環境への影響に配慮しない製品は価値を失います。多くの企業がソリューションを試験導入したものの、ほとんどの企業は試行時にマヒ状態に陥り、有望な事業領域を特定できず新規事業に踏み出せていません。一方で、興味深いことに、エアビーアンドビー、リフト（Lyft）、ジップカー（Zipcar）、レントザランウェイ（Rent the Runway）、ガゼル（Gazelle）、ソーラーシティ（SolarCity）など事業拡大に成功した企業は、数年で驚くほど企業価値を向上させています（10億ドル規模になることも珍しくありません）。例えば、レントザランウェイの会員500万人が利用しているファッションレンタル・サービスの収益は、2014年の5000万ドルから2015年は1億ドルに倍増し、企業価値は2014年10月の4億ドルから2015年には6億ドルにまで向上しています[5]。カーシェアリングの草分け的な複数の企業も目覚ましい市場成長を達成しています。

サーキュラー・ビジネスの先陣を切る

世界中の企業ではすでに、再生可能エネルギーへの投資やリサイクルなどの取り組みを通してサーキュラー・エコノミーモデルの原理を採用しています。現在、この分野が大変刺激的なのはなぜでしょうか。先駆的なイノベーター企業は、サーキュラー・エコノミーが単に資源効率性の向上を意味するものではなく、前述の事例で述べたように、消費者視点に立って資源獲得のアプローチを進化させるものであることを理解しています。

アクセンチュアの調査によると、100社以上の革新的企業がサーキュラー・エコノミーに基づく考え方や新たなテクノロジーを活用し、既存企業に深刻な脅威を与えていることが明らかになっています。アクセンチュアでは、革新的企業が獲得した競争優位性を「サーキュラー・アドバンテージ」と呼んでいます。革新的企業はこうした優位性を発揮し、製品のライフサイクル全体を通して資源の生産性と顧客価値の双方を高めるイノベーションを生み出しています。これらの企業では、顧客に提供する価値を高めるために自社の製品やサービスを「基本に立ち返って」見直した後、サーキュラー・エコノミーの考え方に沿ってビジネスモデルを再構築しています。これが「サーキュラー・アドバンテージ」の本質です。

ナイキ（Nike）社は数年にわたって、資源生産性と顧客価値の最適なバランスをとることに取り組んできました。この結果、製品性能を飛躍的に向上させながら、同時に環境負荷を低減する革新的な製法が誕生しました。同社の「フライニット™」テクノロジーがその一例であり、数本の繊維を効率よく使ってシューズのアッパー部分を生産します。生産過程で生じる廃棄物は最大80％減少し、フィット感が増した軽量シューズはアスリートを力強く支えます。

しかし、廃棄物の削減はこの取り組みの第一歩に過ぎません。ナイキは研究開発に投資するとともに、他の組織とも協業して製品のリサイクル率を改善し、100％植物由来の素材を開発して残り僅かな石油を原料とする素材からの脱却を目指しています。[6] この「フライニット」や類似の取り組みは、ナイキの事業におけるサーキュラー型思考の中心的役割を反映しています。同社のサステナビリティ最高責任者兼副社長で、イノベーション・アクセラレーターを務めるハナ・ジョーンズは次のように説明しています。「ナイキは、枯渇しつつある資源に依存せずに成長を実現する事業モデルを構築しています。テクノロジー、サイエンス、イノベーションを最大限に活用し、ニューヨークのナイキタウン（Nike Town）に立ち寄れば、着古したナイキのTシャツを返却して新製品に『生まれ変わらせる』ことができる仕組みを作ろうとしています[7][8]」

サーキュラー・エコノミーは、従来の一方通行型経済モデルと様々な点で異なります。一方通行型経済モデルでは、資源は豊富で安価なものと見なされ、可能な限り低コストでの供給を想定しています。サーキュラー・エコノミーでは、資源は貴重で価値あるものと認識され、企業は資源の品質や価値を毀損することなく、可能な限り長期間にわたり、資源生産性を維持することを目指します。また一方通行型経済モデルにおいては、資源とは生産過程でいくらでも消費してよいものであり、市場においては多ければ多いほど収益につながるという前提ですが、サーキュラー・エコノミーにおいて資源とは、生産過程においては投資であり、市場においてはパフォーマンス重視の資産であると見なされます。さらには、一方通行型経済モデルでは環境への影響はほとんど考慮されず、使用中に生じる廃棄物や、寿命を迎えた製品そのものが転化した廃棄物を最少化する意欲は希薄です。それに対しサーキュラー・エコノミーでは、バリューチェーンのどの段階においても、資源の浪費や非効率な利用はそのまま事業コストの増加につながります。

経済的機会の規模を定量化する

一方通行型経済モデルと様々な点で異なるサーキュラー・エコノミーのビジネスモデルは、企業に強力な利点をもたらします。いくつかの研究では、全世界の様々な産業におけるサーキュラー・エコノミーの経済規模や潜在価値を試算しています。著名な研究には次のようなものがあります。

- 中国サーキュラー・エコノミー協会：中国では2015年、サーキュラー・エコノミーにおいて2930億ドルの生産高を達成[9]
- 欧州委員会：EU企業は2030年までに6000億ポンドのコストを削減し、200万人もの雇用を創出する見通し[10]
- エレン・マッカーサー財団：2025年までにEUの一部の製造業を中心に6300億ポンドの経済効果を創出し[11]、全世界の日用品部門を中心に7000億ポンドの原材料コストを削減する見通し[12]
- 廃棄物・資源行動プログラム（英国）：EU27カ国では2020年までに食品・飲料水、構築環境（構築物と自然が一体となった環境の構築）、工業製品部門を中心に4000億ポンドのコストを削減し、16万人の雇用を創出する見通し[13]

● 英国環境・食糧・農村地域省：英国ではエネルギー、廃棄物、水資源の効率的活用を中心に1年当たり630億ポンドの経済効果を創出[14]

● オランダ応用科学研究機構：オランダ経済では主に金属、電機、バイオ関連部門の廃棄物削減により73億ユーロの経済効果や5万4000人の雇用を創出[15]

私たちは本書のために、一方通行型経済モデルにおける4種類の「無駄」を含め、すべての国、産業を包含したサーキュラー・エコノミーがもたらす経済的機会の全体規模を試算しました（巻末の「調査方法」を参照）。サーキュラー・エコノミーの潜在的価値を試算する際に突き当たる難問は、コモディティ価格が上昇を続ける中、限りある資源を代替するときに、世界経済に回復力や革新力がどの程度備わっているのかを推定することです。いくつかの研究が示すように、歴史的には世界経済は常に目覚ましい回復力を見せてきたものの、現在の需要拡大のスピードや環境問題の深刻さは過去に例がないものです[16][17]。この相反する要素を考慮し、私たちのモデルでは、経済的なバリュー・アット・リスク（予想最大損失額）を試算する際、コモディティ価格の上昇がテクノロジーの進化と代替資源の開発を非常に速いペースで促進するという「楽観的」シナリオだけでなく、「現状維持」シナリオも含めています。

本書では、2050年までの世界経済を試算し（データの正確性が確保される範囲）、従来の生産・消費パターンが資源への過度の依存や資源の枯渇を促進し続けた場合には、バリュー・アット・

◉サーキュラー・エコノミーによる価値創出

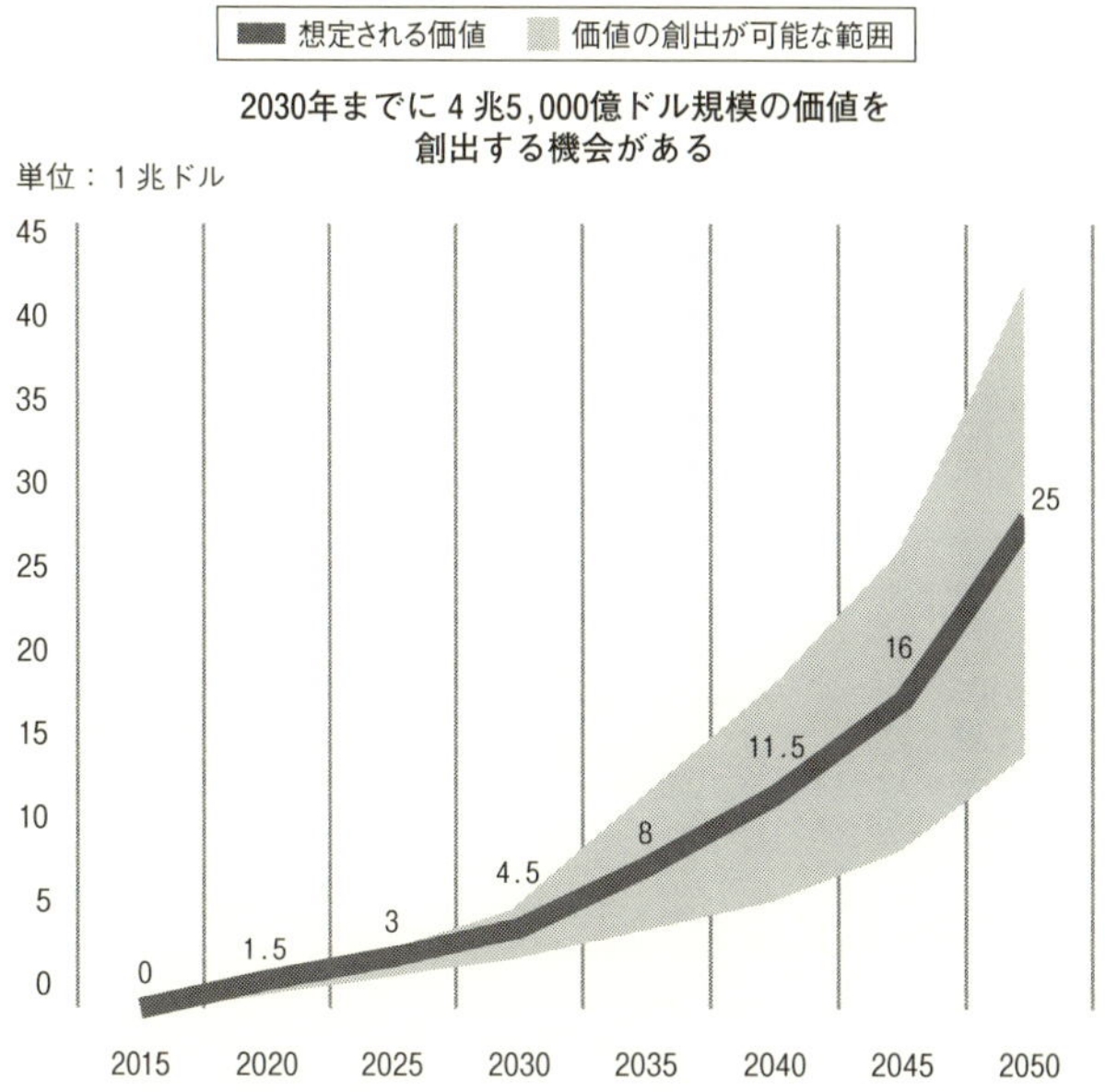

出所：アクセンチュアによる分析。分析元データについては、添付資料「モデル構築のためのデータテーブル」を参照。

リスクが非常に大きいことを発見しました。２０３０年までには、資源供給における混乱や、資源価格の高騰・変動が世界経済の成長を３兆～６兆ドル押し下げ、経済的損失は４兆５０００億ドルにも上ると試算されました。２０５０年までには、資源調達コストは10兆～40兆ドルの範囲で上昇し、必要不可欠なエネルギーや原材料の供給が大きく不足するだけでなく、低コストの代替物も開発されない「悲観的」シナリオでは、調達コストは範囲上限まで高騰すると予測されています。

このことを逆の視点から考え

◉サーキュラー・エコノミーへの転換による経済効果(2030年まで)

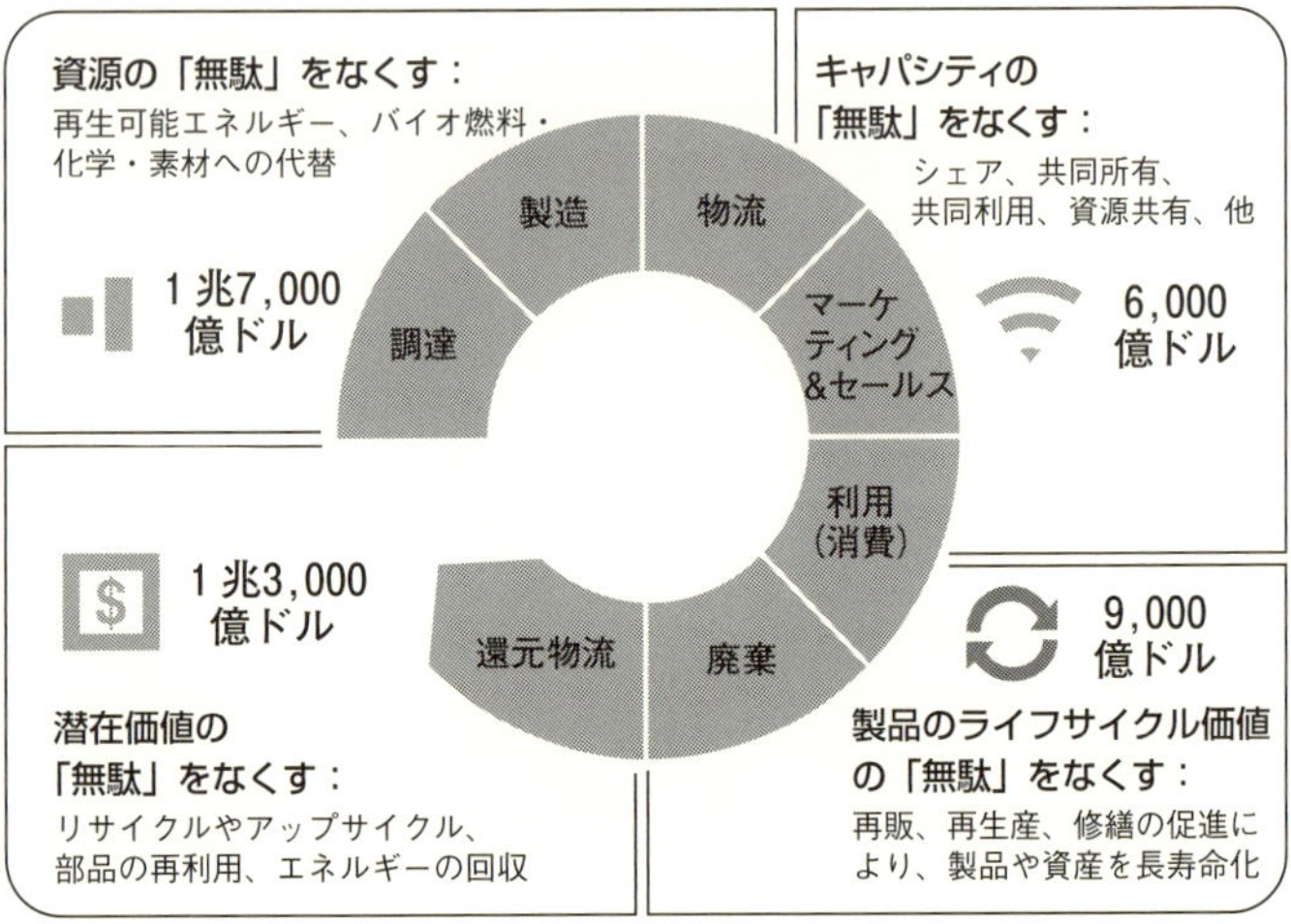

出所：アクセンチュアによる分析。分析元データについては、巻末の補足資料「モデル構築のためのデータテーブル」を参照。

ると、限りある資源の利用と成長を分離し、一方通行型経済モデルでの「無駄」をなくすビジネス・ソリューションを構築することで、2030年までに4兆5000億ドル規模の価値を創出することができます。本書ではボトムアップアプローチにより、潜在価値全体を4種類の「無駄」に分け、今後数年間でサーキュラー・エコノミーに転換した場合に価値創出が見込まれる領域の全容を全体的に把握しました。この分析の結果、2014年から2030年までに、以下の領域において潜在的な経済成長の可能性を持つことが明らかになっています。

● 資源の「無駄」をなくす：再生可能なエネルギー、バイオマス燃料、化学製品、原材料を活用することによって1兆7000億ドルの成長が可能（エネルギー利用により1兆1000億ドル、原材料使用により5000億ドルの成長）

● 製品のライフサイクル価値の「無駄」をなくす：再販、再生産、修繕、修理、長寿命化、資産の最適化サービスなどを促進することによって9000億ドルの成長が可能

● キャパシティの「無駄」をなくす：シェア、共同所有、共同利用、資源共有によって6000億ドルの成長が可能（潜在的成長力が最も高い市場。現在、比較的中規模な市場が形成され始めている）

● 潜在価値の「無駄」をなくす：リサイクルやアップサイクル、部品再利用などの拡大やエネルギーの回収によって1兆3000億ドルの成長が可能

しかし、試算と現実は別ものです。サーキュラー・エコノミーは試算された価値を実際に達成できるのでしょうか。このことを確認するために、本書では、7つの主要産業においてサーキュラー・エコノミーをどのように実践できるのかを分析し、資源生産性の改善度を試算しました。分析の結果、サーキュラー・エコノミーの原理を様々に組み合わせて適用することにより、各産業の資源生産性は、世界経済に資源不足がもたらす脅威を解消するのに必要とされる水準を超えて何倍にも向上することが明らかになりました。確かに、サーキュラー・エコノミーにおいて求められるビジネスモデルやテクノロジーの大規模展開、顧客エンゲージメントの強化や優れた価値訴求の構築など

を行うには、イノベーションが不可欠ですが、本書を通して提示する事例や引用が示すように、すでに数多くのサーキュラー・エコノミー・ソリューションが導入され始めています。

7つの主要産業において、4種類の「無駄」をなくすことにより生じる機会を利用するため、重点的な取り組みを行っている事例をいくつかご紹介します。

農業と食品

バリューチェーン全体における食品廃棄物の削減と再利用。嫌気性消化による循環型エネルギーの生産。水質・土壌管理。農作物の排出したCO_2を再利用する噴霧栽培（例：根菜など）や、コロケーション（例：農場を工場などと同じ場所に置き、隣接する工業プロセスからの余熱とCO_2を活用）。再利用可能な、あるいは100％再生可能な包装。消費者直販（例：バーチャル店舗）。

アパレル

再販、中古品販売・リユース市場やオンライン・コミュニティでの販売。繊維リサイクル。木質繊維などの原材料のイノベーション。有毒な化学物質や染色工程を含まない循環型製造基準。生分解性の製品。アップサイクル（例：中古タイヤをもとにした靴の製造）。

自動車と運輸

トランスミッション、ポンプ、シリンダーなどの主要部品の再生産。予防メンテナンスや修理サービス。製造時副産物やタイヤのリサイクル。カーシェアリング・システムの構築。バイオ燃料や再生可能な電気燃料。クラウドシッピングを利用した最終区間の配達や都市間の配送。積載・稼働最適化システムを活用した貨物車両の空きスペース削減。

建設

アスファルト、コンクリート、プラスターボードなどの建材のリサイクル。他の産業同様、建設・解体作業や他の産業で生じる廃棄物を再利用した新たな建材の生産。モジュラーデザイン。未利用スペースの貸し出し。エネルギーと水の利用設備の統合。設備の共同利用（例：設備管理や運輸業務）。

家電＆ＩＴ

中古製品のアップグレードや転売。モジュラーデザインの採用と部品市場の整備。３Ｄプリンターによるスペア部品の製作。寿命を迎えた部品の回収。コンテンツベースの収益モデル（例：製品を引き取って、修繕するモデルでは初期費用が不要）。ハードウェアの集中化や共有（例：クラウド・コンピューティング）。

エネルギー

再生可能エネルギー。バイオ燃料。発電向け製品サービスシステム（例：ソーラーエネルギーリースなど）。グリッド・インフラのリサイクルや修繕。

産業機器

製品寿命を迎えた機械の再生産。過剰な設備能力を共有する仕組みづくり。製品サービスシステムや資産ライフサイクル管理。接続機能を持つコネクテッド機器を活用した効率性のモニタリング監視や予防的メンテナンス。

サーキュラー・エコノミーへの転換には多大な困難が伴うかもしれませんが、成長、顧客満足、そして言うまでもなく地球にもたらされる見返りには、それだけの価値があります。サーキュラー・エコノミーの原則を実践することにより、より多くの企業が具体的な競争優位性「サーキュラー・アドバンテージ」を獲得しつつある企業が増えています。企業がサーキュラー・エコノミーへ転換することを促し、これに成功した企業がサーキュラー・エコノミーを強く牽引する、そうしたことを可能にする新たなビジネスモデルが拡大しつつあります。

第2部

サーキュラー・エコノミーの5つのビジネスモデル

第4章

サーキュラー型のサプライチェーン 始まりの始まり

近年まで製品の製造に必要な原材料やエネルギーの選択肢はバージン材以外にほとんどなく、その多くが有害で環境汚染を誘発し、リサイクル不能なものでした。その背景には、原材料・エネルギーの供給業者のビジネスモデルが一方通行型であり、化石燃料から生産されるエネルギーや毒性の高い化学製品、資源集約的なプロセスで製造される繊維を供給していたからです。

現在、この状況は改善されつつあります。サーキュラー型のサプライチェーンを実現するビジネスモデルを採用する供給業者が増加したことで、製造業者の選択肢は格段に広がっています。一方通行型の原材料に代わり、完全に再生可能・リサイクル可能・生分解可能な原材料が供給されるようになっています。

例えば、再生可能エネルギーは化石燃料に代わり、あらゆる製品のサーキュラー型バリューチェーンに投入されています。バイオケミカルやバイオプラスチックなどのバイオ素材は「生物学的栄養素（biological nutrients）」と呼ばれ、再生不可能で有害な素材に取って代わり、使用後は自然環境のなかで安全に分解されます。金属や鉱物などのリサイクル可能な投入資源「工業的栄養素（technical nutrients）」は、回収チェーンが機能する限り、無限にリサイクルまたは再利用が可能であり、バリューチェーンの途中で資源が漏出することも資源に異物が混入することもありません。[1]

これは、「不良」原料を最小限に抑えようという話ではなく、有用で経済的に見て生産に値するものを創出していこうという話なのだと、マイケル・ブラウンガート氏は説明しています。[2] ブラウンガート氏によれば、サーキュラー・エコノミーに力を入れるということは、効率向上や不良の削減を意味しません。最初から「正しいことをする」ということなのです。この問題は、消費者にとって資源不足よりも根深い問題です。「現在のような行動を続けていけば、私たちは、人間を人間たらしめているものまで失ってしまうでしょう」と同氏は言います。

はじまりは経済システムの崩壊にすぎませんが、最終的には他の生物種や生態系全体を破滅に追いやるような資源不足・気候変動の結末に対処できなくなり、人間の尊厳まで失われることになるのです。フットプリントを縮小するのではなく、大きなフットプリントを残しながらも他の生物種と幸せに共存していく方法を探っていく必要があります。

理想的なサーキュラー型のサプライチェーンは単に再生を促すだけでなく、本質的に好ましく無害であることとです。価格の低下や変動が顧客にとって有益なこともあるでしょう。しかしそれ以上に、現在の一方通行型の資源供給システムが流通させているような、母乳に残留する有害汚染物質を排出しないような製品設計が求められている、とブラウンガート氏は語ります。「母乳中に蓄積されることが分かっている化学物質は2500種類に及びます。乳児にとってはいい迷惑。化学的ハラスメントだといえます」

サーキュラー型のサプライチェーンを実現するビジネスモデル

サーキュラー型のサプライチェーンモデルは、資源の限られたこの世界には不可欠です。供給業者は、枯渇の一途をたどり時に有害となるコモディティ商品から手を引く一方で、供給量が予測可能で長期的に扱えるコスト効率のよいエネルギーや資源を開発し、製造業者に提供しています。また、このモデルは需要に応えるという点においても供給業者に競争優位性をもたらします。顧客は、リスクの低減、安定した価格、法規制の遵守、長期的な安定供給、公害よりも持続可能性に貢献することを求めており、その需要を満たすことで長期的なパートナーとなる可能性が高くなるのです。実際、消費者の大部分は、価格や質が同等であれば従来品よりも持続可能な代替品を選択することでしょう。これが、サーキュラー型のサプライチェーンの市場シェアを拡大させる原動力になります。

サーキュラー・エコノミーの目標を実現するには、原材料は無害でなければなりません。信頼性

◉サーキュラー型のサプライチェーン

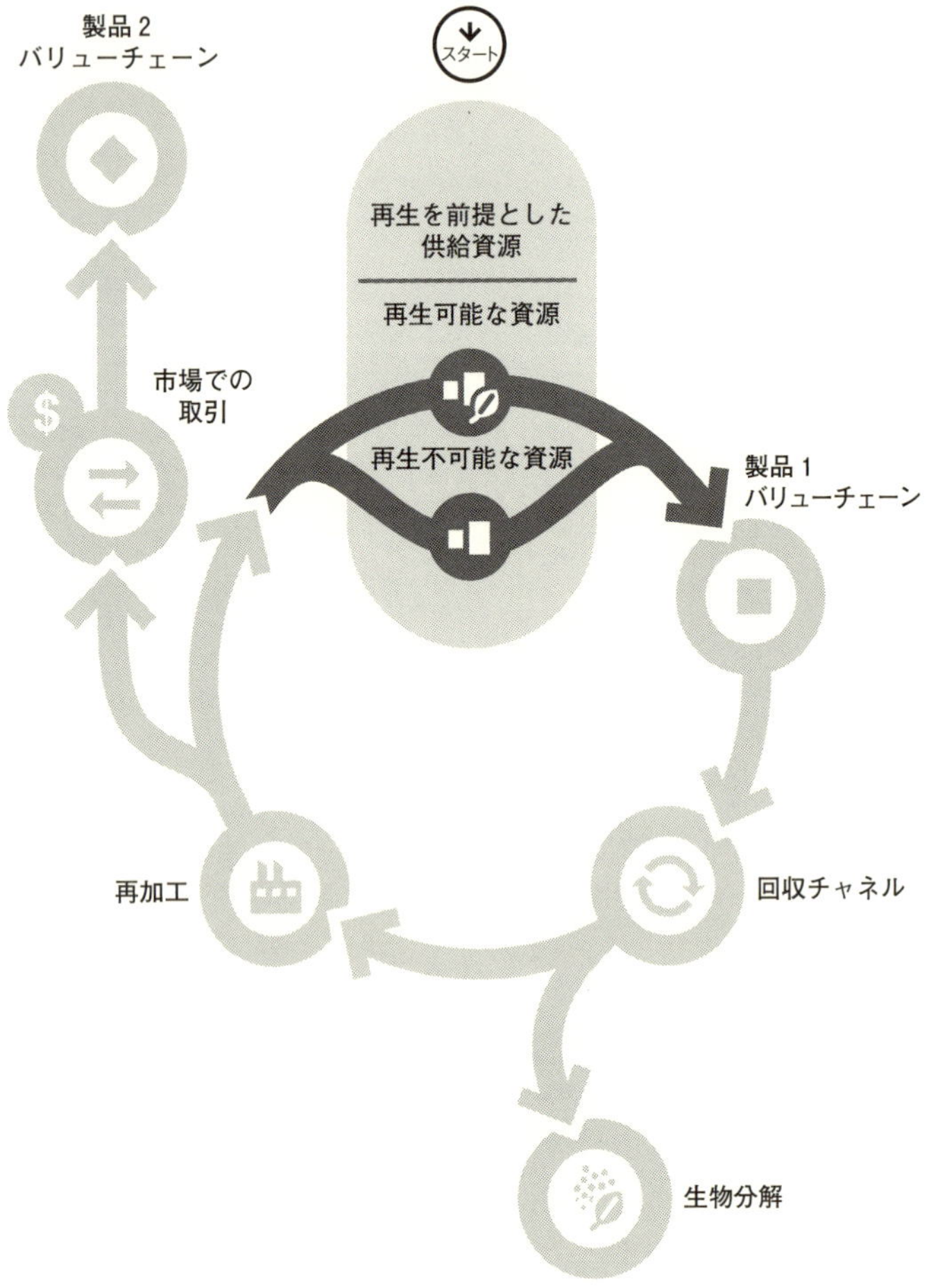

と耐久性に優れた製品を設計しても、有害な資源を使用していたのでは完全な循環は実現しません。ブラウンガート氏はタイヤを例に、次のように述べています。「タイヤの耐久性は以前よりはるかに向上し、交換頻度は減少しました。これはつまり、廃棄されるタイヤの数が減少したということです。しかし、その耐久性を実現するために使用された物質が有毒である可能性もあり、その物質に接触した人々の健康を害する恐れもあります[3]」

ビジネスモデルのバリエーション

企業がサーキュラー型のサプライチェーンモデルを活用する方法は2通りあります。1つは他社に販売するため、もう1つは自社のオペレーションに使用するためです。

多くの場合、企業は再生可能エネルギーや再生可能素材のようなサーキュラー型の資源を、製品やサービスを生産する他社のために開発・販売します。クレイラー・テクノロジーズ社のビジネスがまさにこれに該当します。1998年に創業し、現在、上場企業である同社は、亜麻、麻、その他の靫皮繊維を使用し、再生可能で環境に配慮したバイオマス素材を生産しています。亜麻繊維に100%天然の酵素による処理を施すことにより、綿と同等の柔らかさと耐久性を備えた衣類を生産すると同時に、綿の栽培に伴う環境リスクを最小化し、コストを削減しています。調査によると、綿の完成品を1キログラム生産するのに必要な水の量は、2000～2万9000リットルに上ります[4]。一方、クレイラー社の場合は、同生産に必要な水の量はわずか17リットルであり、99%の節水になります[5]。水本来のコスト、すなわち助成や無償提供を前提としないコストで勘案すると、サーキュラー型の資源は従来よりも経済的にも環境的にもはるかに効率的です。

クレイラー・フラックス（CRAiLAR Flax、クレイラー社の亜麻繊維製品）は、世界有数のアパレルブランド等にも採用されていますが、繊維業界にとどまらず、産業、エネルギー、医療、複合材料まで用途を拡大できる可能性があります[6]。2013年12月、クレイラー社は、イケア社とアディダス社から500万ドルの投資を受けたことを公表しました[7]。

ネイチャーワークス社も、サーキュラー型の資源供給企業です。同社は、カーギル社とPTTグローバル・ケミカル社の合弁企業として設立され、100％再生可能資源由来のバイオポリマーを販売しています。同社のバイオポリマーのコストと性能は石油由来の包装材や繊維に匹敵し、包装材料からプラスチック製のボトルまで、幅広い最終製品に採用されています[8]。

他社にサーキュラー型の資源を供給する企業は、共同開発やライフサイクル管理において顧客と密接に連携することで価値を見出す場合があります。塗料・コーティング分野で世界大手のアクゾノーベル社が、その好例です。アクゾノーベル社の製品は、住宅・建設業から消費財、運送業、産業用発電まで、多くの産業向けに展開されています。同社は市場のメガトレンドを調査し、その結果、「より少ない資源からより多くの価値を生む」という事業戦略を立案しました。本戦略に基づき、同社はサーキュラー型資源の利用者であり、供給業者であるという2つの役割を果たすようになりました。自社でもバイオ素材の使用増加に注力する一方、より多くのリサイクルや再利用が可能な素材を顧客へ提供しています。

しかし、アクゾノーベル社のバリューチェーン全体で使用されるエネルギー総量のうち、同社のオペレーションで使用されるのはわずか6％に過ぎず、残り94％は上流の供給業者あるいは下流の顧客によって使用されています。そこに同社が顧客と密接に連携しようとする理由があります。密接に連携をすることで、顧客におけるエネルギーの無駄を見出し、削減するソリューションを提供しようというのです。同社の調査対象は、建物、配送、消費財などのエンドユーザーセグメントにまで及びます[9]。

アクゾノーベル社の偉大な功績の1つに、植物油と再生ＰＥＴボトルから製造される新しいコーティングの開発があります。このコーティングは、世界初の１００％リサイクル可能・堆肥化可能な紙コップ実現の鍵となる成分であり、とても重要な開発です。紙コップは世界で年間約２０００億個も使用されており、従来のものは石油系フィルムでコーティングされているため、リサイクルするには高いコストがかかり、さらに紙繊維の質も著しく損なわれていました。アクゾノーベル社のコーティングなら、リサイクルしても紙繊維の質は保持されるため、他の製品に再利用することが可能です。これは製紙工場にとっても金銭的に大きな節約になることを意味しており、生産過程で発生する紙ゴミを、従来のように埋め立て地に送ることなく、すべて有効活用することが可能です。また、紙コップ製造業者にとっても紙代が最も大きなコストのため、産業廃棄物をリサイクルすることは、アクゾノーベル社の顧客にとってもコストと環境の両面で有益です[10]。

アクゾノーベル社のサステナビリティ・ディレクター、アンドレ・ヴェネマン氏は次のように説明しています。「自社のビジネスを変革しながら、我々の重要顧客がエネルギーと資源を節約するお手伝いをできないものかと自問しました。そして、自社のバリューチェーン全体の資源効率とエネルギー効率を向上させるには、供給業者との協力が重要であると考えました[11]」

供給業者との協業によるサーキュラー型のイノベーションの一例として、アクゾノーベル社はクリーンテック企業のフォタノール（Photanol）社と共同で、化石燃料ベースの製法で供給されることが多い、従来の原材料に代わる「グリーン」な化学成分を開発しました。これは環境にとっても、アクゾノーベル社の最終収益にとっても合理的であり、同社の2015年の収益の30％をこのような「エコプレミアム」製品が占めました[12]。

サーキュラー型資源の供給業者は、他社への販売だけでなく、自社のオペレーションでも活用しています。例えば、イケア社は再生可能エネルギーを生産し利用しています。同社は2020年までに自社の消費量を上回る再生可能エネルギーを生産することを目標に掲げ、その一環として、2014年4月、米国イリノイ州の風力発電所を購入しました。このプロジェクトは、2015年に完全に稼働し、米国内のイケア全店舗で使用されるエネルギーの130％、全世界での事業運営に使用されるエネルギーの10％に相当するエネルギーを生産できるものと期待されています。また、全米のイケア店舗の90％は、屋上に設置されたソーラーパネルで生産されるソーラーエネルギーを使用しており、これは2013年時点で、イケア社の全世界におけるエネルギー需要の37％を再生可能エネルギーが占めることに貢献しました[13]。

イケア社の米国最高財務責任者（CFO）ロブ・オルソン氏は次のように説明しています。「（イケア社は）再生可能エネルギーの活用とCO2排出量を最小化する事業の運営に全力で取り組んでいます。その理由は、環境への影響だけではありません。財務面でも理に適っているからです。電気料金の変動に対応し、顧客に優れたバリューを提供し続けるために、私たちは自社の再生可能エネルギー源に投資しています[14]」

再生可能エネルギーは継続的に再生できるため、この投資はイケア社が「サーキュラー・アドバンテージ」を獲得することにつながっています。

環境に配慮した「グリーン」な洗剤の製造業者であるエコベール社は、リン酸が水質を汚染するという証拠が示されたことに対応し、1980年代に初めてリン酸非含有洗濯洗剤を市場に投入することで、生物分解ができない有毒物の需要を削減しました。現在、同社が生産する35製品は、主に食料品・医療品・美容用品の小売店を通じて40カ国で販売されています[15]。

加速するサーキュラー型モデルの導入

エネルギー産業と化学産業では、サーキュラー型のモデルが早くから導入されており、欧州・北米に多くの素晴らしいパイオニア企業が存在します。バイオエネルギーは最も成熟した産業セクターであり、10年以上前から高い関心を集めています。多くの化学企業が、パフォーマンスケミカル、プラットフォームケミカル、プラスチック、洗剤、コーティング、接着剤、その他の化学品の製造に必要な原材料を化石資源由来からバイオ資源由来へと切り替えています。

バイオテクノロジー企業のノボザイムズ社の例を見てみましょう。年商20億ドルに迫る同社は、バイオ精製分野にイノベーションを適用し、再生不可能な石油原料由来のものから再生可能な植物由来・廃棄物由来の食料・飼料・燃料・原材料に基づいたものへと転換するよう取り組んでいます。同社はバイオ精製を、「石油に代わって、食料供給とエネルギー供給の安全性を強化し、グリーンな仕事を創出し、所得を増やし、環境に配慮した成長を保証する、そのすべてを同時に実現する」再生可能な経済の規模を拡大するための礎石と位置付けています。この成長戦略により顧客が同社の製品を適用することで、2015年におけるノボザイムズ社のCO_2排出量は、7500万トン削減されることになります[16]。

ノボザイムズ社の経営陣は、産業用バイオテクノロジーを使用することで、数千に及ぶ日用品をよりサーキュラーなものへと転換し、顧客のエネルギーコストと原材料コストを削減できるものと考えています。例えば、最先端技術を用いて、トウモロコシ・大豆・サトウキビ・小麦・廃棄物を、食用油・魚用飼料・電気・プラスチック・洗剤などの多様な製品に変えることです[17]。

ノボザイムズ社は、2012年、セルロース系バイオ燃料で世界をリードするベータ・リニューワブルズ（Beta Renewables）社の株を取得し、バイオ燃料への取り組みを強化しました。その1年後、ベータ・リニューワブルズ社とノボザイムズ社は世界最大のセルロース系バイオ燃料施設を開業しました。この工場は、麦藁や稲などの農業廃棄物からエタノールを生産するために設計された世界初の施設です。本施設は施設内で生産されたバイオ燃料で稼働し、余剰エネルギーは地元の電力会社に販売されています。ベータ・リニューワブルズ社は続く5年間で15〜25の新施設開業を計画しており、全プロジェクトに見込まれる総売上は1億7500万ドルに上ります[18]。

ノボザイムズ社は、化石資源由来からバイオ資源由来への転換に大きな可能性を見出しており、欧州連合（EU）と産業連携の取り組みを始めました。共同事業体である「バイオベース産業（BBI）」は、欧州におけるバイオエコノミー産業の発展に2014〜2024年で37億ドルを投じると公約しています。BBI設立当時、ノボザイムズ社CEOのペダー・ホルク・ニールセン氏は次のように述べています。「BBIは、バイオベースのソリューションと市場を結びつけることに注力した前例のない官民による取り組みであり、欧州地域に持続可能な成長をもたらす可能性がありま す[19]」

エネルギー産業や化学産業ほどではないものの、鉱業や金属業のような産業分野でもサーキュラー型サプライチェーンモデルの導入が大幅に進むと予想されます。製品を回収・再加工して、市場に再投入しやすいように最適化を進め、顧客が回収チェーンから資材を調達することも増えています。サーキュラー・エコノミーでは、新たに資源を採掘するより、市場に出回っている資源を上手く活用する鉱業企業の方が好業績をあげるとアクセンチュアは予測しています[20]。

なかなか行動を起こせずにいる鉱業・金属会社は、貴重な資源の採掘方法を開発した革新的企業によって動きを封じられる危険性があります。示唆に富む例をあげると、廃棄された電子機器の回路基板1トンに含まれる銅の量は、銅鉱石1トンの30〜40倍、金は40〜800倍に上ります[21]。

企業における変化を加速するには、マテリアルフローにおける素材の追跡方法を改善する必要があります。原材料が製品にどう使用されているかを効率的に追跡できれば、より効率的に原材料を使用する新しい財務モデルと生産モデルを開発することができます。

多くの産業は、鉄鋼に深く依存しています。コンテナ船の本体の約98%は鉄鋼でできており、マースクライン社は現在、自社で製造されたコンテナ船を対象に「クレイドル・トゥ・クレイドルパスポート」を発行しています。このパスポートには、造船時に使用された原材料の詳細一覧が記載されており、寿命を終えた船舶をリサイクルする際に、マースク社は各船舶の構成材料を容易に把握できます。このように詳細な監視・追跡を行うことで、マースク社では各船体を構成材料ごとに、かつてない品質でリサイクルしています[22]。

スタートを切る

サーキュラー・エコノミーの成長に伴い、サーキュラー型のサプライチェーンをビジネスモデルに取り入れた企業の顧客への提供価値は高まり、将来にわたって安定したオペレーションを確立でき、総じて競争力が高まります。

製造業者が資源価格の上昇・変動を回避するためにサーキュラー型の原材料やエネルギーの利用を増加させることで、それらを提供する企業に対する需要は高まります。イケア社がその一例です。2014年、国連気候サミットで講演したイケア社CEO、ペーテル・アグネフェール氏は、2020年までに同社の家具・インテリア製品に使用するプラスチックを100%再生可能プラスチックまたはリサイクルプラスチックにすると発表しました。そうすることで、長期的に利用可能なプラスチック原料の調達が可能になると同時に、同社では、CO_2排出量が年間70万トン削減されると見込んでいます[23]。

ところが、ほとんどの原材料の供給業者は、事業規模が一定レベルに拡大するまで、このような利益を享受できません。規模の経済と生産・回収テクノロジーはまだ成熟途上にあるのです。とはいえ、価格と性能が同等であれば、多くの顧客は一方通行型の原材料より、サーキュラー型の原材料を選択します。そのため、従来型の競合他社に品質・価格で引けを取らないサーキュラー型の原材料を提供できる供給業者は、市場での勢力を急速に拡大することが可能です。

サーキュラー型の原材料がどれ程のスピードで拡大するかは、需要と供給に依存します。バージン材への需要が高まり、安価に抽出できる機会が減れば、バージン材のコスト高騰が予想されます。その典型例が石油です。過去10年間、石油に対する需要が世界的に高まり、良質の石油が採れる油田は枯渇しかかっています。そのため、石油業界はより小さく深い油田を求めて、深海や北極圏などの辺縁地域の探索に走り、膨大なコストが発生しています[24]。

その結果、当然ながら生産コストは上昇し、石油価格も上昇するため、結果としてサーキュラー型の原材料への関心が高まります。この問題は、石油に限った話ではありません。何であれ一方通行型の供給形態では、資源の先細りに伴い、より深い採掘とより困難な場所での探索を強いられるようになり、生産コストが増大します。

政策変更のような規制要因もサーキュラー型の原材料に対する需要を促進します。例えば、現在、バージン材の使用には助成金が支給されることが多いため、コストの全額が価格に反映されるとは限りません。この助成金を縮小していけば、企業は製品価格の値上げを強いられ、サーキュラー型の資源の使用が促進されます。また、産業によっては、企業はCO_2排出権を取得する必要があります。取得にかかるコストは製品価格に反映されますが、排出ガスによって引き起こされる環境的損害の大きさと比較すれば安価です。実際に環境に与える影響の大きさが排出権のコストに反映されるように規制が変更されれば、サーキュラー型の原材料への関心が一気に高まる可能性があります。

供給サイドでは、近い将来、サーキュラー型の原材料の供給量が拡大し、ビジネスとしてより採算の合うものになる要因が複数見られます。都市鉱山や3Dプリンターなどのリサイクル・再利用技術が急速に発達することで、サーキュラー型の原材料の競争力が高まります。サーキュラー型の原材料の生産技術が成熟するにつれ、価格は低下すると予想されます。ソーラーエネルギー・コストの過去25年間における大幅な低下は、効率向上によって低価格化が急速に進んだことを如実に表しています。太陽電池の価格は1977年から99％低下しており、その60％以上は2011年から2013年の間に起きたものです[25]。

完全循環型のクレイドル・トゥ・クレイドル製品の製造を目指す企業の多くは、サーキュラー型の原材料を予測可能な価格で安定的に確保することに奮闘しています。供給量の増加は、結果的に需要を呼び覚まし、量・価格・品質が安定すれば、企業にとってサーキュラー型の原材料への切り替えは一層容易になります。

規模拡大に向けた主な課題

サーキュラー型のサプライチェーンを実現しようとする企業が必ず直面する問題は数多くあり、規模の問題はそのうちの1つにすぎません。

まずは、相当なコストとリードタイムを覚悟しなければなりません。サーキュラー型のサプライチェーンモデルへの移行には、通常、長期にわたる研究開発と生産規模の拡大のためのまとまった資金が必要になります。ネイチャーワークス社は、現在販売しているバイオポリマーの開発に、14年の研究開発期間を要しました[26]。強力な研究開発ノウハウと資金援助が極めて重要になります。

研究機関、大学、その他のイノベーション関係者との協力も不可欠です。サーキュラー型のサプライチェーンモデルでは、各社が保有する資源の利益率を最大化するため、互いに支え合うことを目的としたサーキュラー・エコノミー・ネットワークの一員となり、積極的にパートナーとなる必要があります。アクゾノーベル社をはじめ多くの企業は、サーキュラー型のサプライチェーンモデルの導入に当たり、供給業者や顧客と合弁事業を組成し、イノベーションのコストと利益を分け合うことで成長を加速させています。合弁事業を効果的なものにするには、大抵の企業が最初は戸惑うようなレベルでの情報共有が求められる等、特有のマインドセットが必要になります。また、各社とも自社の中核事業の枠を超え、顧客の需要トレンドに応じて既存の設計や生産モデルに縛られることなく対応する姿勢が要求されます。

サーキュラー型のサプライチェーンモデルを導入する企業は、一方通行型の生産システムとサプライチェーンを変革するために、相当な投資が求められることがあります。イタリアのエネルギー企業、エニ（Eni）社は、ヴェネツィアにある従来型の精油所を、再生可能な原材料を使用した革新的で高品質のバイオ燃料を生産する精油所に転換するため、約1億ユーロを投資しています[27]。転換コストが高くつく可能性を勘案すると、既存のインフラでサーキュラー型の原材料をできるだけ多く使用できれば、大きな競争優位性になります。

前述のイケア社が自社店舗の屋上にソーラーパネルを設置した話が良い例で、送電網の増設はほとんど必要ありませんでした。再生不可能な原材料を再生可能なものに置き換える場合（バイオプラスチックや植物由来の包装材への移行など）、原材料の供給業者は既存の生産・流通インフラを考慮に入れ、新たな素材を使用するために、新たな設備やプロセスへの高額な投資を顧客に求めるようなことは、可能な限り避けるべきです。

一方通行型の資源を加工するために用いられることの多い大規模な「集中型」の生産よりも、「分散型」の生産を通じてサーキュラー型の原材料を製造するほうが効率的である場合もあります。サーキュラー型サプライチェーンは原材料の投入においても生成物の生産においても、地域的な分散が一方通行型よりも容易だからです。

例えば、バイオマス資源（森林、陸地）と鉱山、太陽光や風力による発電（屋上のソーラーパネルや風車）と油田を比較してみて下さい。もう1つ例を挙げると、2014年には、世界中で推定7000万トンもの電子廃棄物が排出され、そこには貴重な金属や鉱物資源が大量に含まれていました。[28] サーキュラー型のサプライチェーンでこれを原材料として使用するには、一方通行型の経済モデルで少数の鉱山から採掘するのとは異なり、文字通り数百万人もの顧客から分散型の手法でかき集める必要があります。

サーキュラー型の原材料の流通には、コモディティの売買や大規模な企業間契約が必要となることも多いため、商品取引の実務能力も重要となります。サーキュラー型の原材料が再生可能エネルギーや一般的なバイオ燃料などの液体商品であれば、国際商品市場でオープンに取引されます。それ以外の場合、顧客は契約を通じ、個社に応じた価格で入手できます。企業が生産モデルを統合し、複数の地域向けにサーキュラー型の原材料を生産するとしても、ある時点で生産過剰となり、余剰分の捌け口が必要になる可能性があります。

サーキュラー型バイオ素材の供給業者がビジネスの規模を拡大するには、責任をもって供給できるバイオマスの量に限りがあるという問題を克服する必要があります。現在、すべてのバイオマスを生産に使用するのは、コスト効率の面でも技術的な面でも現実的ではなく、また供給源の中には生態学的あるいは社会的要因（影響を受けやすい生態系、食品バイオマス、レクリエーション地域など）により、制約があるものもあります。しかし、多くの企業は解決策を見出しています。

マテリアルサイエンス企業のエコベイティブ社は、生産施設でバイオ素材を育成することによって、食料を栽培する土地に干渉せず効率的にサーキュラー型の原材料を生産しています。同様に、紙の需要が低迷する中、一部の製紙工場は、既存の生産ラインを他の素材と混合することで繊維業用の糸を製造できるパルプの生産ラインに転換しています。この「化学的セルロース」製品は、綿（環境集約的であり、多くの新興経済地域で他の用途と競合する）の使用量の削減につながるだけでなく、合成繊維（すなわち「一方通行型の繊維製品」）に取って代わる可能性もあります。[29]

サーキュラー型のサプライチェーンモデルを採用する際に考慮すべきことがもう1つあります。クレイドル・トゥ・クレイドルの概念の根底にある設計の原則を意識することです。無期限に使用できる工業素材が実際にリサイクルされ、生物素材が生物圏に安全に返還されることを徹底しなければなりません。[30]例えば、生分解可能な製品を実際に生分解するためには、特定の環境条件が必要になるでしょう。生分解可能なプラスチック袋も、廃棄時に生分解に適した条件が揃っていなければ、環境に優しいどころか、石油系のプラスチック袋と何ら変わりません。

サーキュラー型のサプライチェーンモデルを生活の一部に

課題を抱えながらも、サーキュラー型のサプライチェーンを実現するビジネスモデルは理論の域を出て、すでに多くの組織が当ビジネスモデルを実施するために障壁を克服しています。ここではそのような企業を2社紹介します。エコベイティブ社はサーキュラー型のビジネスを行うために創設され成長した企業で、平凡なキノコに大きな可能性を見出した2人の起業家の独創的な発案から生まれました。もう1社、DSM社の挑戦は全く異なるもので、高速道路を走りながら車のタイヤを交換するのに似ています。同社は、バージン材に依存した収益源を維持しながら、サーキュラー型の原材料を活用し、100億ドル規模のビジネスを再設計する必要がありました。

いずれの事例も、サーキュラー型のサプライチェーンモデルを採用することによって企業が遭遇する問題だけでなく、企業にもたらされ得る恩恵も分かりやすく示しています。

エコベイティブ社　魔法のキノコ

2007年、レンセラー工科大学工学部の2人の学生が、キノコを使って成形された硬質素材を作成する方法を発見しました。共に機械工学を学ぶ学生の中には、2人のプロジェクトを馬鹿げていると考えた者もいましたが、エベン・ベイヤー氏とギャビン・マッキンタイヤ氏はこの手法を、地球を救う可能性のある破壊的イノベーションと捉えていました[31]。再生可能な素材を使用し、生分解不能な同等製品と同じ品質を実現する、生分解可能なプラスチックの生産を試みたのです。

エベン・ベイヤー氏とギャビン・マッキンタイヤ氏の大学での実験から生まれたエコベイティブ社は、数年の研究開発を経て、現在はトウモロコシの茎などの農業副産物とキノコの菌糸を組み合わせたキノコ由来素材を生産しています。菌糸は自己集合特性を持つ天然の接着剤であり、作物から出る廃棄物を消化します。この製品は、多く使用すればするほど環境に有益となるのです。

エコベイティブ社の製品は、環境配慮型・生分解可能・家庭内堆肥化可能であり、従来の発泡プラスチック包装材・断熱材・その他の合成材料の代替となります。起業当初は包装材産業に焦点を合わせていましたが、CEOのエベン・ベイヤー氏は現在、エコベイティブ社を「多様な分野に製品を提供し、新しい原材料を開発するプラットフォーム企業[32]」だと説明しています。同社は包装材産業以外にも2つの産業に注力しています。1つは建築業、もう1つは家具産業です。「当社には調査研究員が20名、エンジニアが8名います。包装材だけに特化するつもりなら、こんなに雇ったりしません」とエベン・ベイヤー氏は言います。「将来的には取り扱う資材の種類を増やして、顧客自身が独自の用途を見付けられるようになることを目指しています」

キノコ由来素材は、コストと質の両面で石油化学系プラスチックに比肩しています。ベイヤー氏によれば、「規模を100~500倍に拡大すれば、従来品よりも価格を10~30%抑えられます[33]」。産業としての観点で言えば、キノコ由来素材の価格は石油系素材の価格よりも変動幅が小さくなります。エコベイティブ社の製品を製造するために使用される全エネルギーも、石油系製品よりはるかに抑えられます。このキノコは工場内で栽培でき、土地を必要としないため、利用可能な土地をめぐって食物生産者と競合することはありません。

もちろんエコベイティブ社も、いかに事業規模を拡大するか等、他のスタートアップ企業と同様の課題に直面しました。そして同社は、コンペでの受賞や認定取得を足掛かりとして成長資金を集めつつ、メディアからの注目と市場からの信頼を高めていくことに注力する道を選びました。成長初期の2008年には、気候変動問題に対する優れたソリューションに与えられる世界最大の賞であるPICNICグリーン・チャレンジ賞を受賞しました。当時ベンチャー・キャピタルの投資家からは産業への応用に関して懐疑的評価を受けていましたが、この受賞により、エコベイティブ社は自社テクノロジーの規模拡大に必要な知名度と資金を獲得しました。賞金50万ドルに加えて、環境への影響に配慮した同社の努力に対してグリーン・チャレンジのお墨付きを得たことになります。この受賞は同社の前進を助け、米国ニューヨーク州グリーンアイランドにある最初のプロトタイプ製造施設の拡大を可能にしました。さらに最近では、事業拡大資金として、未公開株式により1400万ドルを調達しました。[34]

現在、マッシュルーム®・パッケージング（Mushroom® Packaging）の包装材は、70億ドル規模の企業であるシールド・エア・コーポレーション社とのパートナーシップのもと、北米で製造されています。[35] シールド・エア社はエコベイティブ社の支援の下、フォーチュン500の各社およびデル社、スティールケース社、クレート・アンド・バレル社を含む産業界トップの各社に包装材を提供しており、製造量を伸ばしています。マッシュルーム®・パッケージングは2014年より海外での販売を開始しました。米国内で製造される製品はトウモロコシの茎を使用していますが、海外の工場では稲藁や麦藁のような現地の植物残さを使用しています。

DSM社 化石燃料から再生可能燃料への移行

一方、世界的な科学企業のDSM社は、起業家精神にあふれたスタートアップ企業のエコベイティブ社とは異なり、サーキュラー型の原材料の世界に踏み出すことを決めた時点ですでに成功企業と言える地位にありました。2010年、年商96億ユーロのこの企業は「DSM・イン・モーション（動き続けるDSM）」という造語を掲げ、新しい戦略に乗り出しました。その心は、「サステナビリティという自社ビジネスを動かす基礎となるコアバリューの下、DSM社の市場でのポジションを定義し、人々と地球と利益を追求する安定した順調な未来を形作る自社の能力を決定付ける」ことにあります。[36] これはすなわち、サーキュラー・エコノミーに参入するということです。価値の創造と市場でのポジショニングに対するこの長期的なコミットメントは、「連続ループ」によりサーキュラーモデルに繰り返し再投入される再生可能な原材料を見付け出すことを意味しています。

ロイヤルDSM社のCEO、フェイケ・シーベスマ氏は次のように説明しています。「この惑星から出ていく分子はほとんどありません。ほとんどすべての分子が、様々な場所で様々な化合物として、資源ゴミや汚染物質の中に留まっているのです。化石資源として地中深くに埋蔵されていた炭素の大半は、現在、空気中に存在します。そのような分子をすべて再利用できるように経済を再設計できれば、資源が不足することはなく、誰もが恩恵を受けられます。私たちは一方通行型経済からサーキュラー・エコノミーへと移行していく必要があるのです。我々は化石資源に依存する化石時代を生きてきましたが、そこから一歩ずつ抜け出し、より持続可能なバイオ資源由来の経済へと転換し、再生可能なバイオ時代へと移行していくための鍵を今、手にしつつあります。DSM社はたくさんの機会を目の前にしています。植物の残留物を用いた第2世代のセルロース系バイオエタノールのような再生可能エネルギーの他にも、石油系化学製品に代わるバイオ系コハク酸のような再生可能な成分は、閉じたループの中で生きていくことが可能なように設計された未来型の原材料となります(37)」

フェイケ・シーベスマ氏によれば、DSM社が過去20年にわたって集団で培ってきた知見が、サーキュラー・エコノミーを採用するという同社の決定に役立ちました。この戦略はビジネスとして極めて理に適っているのだと同氏は主張しています。「一方通行型経済からサーキュラー・エコノミーへの転換は論理的に考えて実施すべきです。世界中の気候変動の問題、世界の食糧問題、原材料の分布と消費の不均一の問題のすべてを考えても、作物の廃棄物を貴重な原材料として使用するサーキュラー型のアプローチは、答えの1つになり得ます。それどころか、太陽電池の出力を上昇させるフィルムでDSM社が実践しているように、サーキュラー・エコノミーによって新たなビジネスモデルが実現される可能性もあります。つまり、ビジネスの幅が広がり、収益が増大することにより、世界のためだけでなく、企業のためにもなるのです[38]」

DSM社にとって、サーキュラー・エコノミーは新たな収益源をもたらすだけでなく、同社の無形価値を強化し、石油燃料への依存を軽減させます。すなわち、環境フットプリントを改善し、一方通行型の資源不足に関連するリスクから保護してくれています。顧客にとっては、サーキュラー型のバリューチェーンの構築を助けることで、生産性を高め、無駄を減らし、エネルギー使用量を減少させ、温室効果ガスの排出量を削減します。

DSM社はサーキュラー・エコノミーの原理を導入するにあたって、過去の経験を活かしています。同社は自社改革を経験しており、抽出企業から化学企業へとビジネスモデルを転換し、後にマテリアル・ライフサイエンス企業へと変貌を遂げました。現在は、サーキュラー・エコノミーへの移行に重点を置くことで、将来の基礎を固めています。同社による再生可能エネルギーの追求は、DSMイノベーションセンターが主導しています。同センターは、DSM社内のイノベーションを可能にし、加速させる役目を担っています。DSMバイオベース・プロダクツ&サービシーズが新興の事業分野として急成長していますが、その現場がこのイノベーションセンターです。DSMバイオベース・プロダクツ&サービシーズは、現在、セルロース系バイオマスから生産されるバイオ燃料とバイオ素材の主要生産者となっています。また、DSM社はバイオ精製物の規模拡大と最適化を支援するバイオベース製造プロセス向け技術的ソリューションの開発にも注力しています。

DSMバイオベース・プロダクツ&サービシーズは、サーキュラー型のサプライチェーンを実現するビジネスモデルに相応しく、バリューチェーンに沿った戦略的投資とパートナーシップを通じて、技術の実用化（生物変換「ソフトウェア」）に全力を注いでいます。変換技術と消耗品の他に、パートナーシップを通じて（バイオ燃料、バイオガス、バイオ化学品などの）デモ施設で作られた製品なども販売しており、いずれも性能の向上と環境フットプリントの低減を実現したグリーンマテリアルを重視しています。同社は、これらの代替品が石油など高効率なバリューチェーンに対して競争力を持つと考えており、課題はこれらのソリューションの迅速かつ効率的な規模拡大を可能にすることだと認識しています。

DSM社は、自社の技術と専門知識の使用権を他社に提供し、商業的に実現可能な方法でバイオマスを変換できるようにしています。フランスのでん粉誘導体の製造企業であるロケット・フレール社とのパートナーシップは2008年に始まり、2010年には、同社との合弁事業をリベルディア社という社名で設立することが発表されました。2011年、DSM社とロケット・フレール社は、初の非化石原料由来の化学成分であるバイオ資源由来のコハク酸を生産する商業規模の工場を建設しました。これによって、化学業界の顧客は、包装から履物まで幅広い用途で環境フットプリントが低減されたバイオ資源由来の代替品を選択できるようになりました[39]。

2012年1月、DSM社は、作物由来の砂糖を共発酵させた際の副産物であり穀物エタノールと競合するセルロース系バイオエタノールの実売とライセンス供与を行うために、世界有数のバイオエタノール製造業者である米国のPOET社と合弁会社を設立すると発表しました。このようなバイオ化学品は「無駄」の削減とCO2純排出量の削減に大きく貢献する可能性があります。農業廃棄物から生産されるため、このサーキュラー型の投入原料は食物生産と競合しません。セルロース系バイオエタノールはDSM社に新たな収益源をもたらし、同社の予測では、最終的に3万5000〜7万件の関連する職を創出する可能性があります[40][41]。

この合弁会社が最初に手掛けたLIBERTY（リバティ）プロジェクトは、商業規模のセルロース系エタノール工場で、年間生産量は2000万ガロンから約2500万ガロンまで増大することが見込まれています。2014年に開始したLIBERTYプロジェクトでは、トウモロコシの穂軸、葉、外皮（殻）、収穫中にコンバインを通り抜けた茎を使用します。このプロセスでは、利用可能な原材料の約25％が使用され、残る75％は侵食管理・栄養置換・その他の重要な農場管理のために土壌に残されます[42]。工場の生産能力は、売上1億ドルと推計されます。

工場の開業時に、POET社の代表であるジェフ・ブロイン氏は次のように述べています。「このベンチャーを立ち上げた際、『十分な量のバイオマスが確保できない』、『価格競争力が持てない』と言って反対する人もいました。空想の燃料と呼ぶ人もいました。それが今では、実在する燃料になっています[43]」

DSM社の事例は、テクノロジーと長期にわたる研究開発能力がサーキュラー型のサプライチェーンを実現するビジネスモデルの成功にいかに重要であるかを明確に示しています。DSM社の場合は、技術が特に重要な成功要因となっています。同社がセルロースをバイオエタノールに変換するための研究開発に着手した時、多くの科学者は不可能だと考えていました。数年間の研究と試験を経た現在、DSM社は変換率95％を達成しています[44]。

DSM社は、同社の試みにおいて正しいステークホルダーとの協業をとても重視しています。LIBERTYプロジェクトで重要なパートナーとなったのは米国のエネルギー省であり、エンジニアリング費と建設費、さらにはバイオマスの収集費とインフラ整備費として最大1億ドルを助成しています。また、米国アイオワ州も2000万ドルを資金援助しています。

バイオマスの収集は、LIBERTYプロジェクトの成功において重要な役割を果たしています。POET社とDSM社は、2006年以降、バイオマスの除去と土壌の健康の関係をより深く理解するために、大学や政府プログラムと共同でバイオマスの収集・保管・輸送を研究しています。また、両社はバイオマスの収集に関する多数の「ベスト・プラクティス」ガイドラインを作成するために、バイオマス生産業者とともに幅広く活動しています。両社の推定では、バイオマスの収集に参加している農業従事者の平均収益は、1エーカー当たり46ドル、13～20％増加する可能性があり、農業従事者の参加を促す強力なインセンティブとなっています[45][46]。

供給サイクルの完成へ

一方通行型経済モデルは、地球にとってもはや受け入れ難い多くの予期せぬ影響を引き起こしています。マイケル・ブラウンガート氏によれば、問題の大部分は、企業が間違ったことを最適化していることにあります。プラスの効果をもたらすように製品（エコベイティブ社の堆肥化により栄養素を地球に戻す製品など）を設計する代わりに、排出量の削減と資源効率の向上によって「悪い部分を減らす」ことに注力しています。その結果、再利用不能で環境に対して重大な負の影響を与える有害で環境を汚染するリサイクル不能な廃棄物を生むのです。ブラウンガート氏はこれを、本当に危機に瀕しているものが何なのかを理解していない証拠だと考えています。

ブラウンガート氏は次のように指摘しています。「問題は、人々がまだサーキュラー・エコノミーを倫理的または社会的な事柄として捉えていることにあります。しかし、これは倫理的責任が問われているのではありません。ビジネス上の責任が問われているのです[47]」

エコベイティブ社とDSM社は、そこをよく「心得て」おり、革新的なサーキュラー型の原材料を生産するためにバイオマスを使用しています。他にも多くの企業が再生可能・リサイクル可能な資源を供給することによってサーキュラー・エコノミーを実現しています。そのような企業の事業活動は、環境面で健全なだけでなく、まだ一方通行型経済モデルに固執している他社に対して競争優位性を獲得することになるのです。

第5章

回収とリサイクル「無駄」の歴史を塗り替える

国際競争が激しくなり、資源コストが高騰することによって、ビジネスの現場では、自社の製品と廃棄品に隠された、供給源としての価値を保護・回収・再利用する方法が求められています。そのような要請から、回収とリサイクル型のビジネスモデルが推進されています。このモデルでは、企業は最終製品だけでなく自社のビジネスを通じて利用するすべての原材料を考慮して価値を探求するようになります。つまり、あらゆる副産物や廃棄物の流れを最適化し、そこからの利益ポテンシャルを最大化するのです。

回収とリサイクルモデルでは、これまで「無駄」と考えられていたすべてのものが他の用途で蘇り、「無駄」そのものだけでなく「無駄」という概念までが効果的に取り除かれます。資源の回収チェーンは、リサイクルとアップサイクル（中古品や中古原料をより価値の高い何かに変換すること）を通じて「無駄」を価値あるものに変換します。新たなテクノロジーを使用し、双方向のサプライチェーン（製品を顧客へ届け、寿命を迎えた製品を回収する）を運用することによって、企業は少なくとも初期投資と同等のレベルまで資源生産量のほぼすべてを回収できます。ソリューションは多岐にわたり、産業の共生、すなわち業界をまたいだ副産物の共有から、統合された閉鎖ループ内でのリサイクル、クレイドル・トゥ・クレイドル[1]の設計まで様々です。廃棄された製品は資源価値をまったく失うことなく、他の何かに再生産されるのです。

このモデルは原材料の漏出を削減し、製品の回収フローの経済価値を最大化します。回収・再加工が可能な副産物を大量に生産する企業にとって関心の高いものとなるでしょう。資源フローは資源の純度が比較的高く、複雑に設計された製品内部に閉じ込めるようなことをしなければ、コストは低く抑えられることが多いため、顧客にとってもメリットが明らかです。引き取りサービス、返却所、買い戻しや返送の仕組みなど、不用品を処分する新しい便利な方法が生まれています。企業は寿命を終えた製品の獲得を競い、現物や現金を提供しています。世界中の消費財企業を見てきた私たちの経験からすると、廃棄された製品に残された材料の価値は膨大でも、これまでは追跡・再現・仕分け・選別に関する技術が不足していたため回収コストが高く、オペレーションも困難でした。引き取り・回収を行うための革新的なソリューションが実現できれば、大企業とその顧客がこれまで失い続けていた数億ドル規模の材料価値を獲得できるのです。

回収とリサイクルのモデルには長い歴史があり、ある意味では、現代社会における過剰な廃棄物を管理するための最新の努力がこのモデルだといえます[2]。初期の廃棄物管理の取り組みは、健康リスクの低減と生活の質（ＱＯＬ）の向上のために、都市の路上からゴミを除去するという基本的ニーズに集中していました。やがて焦点は埋め立て地の開発へ移り、さらに埋め立て処理場が混み合ってくると、廃棄物リサイクルに移行しました。回収とリサイクルモデルではさらに次の理にかなったステップが加わり、「廃棄物」そのものを廃れさせます。この点で回収とリサイクルモデルは単なるリサイクルとは異なります。法規制によって、あるいは廃棄物管理業者で対処すべき外部の問題として廃棄物を捉えるのではなく、ビジネスモデルの内部に完全に組み込まれた資源として捉えられます。このモデルを採用している企業は、自らが製造し、販売する製品から得られる利益を最大化するのと同じように、「廃棄物」から得られる利益を最大化するのは当然と考えます。

回収とリサイクル型のビジネスモデルについて

資源回収から得られる利益を予測することはそう難しくありません。

- 法令遵守と廃棄物管理にかかるコストの削減
- 不要物品の売却による収益の増加
- 一次資源・エネルギーの需要減少による環境への影響の低減
- 顧客が不用品を廃棄するための便利な選択肢
- 廃棄と新規購入の組み合わせによる企業と顧客の間の新たな接点

●回収とリサイクル　クローズドループ

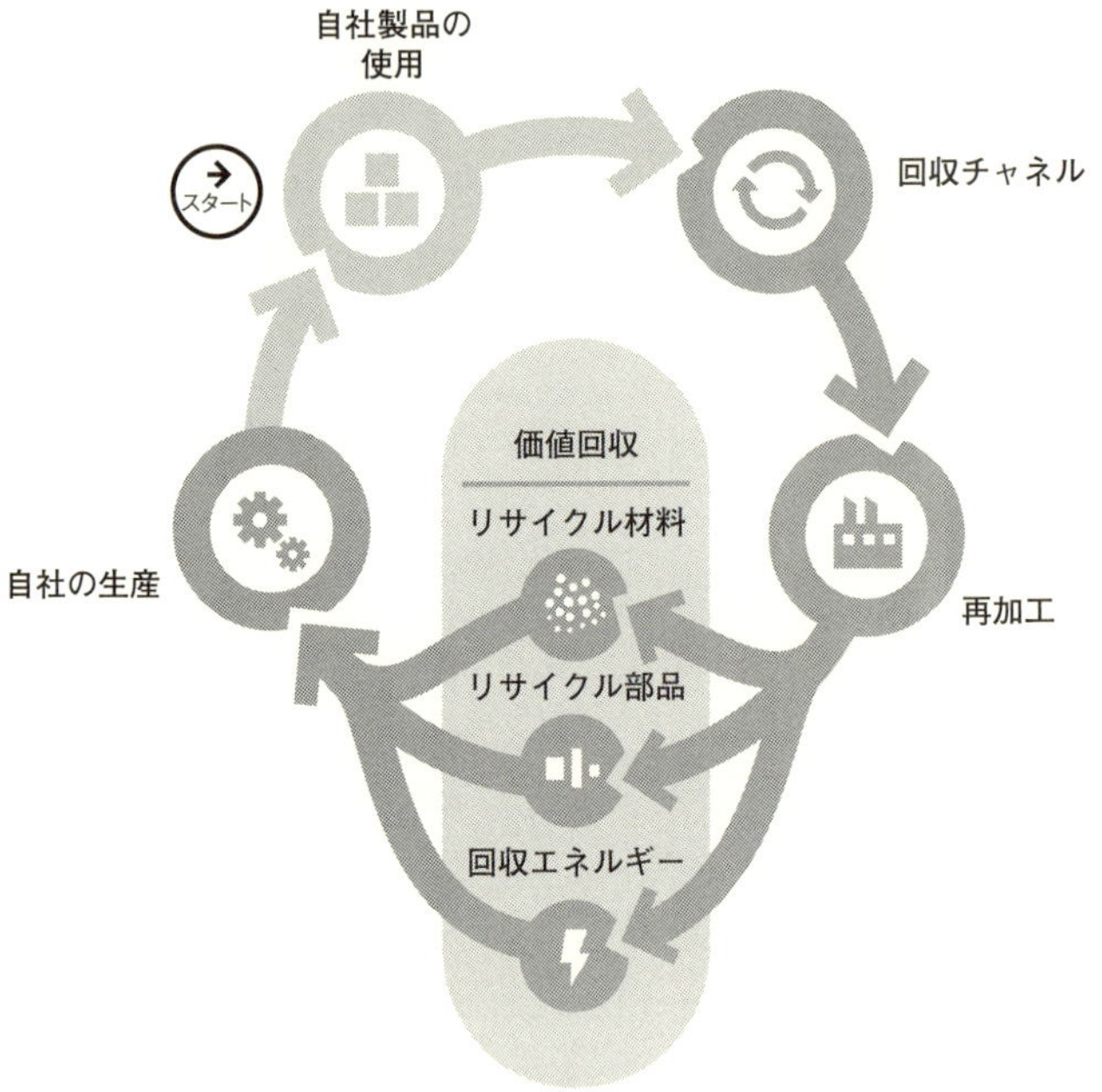

- 製品の廃棄方法についての洞察がより深まり、リサイクル可能な製品の開発・設計に活用
- 一次資源から二次資源への転換による原材料費の削減（全種類の原材料が該当するわけではなく、一次資源と二次資源の品質・性能の水準による）

現在のビジネスは大量の廃棄物を出すだけでなく、それを廃棄するのにも大金を支払っています。再加工すれば他の企業にとって価値があり、原材料として利益を上げられる可能性があ

◉回収とリサイクル　オープンループ

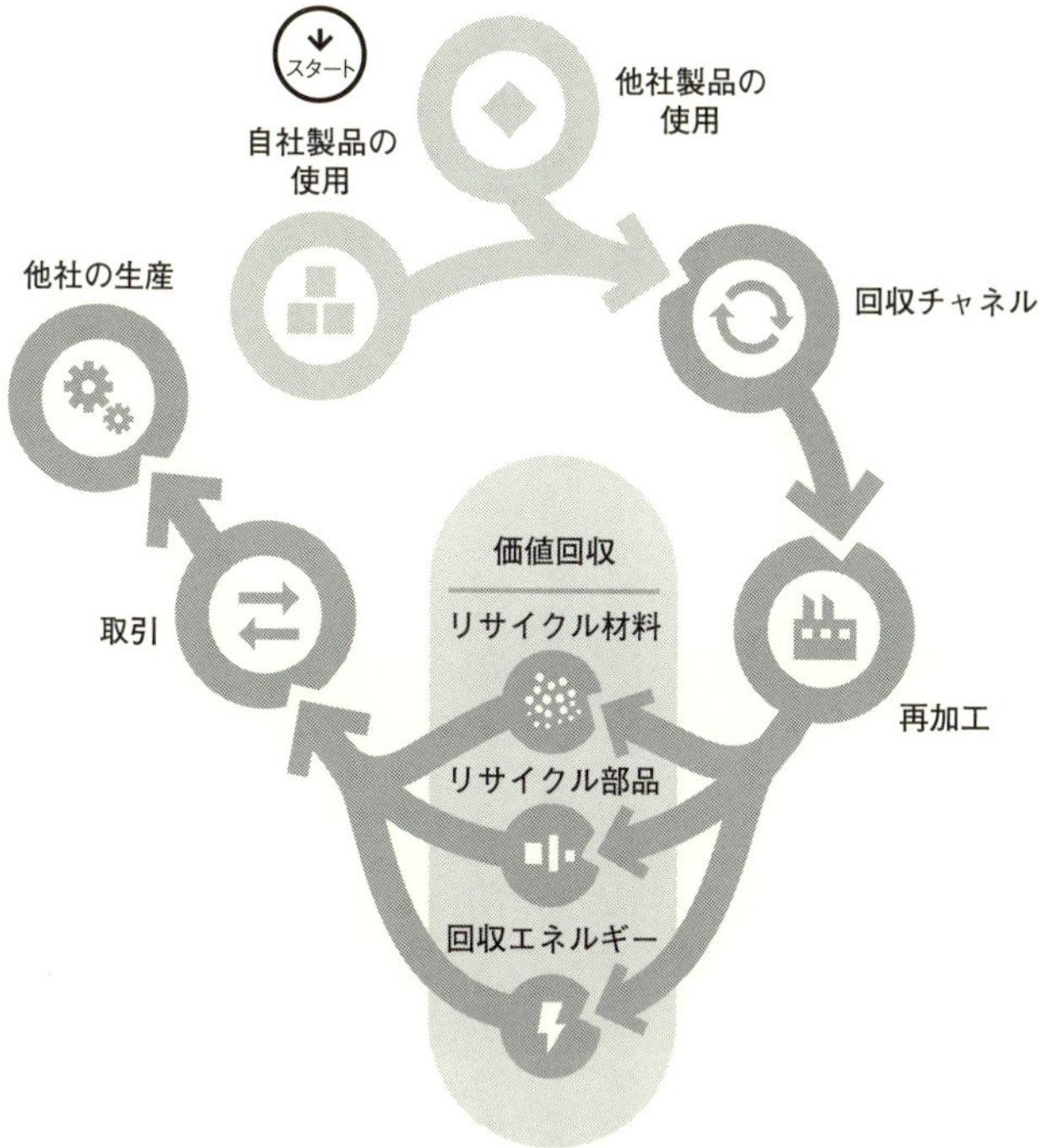

るものを捨ててしまっているかもしれないのです。プラスチックのリサイクル品の価値が2003年から2013年の間に1トン当たり約1170ドルから約550ドルに上昇し、[3]世界中の廃棄物の60％に相当する1日当たり1700万トンの材料がリサイクルも再利用もされないまま廃棄される事実[4]を考えてみてください。

英国ではプラスチック、食品、電子機器の廃棄物による価値喪失だけでも30億ドルに相当すると推計されています。第1部で考察し

◉回収とリサイクル　無駄ゼロオペレーション

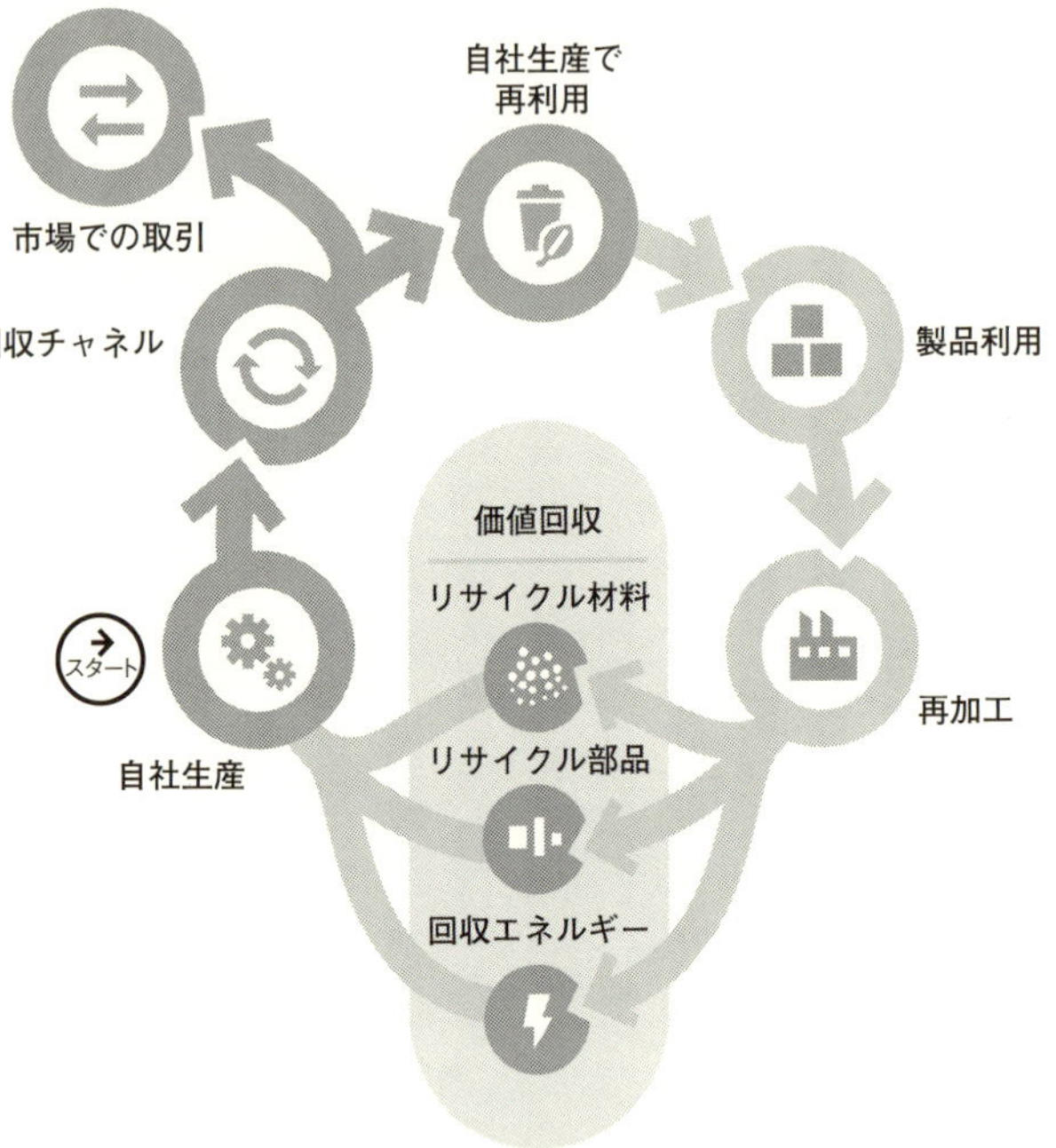

たとおり、私たちの分析では世界中の廃棄による材料価値の喪失は1兆ドルに達する可能性があります。改善の余地は大いにあります。

無駄のない業務の実践や、紙などの原材料のリサイクルプログラムの策定など、オペレーションの非効率性をすでに排除し尽くした企業は「無駄ゼロ」という、より野心的な目標を掲げるべきでしょう。この目標達成に向けて、残留した材料を潜在的資源として提供できるよう製品および製造プロセスの設計を見直す必要があります。これまで製造業者は、製品を最低コストで生産することを重視してきたため、製品の多くは使い捨てにされています。回収とリサイクルモデルを採用している企業にとって、このモデルを適用することでエネルギー、労働、原材料を通じて付加される価値を保ちながら資源を使い続けることができるのです。

「無駄ゼロ」に向けて目覚ましい進展を遂げた企業が2社あります。プロクター・アンド・ギャンブル（P&G）社とゼネラル・モーターズ社です。この本を執筆している時点で、P&G社の45施設は「無駄ゼロ」主義で運用されています。つまり、これらの施設で生産される廃棄物はすべてリサイクルされたり、新たな用途を与えられたり、エネルギーに変換されたりしています。同社のコーポレートニュースレターを執筆している世界的な廃棄物削減リーダーであるフォーブス・マクドゥーガル博士は次のように述べました。「過去5年間、P&G社は廃棄物に価値を見出す努力を重ね、同社にとっての価値を10億ドル以上創り出してきました。無駄をゼロにする取り組みは環境のためだけでなく、ビジネスのためにも良いのです[5]」

ゼネラル・モーターズ社は、2011年に「無駄ゼロ」プログラムを発足しました。同社は今、世界全体で製造廃棄物の90%をリサイクルし、102施設で埋め立て地に送る廃棄物をなくしており、2020年までにその数を全世界で125施設に伸ばすことを目標にしています。同社のレポートによれば、年間10億ドルの収益を副産物のリサイクル・再利用から創り出しています[6]。プログラム発足時から同社は従業員をこのプログラムの一部に従事させ、プロジェクトに投資を行ってきました。かつて自動車メーカーが廃棄物を1トン削減するのには10ドルものコストがかかっていました。しかし現在、同社の工場と提携先をつなぐ効率的なネットワークのおかげで、最も効率的な方法でリサイクル・再利用ができるようになり、そのコストは92％削減されています。重視される原材料は金属だけではありません。ゼネラル・モーターズ社は、廃水を肥料へ転換したり、カフェテリアから出る廃棄物を堆肥化して工場の造園に用いたりするなど、あらゆる取り組みを実施しています(7)(8)。

事例研究の分析をしながら、私たちは回収とリサイクルモデルに2つのバリエーションがあることを発見しました。

1. クローズドループ（自社製品）またはオープンループ（他社の製品も含む）の中で、価値を再取得するために寿命を迎えた製品を回収する。
2. 価値を再取得するために、自社の製造プロセスとオペレーションで発生する廃棄物と副産物を回収する。

寿命を終えた製品の回収

改修・修復・再販が可能な製品がある一方で、残留した材料やエネルギー価値を回収するために分解が必要なものもあります。私たちが研究対象とした数社は、再利用を通じた構成部品の回収、リサイクルを通じた材料の回収、廃棄物のエネルギー利用過程を通じたエネルギーの回収などで大きな進展を遂げています。これらの企業が寿命を迎えた製品からより多くの価値を抽出できるようになれば、より良いサービス、回収、リサイクル活動への参加を奨励するための対価という形で、より多くの価値が顧客に還元されます。

文書管理テクノロジー企業であるリコー社は、プリンター、スキャナー、その他の機器が廃棄される際の構成部品の再利用に努めてきました。同社は欧州全土を対象としたプログラムによって、顧客から使用済みのカートリッジを無料で回収しており、欧州にある収集・処理センターで交換後の使用済みサービス部品を処理しています。リコー社は回収されたカートリッジとサービス部品を解体し、全構成部品（出荷材・包装材を含む）を再利用・材料回収・エネルギー回収用に仕分けています[9]。

年商10億ドル規模のカーペットタイル（モジュール式カーペット）の大手製造企業であるインターフェイス社は、ヘルシー・シーズ（HealthySeas）イニシアチブに参加し、ナイロン製の漁網をカーペット製造用に再利用しています。長い間ナイロン製の漁網は海に捨てられ、サンゴ礁を傷つけ、漁業資源を減少させるなど様々な悪影響を環境に及ぼしてきました。インターフェイス社は、海から回収された漁網に使われているナイロンを使って新たなカーペットタイルを製造し、材料ループを閉じて環境に対してポジティブな貢献をしています。同社は、米国ジョージア州アトランタを拠点に、資源生産性と気候変動に関連する最新のイノベーションを常時求めて専用の部署を設けています[10]。

もちろん、中古の漁網がカーペットや繊維製品の製造において価値を持つ可能性があるという気付きは当初、にわかには信じがたいものでした。しかし、無駄ゼロという目標を掲げることにより、これまで企業に馴染みのなかった供給源にも目を向けるようになります。企業が創造性を働かせ、自社の中核産業の枠を超えて他のバリューチェーンに潜む目に見えない機会を探求することが重要です。

このモデルをすでに活用している大規模で確立された産業が、廃棄物管理・リサイクルサービス産業です。この業界の課題は、より効率的なプロセスを実現したり、廃棄材により価値の高い最終用途を提供したりするためのイノベーションを推進することです。事例の1つ、フランス・ヴィヴィエにあるSITA社（スエズ・エンバイロメント社）の子会社SOPAVE社（SITAリサイクル子会社）では、農業・工業事業者から回収した防水シート、カバーシート、フィルム材や汚れの付いたリサイクル可能な収集袋を、100%リサイクル素材によるリサイクル可能な袋に生まれ変わらせ、その新しい袋は地元の行政機関や産業界で使用されています。最初は、年間1万6000トンの農業・工業用フィルムをリサイクルするために総額350万ユーロが投資されました。現在、SOPAVE社は、年間100%リサイクル素材のリサイクル可能な袋を5000トン、灌漑用パイプや自動車産業のスペア部品に使用されるプラスチックペレットを7500トン生産しています[11]。

廃棄物と副産物の回収

このアドバイスは、回収とリサイクルモデルの2つ目のバリエーション、すなわち自社または他社の製造プロセスで発生する廃棄物と副産物を回収し、新たな製造の原材料として使用する企業にも適用されます。

『The Blue Economy』の著者、グンター・パウリ氏によると製紙産業に関わる一部の事業者（鉱業企業の支援を受けている）は、木材由来の繊維の代わりに鉱業の廃棄物を紙の生産に使用開始。彼はそうすることで、数倍の利益が得られると述べています。第1に、鉱業の廃棄物は入手しやすいため、コストを削減します。第2に、繊維の生産に使用される土地と水が保全され、パルプ化のプロセスで発生する有害物質を回避できるため環境が保護されます。第3に、その結果、生産されるミネラルペーパーの製品寿命は400年に及びます。従来の紙の場合は最大でも4回しかリサイクルすることができません[12]。

廃棄物について創造的に考えることで、米国の大手スーパーマーケットのクローガー社は自社の食物廃棄物を再生可能エネルギーに変換しています。米国カリフォルニア州コンプトンにある同社のラルフス（Ralphs）ブランドとフード・フォー・レス（Food4Less）ブランドの物流センターで1日に発生する150トンの食品廃棄物は、収益減・廃棄手数料・排出量の観点から大きなコストになっていました。現在ではクローガー社の食品廃棄物は安価でクリーンなエネルギーに変換され、

49エーカーのキャンパス・ハウジングオフィスとその物流センターに電力を供給しています。同社は、「嫌気性消化」システムを利用して食品廃棄物をバイオガスに変換し、そのバイオガスでキャンパス内のマイクロタービンとボイラーを動かしています。この結果、物流センターの動力として過去に使用していた天然ガスを事実上すべて切り替えています。この取り組みによるクローガー社の投資に対するリターンは18％で、5年以内に全額を回収できる見込みです[13]。

ウォルマート社も同様の利益を享受しています。米国だけで4000店舗以上を運営するこの大型小売店は、2012年に自社で発生した廃棄物の80％以上を埋め立て地に送らずに済んだと報告しています[14]。

この努力に対する見返りとして、2億3000万ドル以上の事業価値がもたらされ、CO_2排出量も1180万トン削減された可能性があるとしています。同社は供給事業者との協力により、1年間に50万トン以上の食用油を回収し、バイオディーゼル、石鹸、家畜飼料用サプリメントに転換しています[15][16]。

「無駄を富に変える」、あるいは「ゴミをお金に換える」と言ってもよいでしょう。この取り組みは特定の産業に限られた話ではありません。米国カリフォルニア州アーバインを拠点とするスタートアップ企業のニューライト・テクノロジーズ社は、メタンやCO_2などの温室効果ガス、つまり、あらゆる種類の製造過程と化石エネルギーの使用によって発生する副産物を大気中から取り込み、プラスチックペレットに変換するという独自の手法を考案してきました。その集大成として、石油系プラスチックと同等の強度を備えた安価な材料「エア・カーボン（AirCarbon）」を生み出しました。

大手通信事業者スプリント社は、このエア・カーボンを使用したiPhoneケースの販売を発表しています[17]。デル社は、同社のノートブックの新シリーズのスリーブ包装にニューライト社の素材を使用することを計画しています[18]。エア・カーボンは、石油系プラスチックに匹敵する性能を備えながら大幅な価格引き下げを実現するだけでなく、顧客との感情的な結びつきを強めます（「あなたが使っているその魅力的なiPhoneケースも、地球に優しい製品です！」と）。

ニューライト社は投資業界から評価を受けています。2014年、同社はシリーズC投資ラウンドに入り、920万ドルの増資を受けたことを発表しました。同社が調達した資金の総額は1900万ドルとなり、これらの資金は同社の成長計画をさらに加速するために使われる予定です[19]。

スタートを切る

回収とリサイクルモデルの基本原則の1つは、廃棄された製品が自社製品からのものであっても他業界からのものであっても、その製品に埋め込まれている価値を拾い上げ、それを再加工することです。そうして拾い上げた材料を元と同じ製品や全く新しい製品に作り直します。製品を分解しやすいように設計しておけば、このプロセスで利益を得られるかもしれません。つまり、構成部品を接着剤で取り付ける代わりに、クリップやネジを使用してつないでおき、識別表示で仕分けをしやすくし、純度の高い材料のみを使用し、パーツの数に細分化しておくということです。

しかしながら、そのような工夫がされている場合でも、目的はあくまで組み込まれた構成部品の価値と材料を製品のライフサイクルを通じて保護し、回収、仕分け、再加工にかかるコストを削減することです。企業がこれをよりうまく行うことができれば、二次材料の利用機会がより拡大し、コストも環境への負荷も削減されます。

成熟曲線に乗る

回収とリサイクルモデルを採用する企業がより多くなれば、より高い価値を持つ製品をより上手く回収するようになります。このモデルを初めて検討する企業は、簡単な目標に焦点を合わせます。すなわち、品質の管理、量、立地の面で信頼の置ける自社内または事業者間（B2B）の関係を通じて、外部委託によるリサイクルとエネルギー回収に注力します。

企業がこのモデルに精通してくると、自社内の能力を強化したり、廃棄物管理会社などの適切なパートナーとの提携を結んだりすることによって、あらゆる資源（構成部品を含む）からの価値を回収するようになります。また、企業が不要品を他業界に直接販売することも上手くできるようになります。最終的に企業の取り組み範囲は最終消費者にまで広がり、自社製品や他業界の製品を回収するようになります。

このモデルを最もうまく活用した組織は、複数の業界を組み込んだ閉じたループのサプライチェーンを持っています。言い換えれば、自社の製品ライフサイクルにサーキュラー型を完全に組み込み、他のバリューチェーンで発生した廃棄物も再利用します。以前は廃棄物管理を外部に委託していた企業も、自社の廃棄物から収入を得ています。

私たちが関わったある世界的な小売企業は、次のように成熟していきました。店舗から発生する段ボール廃棄物に重点を置き、資源回収の努力から始めました。次に、自社製品から生じるプラスチックと金属の回収とリサイクルに重点を移しました。同社はそこで、ある種の構成部品は破砕・融解して新たな部品に再形成しなくても、部品を標準化することで回収・再利用できることに気付きました。

この新たな機会を追求する際に、私たちはさらに強固な価値創造の源を発見しました。つまり、顧客との接点を増やし、店舗やその他のアウトレットを訪れる客足を伸ばせば、期待される新たな価値は1・5倍以上になります。

回収とリサイクルモデルを習得する際には、支援テクノロジーを利用する能力が重要になります。これらの先進テクノロジーにより、製品内部のある特定の性質を詳細に識別することができ、材料および構成部品を追跡するのに役立ちます。ウェイスト・マネジメント社のDiversion & Recycling Tracking Tool（DART®）は、そのようなソリューションの1つです[20]。このソリューションにより、複雑な製品を取り扱う企業は、危険物質や有毒物質を含むその含有物に関する情報を保存した「プロダクト・パスポート」チップを埋め込むことができます。欧州資源効率プラットフォーム（EREP）では、このプロダクト・パスポートの使用が推奨されています。このプラットフォームの団体の中間報告によれば、プロダクト・パスポートによって「製品にどのような資源が含まれているかについてのB2Bでの情報交換の不足」についての懸念を解消できる可能性があるとされています。この情報は、リサイクル業者や再利用者が製品に含まれる資源についてより詳しく知り、また、それらの資源（電子機器に含まれる有害な化学物質など）によって被る可能性のあるリスクについてより詳しく知るのにも役立ちます。さらには、リサイクルと再利用を経済的に成り立つものに近づけてくれるのです[21]。

消費者向けの製品のように、製品寿命がますます短くなり複雑化する業界では、テクノロジーが特に重要になります。このような状況下では、企業は自社製品の資源を回収するためにより先進的なテクノロジーを必要としています。

規模拡大のための主な課題

回収とリサイクル型のビジネスモデルによって、企業の競争優位性を高めることができます。ほとんど価値がないと見なされていた材料で高価な材料を置き換えることができれば、大きな利益が得られます。また、以前は不要品だったものを価値のある材料として他社に販売することにより、コストを回避しながら、同時に新たな収益を生むことにもなります。

しかし、それは思っているほど容易ではありません。回収された資源の価格は通常、その一次資源の売値と関連します。リサイクル成分を含む金属は値引きされることはありません。一次資源で構成される場合と同じ品質と見なされるからです。再生紙の場合は、リサイクルの全過程で紙繊維の質が低下するため価格が下がることがあります。

つまり、企業は2つの課題に対処する必要があります。資源の品質を維持することと、高品質の資源に対する所有権を保持することです。企業は、回収フローを管理する方法（製品回収スキームの立ち上げなど）と、回収された資源の品質を最大化する方法（社内での仕分け・再加工・精製技術への投資など）を見つけることが必要となります。仕様上の品質が新品と同等である回収された金属を購入したり、未処理の廃棄物を販売したりするだけでは、「サーキュラー・アドバンテージ」をあまり生み出すことができません。

資源回収のために製品の引き取りをB2B市場で実施するのはずっと簡単です。企業間の契約内容と取引情報を参照すれば、製品納入先の顧客、その場所、数量を追跡することができます。そのため、回収の仕組みを組織化し、回収のための物流を詳細にモニタリングすることが可能になります。

B2Cの市場において消費者を囲い込むのははるかに困難です。それでも、小売業者には通常、物流と店舗を結ぶネットワークがあり、製品を引き取って大量に集積するための回収・物流センターとしてこれらを使用できます。英国を拠点とする大手小売業者のマークス・アンド・スペンサー社は、非営利組織オックスファムと連携[22]しています。中古のマークス・アンド・スペンサー社の服、靴、鞄をオックスファムの店舗に持ち込んだ消費者は、引き換えにマークス・アンド・スペンサー社の割引券を受け取ります。持ち込まれた衣料は品質に応じて再販されるかリサイクルされ、その収益はオックスファムの貧困撲滅活動のために使用されます。

この提携によって製品の返却場所が増えたことから、このモデルは消費者にとって魅力的なものになっています。割引券もマークス・アンド・スペンサー社の店舗を頻繁に利用する消費者にとってはインセンティブになり、小売店の客足の伸びにつながっています。また、この提携によってマークス・アンド・スペンサー社が行う製品回収のコスト競争力も高まります。

マークス・アンド・スペンサー社のサステナビリティ部門を率いるマイク・バリー氏は、衣類とアクセサリー類はほんの手始めだと述べています。「あらゆる商品がサーキュラー・エコノミーの流れに乗っている状況を想像して下さい。次の候補は家具類です[23]」

コスト面で優位性を保つためには、回収と再加工を効率よく運用することが重要です。回収と再加工の過程にかかるコストが一次資源の抽出にかかるコストよりも高ければ、このモデルは使用済みの資源と同じく使用するのに適しません。このモデルは、副産物や廃棄物を大量に産出する企業、すなわち製紙産業のように適度に純度が高い消費済みの資源が大量に発生する企業にとって持続的であるはずです。紙や包装材のように製品ライフサイクルが一カ月以下など、とても短い場合であっても、繊維業や他の業種で回収とリサイクルモデルへの関心が次第に高まっています。

中国では、新たな紙の製造に使用される回収紙のシェアが１９９２年の20％から２０１１年の70％へと飛躍的に伸びました[24]。この間の消費市場における再生紙の需要は、中国だけで２６０％成長しました[25]。人気が急上昇した理由は、紙のリサイクルによって紙の製造に必要なエネルギーが新品に比べて65％節約され、水質汚染が35％、大気汚染が74％低減されたことにあります[26]。地域によって多少の違いがあるものの、再生材は、幅広い地域や業種で事業者や消費者に対して訴求力があります。スウェーデンとスイスを拠点とする多国籍食品包装加工企業テトラパック（TetraPak）社のマリオ・アブレウ氏は、米国と中国の違いについて次のように強調しています。「テトラパック社の紙パックはすべてバージン繊維から製造されています」

「中国では、テトラパック社の紙パックはボール紙や板紙などにリサイクルされています。この背景には、中国のボール紙生産は、何度も繰り返し再利用されているリサイクル繊維に大きく依存していることが挙げられます。そのため、飲料用の紙パックに含まれる繊維は非常に価値があります。他方、米国の板紙製造業者はリサイクル繊維にあまり依存していないため、リサイクルされた飲料用の紙パックはもっぱら別の分野で使用されます[27]」

しかし、回収とリサイクルモデルがもたらす障壁を克服する必要があるのは製造業者だけではありません、廃棄物管理会社も独自の課題を抱えています。なかでも大きな課題の１つが、廃棄物処理業者という第三者機関としての役割から、効率的な資源管理者やライフサイクルを通じて資源生産性に関する戦略的なアドバイザーへと変革することです。

年商140億ドル、廃棄物処理の北米最大手、ウェイスト・マネジメント社CEOのデビッド・P・スタイナー氏は次のように述べています。「ウェイスト・マネジメント社は新規の事業領域を広げています。ゴミを拾って安全な場所に廃棄するだけに留まりません。消費者も、我々がオペレーションを行っている地域社会も、廃棄物の処理方法として、より持続可能なものを求めています。廃棄物が出れば、我々は低炭素の電力を発電する可能性を調べ、リサイクル可能なものは原料として供給します(28)」

製品から材料を完全に回収するには、廃棄物処理業者は顧客のビジネスにおいてパートナーになる必要があります。処理量のトン数で実効性を測るのではなく、できるだけ損失を抑え、かつ、できるだけ利益を生み出す生産システムを創出するという目標を共有する必要があります。こうした目標を達成するには、分解しやすく、資材を取り出しやすい製品の設計を支援したり、リサイクルが困難な廃棄物を高品質の原材料に変換できる新しい手法を見出すことで実現できます。廃棄物処理業者はエネルギーや原材料を過剰に抱えている企業から購入し、それを再販するようにブローカー役を果たすことさえもあるかもしれません。

回収とリサイクルモデルを実践する

回収とリサイクルモデルには課題もありますが、そのような障壁こそが企業にイノベーションを起こさせます。以下で紹介するティンバーランド社、デッソ（Desso）社、アイコレクト（I:CO）社の事例がまさにそうです。これらの企業は回収とリサイクルモデルを導入しており、企業が廃棄物について創造的に思考すると何が起こり得るかを示しています。

ティンバーランド社　設計イノベーションの進化

アウトドア用品の製造業兼小売業の大手ティンバーランド社は、商品購入後までを視野に入れ、自社製品のライフサイクルを通じた環境への負荷低減を図りたいと考えていました。米国ニューハンプシャー州ストラザムを拠点とする年商16億ドル[29]の同社は、製品の設計および開発段階でのイノベーションを促すため、スコアシステムを含むプログラムを策定[30]しました。ティンバーランドの「グリーンインデックス®」は、靴デザイナーと靴開発者が1つの新製品に適用するイノベーションの水準を格付けしています。ティンバーランド社のアースキーパーズ®シリーズのブーツは、ウォーキング用途だけでなく、修復された皮革、リサイクルされたポリエステルの内張り、リサイクルタイヤのゴムで作られたソールなどの特徴を持ち、分解されることを見すえて製造、より正確には、再製造されています。この手法によりティンバーランド社のアースキーパーズ®ブーツシリーズは、競合他社のブーツと差別化されています。さらに、製品ライフサイクルを閉じたループにするために、同社は自社のブーツ製品を店舗に返却するように顧客に働きかけ、顧客エンゲージメントとロイヤルティを喚起しています。

ティンバーランド社は、ブーツ製造4万足につき炭素排出量500トンの削減など、定量化が可能なメリットもこのモデルから得ています。さらに、新品のフットウェアでも返却プログラムを通じて材料の最大80％を再利用できる見込みであり、ブーツの生産量は、この取り組みを開始して以降、200％増加しています[31]。

デッソ社　残留価値を回収するシステムの確立

オランダを拠点とするデッソグループも、製品こそ異なりますが、ティンバーランド社と同様の課題に直面しました。寿命を迎えたカーペット製品から価値を取り出す方法を考案する必要に迫られていた同社は、カーペットの裏地から糸とその他の繊維を分ける「リフィニティ（Refinity）®」と呼ばれる分離技術を開発しました。精製プロセスの後、選り分けられた糸は「クレイドル・トゥ・クレイドル（Cradle-to-Cradle）®」システムによって新しい糸の生産に使用されます。カーペットの裏張りは粉砕され、建設業の資材として使用されます。寿命を迎えた材料について最も生産性の高い用途に利用されるよう、プログラム全体で支援します。

2008年前半、デッソ社はクレイドル・トゥ・クレイドル®の原則に従って製品を確実にリサイクルするために「テイクバック（TakeBack）™」プログラムを設立しました。同社は、耐用年数を過ぎた製品を顧客から引き取り、安全にリサイクルして新品のカーペット製品を作るか、または他のリサイクル製品に活用します。クレイドル・トゥ・クレイドルの目標を完全に達成するには、主要パートナーの協力と約束が必要です。デッソ社が販売しているカーペットタイルの60％以上には、糸供給事業者であるアクアフィル社製のエコニール（Econyl）®が含まれます。エコニール®は、デッソ社のリフィニティ®工場で発生する消費済みの糸の廃棄物など、100％リサイクル材料から製造された糸です[32]。

デッソ社は、耐用年数を過ぎた製品からの材料回収にかかるコストを削減するため、製品の設計を変更しました。安全にリサイクルでき、無害な素材を使用し、特定・分離・リサイクルが容易に行えるような製品設計を採用しています。より高品質の材料を得るために、自社のカーペットの使われ方についても詳しく調査しました。その結果、革新的な方法の発見につながり、自社製品の性能を向上させることができました。

サーキュラー・エコノミーの手法の採用から4年後、デッソ社は欧州市場でのシェアを拡大。カーペット業界の同業者の多くが世界的な不況に苦しむ中（カーペット業界の業績は30％低下）、デッソ社のカーペットタイル事業の増益率は、2006年の1％から2010年の9・2％へと急伸しました[33][34]。

アイコレクト（I:CO）社　無駄をなくす独自スタイルの発見

アイコレクト社は、独自に何か製品を開発している会社ではありませんが、サービスを提供する会社として回収とリサイクル型のビジネスモデルの発展に大きな役割を果たしています。

アイコレクト社の「I:CO」という社名表記は「I collect（私が集める）」の略で、ファッション業界向けの市場アグリゲーターであり、効率的な回収チェーンを大規模に展開しています。同社は、中古の繊維製品が新たな使い道で利用されるように基盤を提供しており、再販したり、焼却してエネルギーに転換したり、原材料としてリサイクルしたりしています。靴と繊維製品のリサイクル品を重点的に扱うスイスのＳＯＥＸグループの一員として、アイコレクト社は２０２０年までに「無駄をゼロにする」という目標の達成を目指しています。

アイコレクト社は消費者に対して、廃棄する衣類や靴、アクセサリー類をそれらの製品を購入した店舗に返却するようにと働きかけ、顧客は製品の返却と引き換えに、新品の購入時に利用できる割引券を受け取っています。

リサイクルされた繊維製品は、建設業界向けの断熱材、クッション素材やぬいぐるみの詰め物、インソール素材やバッグとして使用されます。靴はフローリング用の床材、キーホルダー、保護包装材、ペレット、硬質ケース材に転換されます。アイコレクト社は現在、54カ国で事業を展開し、毎月８００万人の消費者に使用済みの繊維製品とフットウェアの回収サービスを提供し、継続的な資源循環を実現しています。

アイコレクト社の提携企業には、エスプリ（Esprit）、シー・アンド・エー（C&A）、アドラー（Adler）、フットロッカー（Footlocker）、ザ・ノース・フェイス（THE NORTH FACE）、フォーエバー21（Forever21）、レノ（Reno）のような人気ファッションブランドが並びます。アパレル小売業者にとって、店舗を通じたリサイクルは顧客との関係を深め、店への客足を伸ばし、新商品の販売機会の提供につながります。中長期的には、小売業者は自社の生産過程でリサイクル素材を使用することもできます(35)。

スポーツ・ライフスタイルのブランドのプーマ（PUMA）社も、アイコレクトの提携先に加わり、自社製品の資源フローを改善しました。自社店舗内に「ブリング・ミー・バック（Bring Me Back、お店に戻して）」箱を設置し、ブランドを問わず、消費者に使用済みの商品を持ち込んでもらえるようにしました。プーマ社では現在、この持ち込まれた材料を自社の製品シリーズの製造に使用しています。2013年に発足したプーマ・インサイクル（PUMA In Cycle）コレクションは、閉じたループで製造される製品として同社が認定した、最初のコレクションです(36)。

こうした活動により、プーマ社はクレイドル・トゥ・クレイドル®ベーシックの認定を受けました。インサイクル・コレクションには、生分解可能なポリマー、リサイクルされたポリエステル、オーガニックのコットンが使用されています。例えば、プーマ社のバックパックはポリプロピレン製です。この製品は回収後、元の製造業者に回収され、リサイクル・ポリプロピレンとして新品のパックパックの生産に使用されます。

プーマ社は、環境影響の測定についても有言実行型のリーダーだといえます。プーマ社の会長兼CEOであるヨッヘン・ザイツ氏が考案した環境損益計算書（EL&P）を活用し、自社製品のEL&Pに十分に留意しています。同社では製品の製造が環境に与える影響を測定することができ、従来型の材料とサーキュラー型の材料を使用した場合の比較もできるようになりました。同社の年間報告書によれば、インサイクルコレクションのシリーズでは、従来の製品に比べて環境コストが31％削減されています。また、同報告書では靴の取引価格が従来品より12％高いことも報告されています[37]。これは、ビジネスと環境の両方にとってWinWinの関係だといえます。

スウェーデンのアパレル小売企業のH&M（エイチ・アンド・エム）社も、サーキュラー・エコノミーの実践に伴い、小売価格の値上げを実施しています。この多国籍企業もアイコレクト社と提携しており、2014年前半に、リサイクル・コットンを使用して製造される5つのクラシックデニムを立ち上げました[38]。同社は将来的にすべての衣料品をリサイクルするよう努力するとし、リサイクル技術や製品開発だけでなく、収集インフラに投資すると発表しています[39]。

「無駄ゼロ」への道のり

無駄ゼロについて経済的な側面から議論するのは簡単です。しかし、企業がその取り組みを開始し、目標を達成するためには、社内外のパートナーと緊密に連携しなければなりません。「企業、国、都市は、サステナビリティの価値を高めることが重要と考えています」とリサイクルバンク社（リサイクルリワーズ（RecycleRewards）社の子会社）ＣＥＯのハビエル・フレイム氏は述べています。「より迅速に進めたいと考えていますが、制約があることも十分に理解しています。ビジネスのイノベーションは多くの変化を引き起こします。この変化は、企業、都市、行政の協働によって実現するのです[40]」

効果を最大化するために製品を再構成するには、関与するすべての材料を理解し、製造サイクルのあらゆるプロセスを分析する必要があります。システムの「無駄」をなくすための設計を行うには、製品に命を吹き込む設計者から製品が寿命を迎えた後に資源を管理する廃棄物処理業者に至るまで、製品のライフサイクルに関わるあらゆる部門間で緊密にコミュニケーションを取りながら総力を挙げて取り組むことになります。

回収とリサイクルモデルは、すでに多くの企業で導入が進んでいます。こうした企業の経験は、より多くの企業での採用を促す推進力を生み出しています。

一部の事例では、廃棄された製品が実際には製品寿命を迎えていないこともあります。それらの製品のライフサイクルは、微調整と修理を重ねればさらに延長することができます。そのような製品については分解するのではなく、耐用年数を延長することで残留価値を回収することができます。

第6章

「製品寿命の延長」に基づくビジネスモデル　高い耐久性を備えた製品

何十年にもわたって製造業者は「量」に重点を置き、継続的に売上を増加させるため生産設備を増設し続けてきました。安価で豊富な天然資源を基礎とする経済においてはそれが合理的な戦略であり、環境問題は「いつの日か」対処すべき問題と見なされます。資源価格が下落し、環境面の懸念がほぼ無視されているときは、処理量を増やすのが最も手っ取り早い成長手段だからです。

しかしこのアプローチの欠点は、言うまでもなく、消費者に製品を買い換え続けることを奨励している点です。例えば、使用中の製品に全く問題がなくても「最新の最上級モデル」よりも劣って見えることがあります。この傾向は特に消費財や電子機器など、パッケージとして全体を見ると魅力的な新特性・新機能を絶えず消費者に提供し続ける業界に当てはまります。他方、単純に製品の消耗が原因で、本当に買い換えが必要な場合もあります。実際には製品が動かなくなったり、時代遅れになったりするように企業が意図的に設計することさえあり、このことは２０１０年の人気ドキュメンタリー「The Light Bulb Conspiracy」で暴露されています[1]。

◉製品寿命の延長　再販売

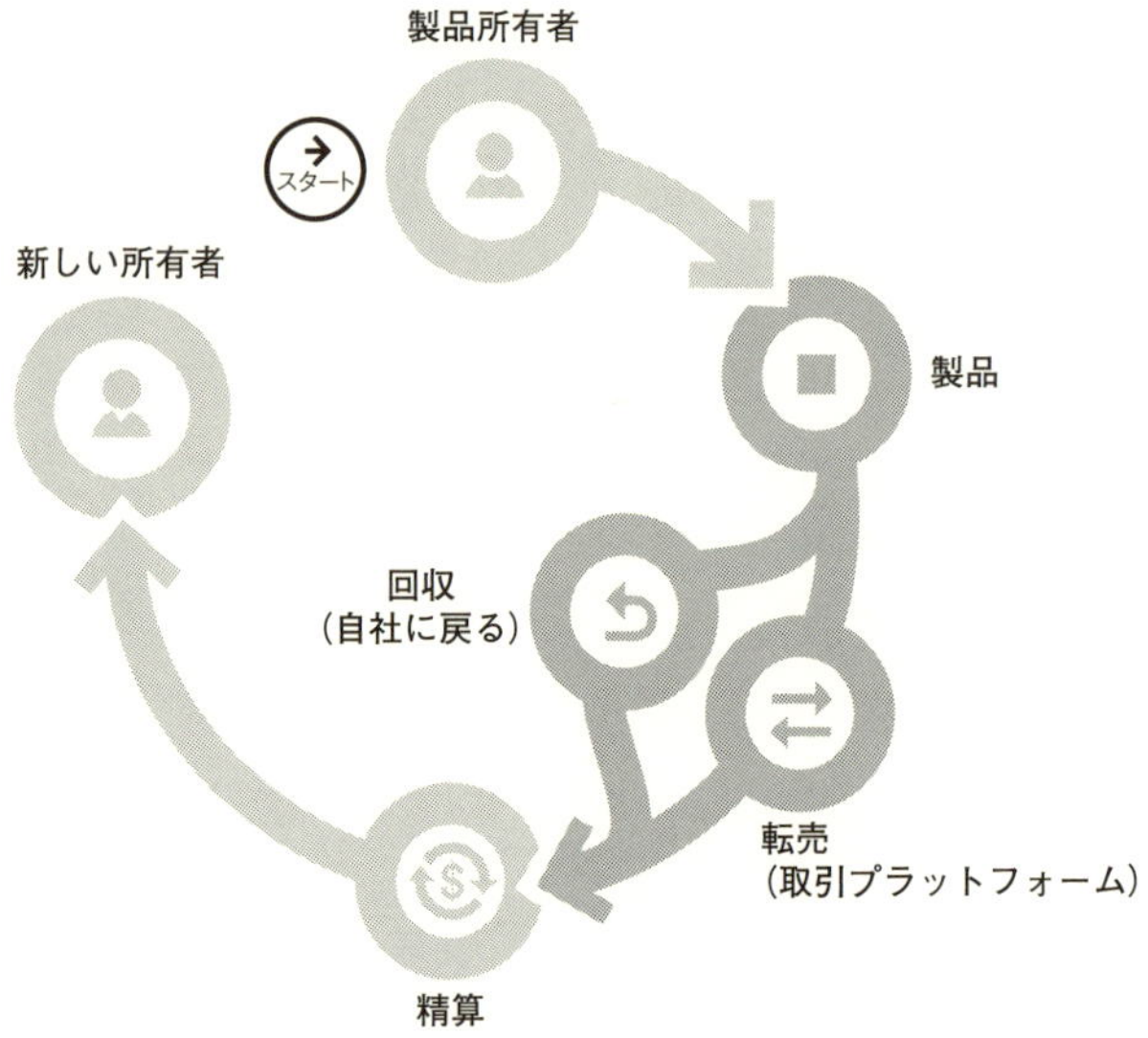

それでは、企業が製品の買い換えを企図し、量を動かすことに執着する代わりに、1トンの消費資源からできる限り多くの価値を絞り出すとしたらどうでしょうか。製品の耐用年数をできる限り長くし、販売時点での利益ではなく、製品ライフサイクル全体での収益性を最大化したとしたらどうでしょうか。短いサイクルでの頻繁なリリースを計画したり、2年ほどの耐久性しかない製品を設計したりする代わりに、耐久性10年以上の製品を開発し、簡単なアップグレードやサービスを提供していくとしたらどうでしょうか。何の問題もなく使える製品を捨てるように消費者を誘導したり、部品の取り換えが必要だからという理由で製品そのものを放棄させたりする代わりに、必

◉製品寿命の延長　修理／アップグレード／リフィル

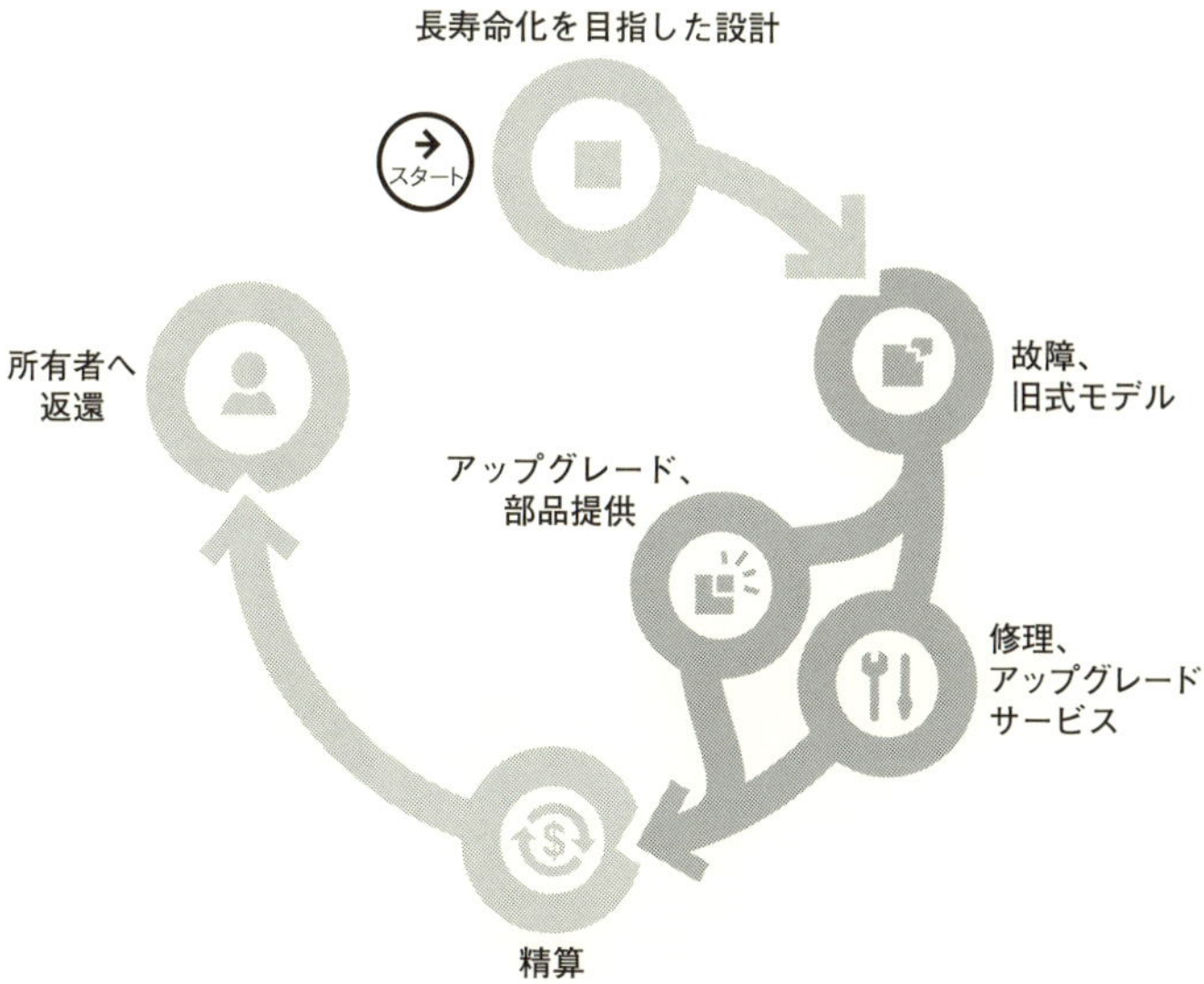

要な部品のみの交換や製品の「外側」のみの変更によって修理可能な製品を設計するとしたらどうでしょうか。すでにこれを行っているとすれば、製造業者は製品寿命の延長に基づくビジネスモデルに投資していることになります。

製品寿命の延長に基づくビジネスモデル

製品寿命の延長に基づくビジネスモデルは、「量」ではなく「期間」から収益を引き出すことによって製品の有用期間を長期化します。このモデルでは、耐久性、品質、機能のような製品特性により高い価値が置かれます。より長く、より徹底的に製品を使用することが、その製品を

◉製品寿命の延長　修繕＆再生産

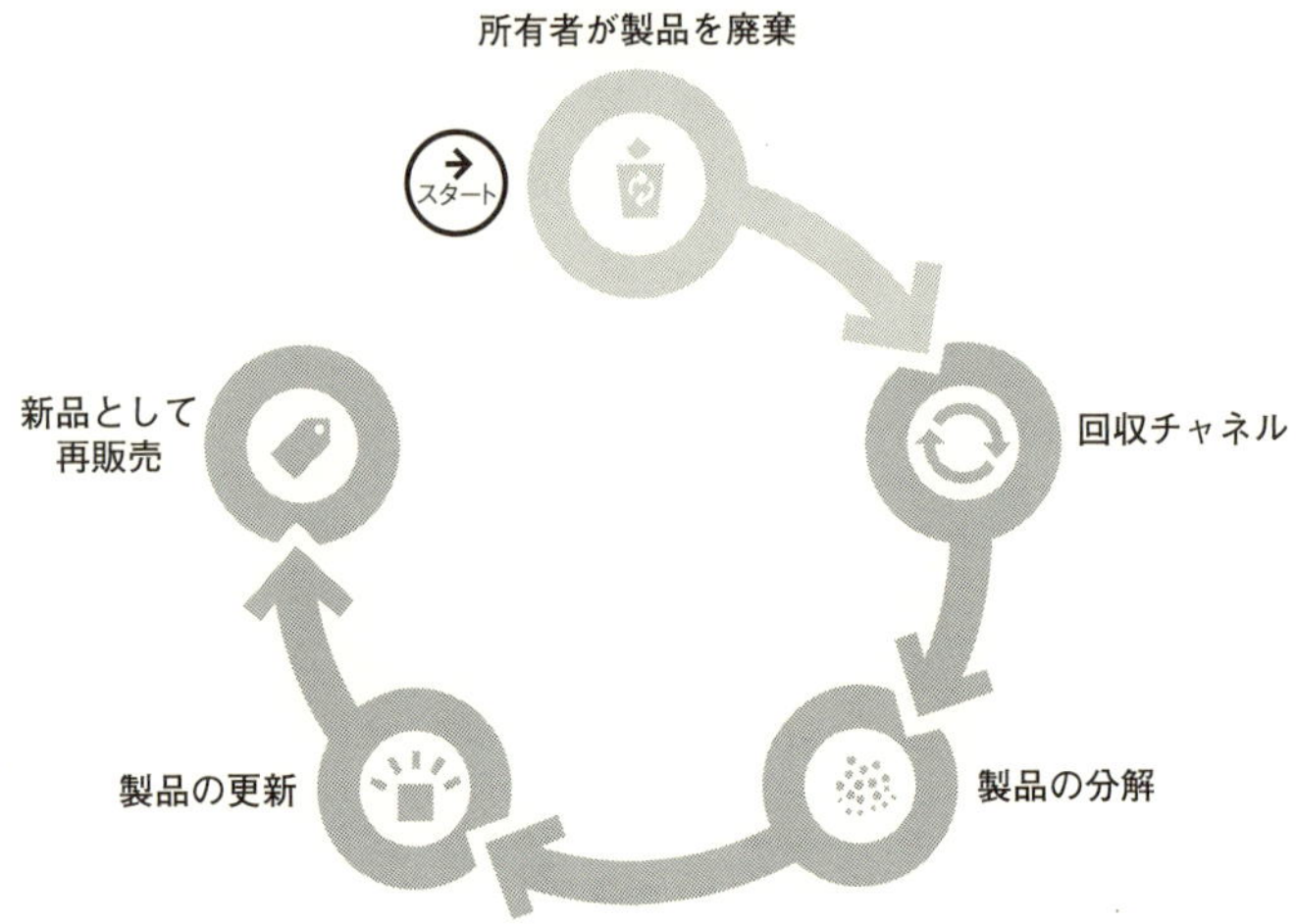

供給する企業のためにもなるのです。

製品寿命延長型の製品は初期費用が高くなりがちなため、価格の高さが、幅広い顧客層にマーケティングを行う際の障壁になる可能性があります。この問題を解決するには、収益モデルを変えることです。製品寿命延長型の製品は、その買い替え頻度を勘案すると、製品ライフサイクル全体の収益性が、従来型の製品よりも高くなければなりません。しかしそれは、販売価格を高くするという意味ではありません。デジタル世界の「フリーミアム」モデル[2]を物理世界に導入し、アマゾン社がキンドル（Kindle）で実践しているように、製品を無料提供したうえで、アップグレードやコンテンツ、アドオンサービスの販売から全収益を創出します。

適切に実践されれば、製品寿命の延長に基

づくビジネスモデルは企業の収益増大（数倍になることもあります）に貢献しながら、ハードウェア販売への依存度を軽減し、環境へのフットプリントも減少させます。マージンなしで提供されるキンドルの使用者が1年間にアマゾンでの買い物に費やす金額は、キンドル非所有者よりも平均で56％多く、ハードウェア販売によって得られたはずの収益を補って余りある状態です[3]。この収益モデルには、故障する製品を製造するインセンティブが伴いません。逆に、アマゾンは人々に自社製品を保持してもらい、できる限り多く使用して有料デジタルコンテンツを楽しんでもらうことを望んでいます。こうして本ビジネスモデルは、事実上、物理的な資源の利用からの部分的な脱却を達成します。

製品の耐用年数を延長すると同時に新たな収益源を創出する方法は数多くあります。本ビジネスモデルを採用した企業に関する私たちの調査では、これまで残留価値を回収できないまま廃棄されてきた製品の価値と有用性を高めるために企業ができることとして、次の6つの基本活動を特定しました。

1. 長持ちする製品の製造：高品質で耐久性に優れた製品を創出する。ターゲット顧客は、品質に対してプレミアムを望んで支払う顧客や、ペイ・パー・サービスのような新たな収益モデルを通じてより耐久性のよい製品を望む顧客。

2. リファービッシュ：中古品を元の「新品のような」状態に復元する。あるいは、新品製造時と同等の製造環境で再製造を行う。ターゲット顧客は、価格に敏感で、新品と同様の保証・サービス付きで販売されることの多い「ほぼ新品の良品」の購入を厭わない顧客。

3. 引き取り／下取り／買い取りによる再販：中古品を回収し、取引または再販する。「リコマース」とも呼ばれる。ターゲット顧客は、「お得な取引」を求める顧客。一般的に、一次製造業者や小売業者ではなく、専門業者が取り扱うことが多いものの、近年、一次サプライヤーの間でも二次、三次、四次市場を活用して、再販品を製品ラインナップに組み入れることへの関心が高まっている。

4. アップグレード：中核製品の買い換えではなく、新たな特性、機能、ファッションを追加する。ターゲット顧客は、製品本体よりもコンテンツ、機能、スタイルを消費することに関心のある顧客。

5. リフィル：再利用可能な容器等、製品本体より先に消費される機能を置き換える。ターゲット顧客は、製品の容器ではなく、使い捨て部分に対して需要を抱える顧客。

6. 修理：故障品を直す。ターゲット顧客は、製品の性能に満足し、買い換えにはあまり興味のない顧客。

オプタス社は、モデム、ルーター、基地局、スイッチ、周辺機器などの使われなくなった設備に文字通り埋もれていました。シンガポール・テレコミュニケーションズ社の完全子会社であり、オーストラリア最大手の電気通信会社である同社は、自社のネットワークを毎年アップグレードし、既存の構成機器を交換していました。これらの資産の保管には莫大な費用がかかり、初期投資額とほぼ同額でした。中には10年間放置されていたものであり、これらの保管物を売却・破棄すれば、保管費用は25％削減されるものと推定され、その削減分を他のより生産的なことに活用できます。

オプタス社は現在、アクセンチュアの戦略コンサルティング部門「アクセンチュア・ストラテジー」と緊密に連携し、業界初の資産処分プログラムを実施しています。このプログラムはオプタス社の新たな収益の創出、倉庫保管コストの節減、今後数年間のリスク管理の改善を支援します。オプタス社とアクセンチュアの共同チームは、再利用可能な資産の再販と時代遅れの設備のリサイクルによって、1年以内で約3００万豪ドルの利益を得ました。

ここで重要なのは、本プログラムでは選別した購入者グループに狙いを絞り、高度な競争的交渉を行うことにより、元の提示価格よりも3００％高い販売成績を実現したことです。しかも大量の古い在庫を一掃したことにより、オプタス社は倉庫の1つを閉鎖することができ、保管コストを3年間で3００万豪ドル以上削減できる見込みです[4]。

新たな所有者を見付けることによって、直接収益につながり、製品寿命が延長するということは誰にでもわかる簡単な道理です。しかし、同一顧客による利用期間を延長するだけでは、当該製品における天然資源の使用削減にはつながりません。また、製品ライフサイクル全体を通じて、所有者が供給業者に何度も連絡を取るようなインセンティブを持たせなければ、新たな収益も創出できません。そのためには、供給業者が製品を容易にアップグレードできるように、製品をゼロから設計し直さなければならない可能性もあります。あるいは、サービスやパートナー・ネットワークによって、費用対効果の高い修理を実施できる可能性もあります。家庭用品の場合、エネルギー効率を司るモジュールを取り換え可能にすれば、その製品のエネルギー効率とコストパフォーマンスを最新の製品と同レベルに保つアップグレードが可能になります。

また、製品の「見た目」を交換可能にすれば、デザインが流行遅れになることもなく、消費者が製品をインターネットに接続するだけで、その場で遠隔的に新機能を購入することも、製品をアップグレードすることもできるようになります。白物家電のような競争の激しい部門では、製品の利幅は非常に薄いため、製品寿命を延長させることによって追加利益が得られる可能性があるとなれば、財務面でも、顧客との関係構築やロイヤルティの面でも、非常に魅力的だといえます。

世界150カ国で年間5000万個以上の製品を販売する大手総合家電メーカーのエレクトロラックス社は、この論理を念頭に置きながら、電化製品がライフサイクル全体を通じて環境に与える影響を測定する研究を実施しました[5]。そして、電化製品による環境負荷の70%以上は、製品の製造や廃棄処分の際ではなく、製品の使用中にエネルギーと水を消費することによって発生すると結論付けました[6]。

その結果、現在、持続可能なイノベーションはエレクトロラックス社のR&D優先事項のトップ4に入っています。同社の幹部数名に話を聞いたところ、2012年には、同社の製品開発費の3

分の1以上がサステナビリティ関連の開発に投資され、なかでもエネルギーと水の効率改善とリサイクルに向けた設計目標の達成に大部分が投じられたことが分かりました。同社のサステナビリティ担当シニア・バイスプレジデントであるヘンリック・サンドストローム氏は次のように説明しました。「私たちは、グリーンで収益性のより高い企業になる機会を常に求めています[7]」

エレクトロラックス社は、製品を単純化するためにモジュール方式を採用し、材料と構成部品の実用性と再利用性を高めています。サンドストローム氏は次のように述べています。「従来のライフサイクルは、一人の顧客が購入から寿命まで所有するというものでしたが、これがいくつかのユーザー・サイクルに分割され、それにより製品が定期的にアップグレードされ、効率が改善し、製品寿命が延長されれば面白いのではないかと考えています[8]」

製品をアップグレードできる可能性があったとしても、消費者はいずれ製品を手放そうとします。しかし、製品の寿命をそこで終わらせる必要はありません。製造業者と供給業者は、その製品を引き取り、修復し、新たな消費者に再販することができます。環境面からも、再製造を支持する事例は十分にあります。中国でもこのことは認識されており、サーキュラー・エコノミーを目指す中国の国家アクションプランでも、再製造による利益を重視しています。中国国家発展改革委員会の副議長である解振華氏は次のように述べています。「新品の製造に比べて、再製造ではエネルギーは60%節減され、原材料は70%節減されると推定されています。同時に、大気汚染も大幅に抑制されます」。さらに解氏は、中国が省エネルギーと炭素排出量削減の目標を達成するためにも再製造は重要であると述べました[9]。

製品寿命の延長に基づくビジネスモデルによる利益の中には、容易に定量化できないものもあります。例えば、企業が製品ライフサイクルを延長し、顧客との接点を数多く設けた場合、顧客との関係は深まります。販売する時以外は顧客と接点を持とうとしない一方通行型のビジネスとは対照的に、製品寿命の延長に基づくビジネスモデルを活用している企業は、顧客とできる限り多くの接点を持とうとします。やがて顧客は、供給業者が顧客との関係構築に本当の付加価値を見出していること、また、製品の性能、機能、品質を本気で向上させようとしていることを評価するようになります。顧客は供給業者と対面でもオンラインでも多くの接点を持つようになり、製品が寿命を迎えた時にも、引き取りのために接点を持つことになるでしょう。このような持続的な関わり方は、モバイル機器やソーシャルメディアなどのデジタル・テクノロジーの助けもあって、ほんの数年前よりも現在のほうがはるかに実現されやすくなっています。デジタル・テクノロジーのおかげで、企業はアップグレードやアドオンの貴重なマーケティング機会を生み出すことができ、顧客ロイヤルティと顧客満足の強化につなげることができます。

スタートを切る

他のサーキュラー・エコノミーのビジネスモデルと同様、製品寿命の延長に基づくビジネスモデルは特定の種類の企業に限定されません。本ビジネスモデルの企業における役割は、3つあります。

1つ目は、実際の製品を作り出す製造業者における役割です。これらの企業は、製品を長寿命化する方法を見付けることによって、制約のある資源への依存から脱却できる可能性が最も高く、また、本ビジネスモデルの採用にあたって、既存のビジネスを最も大きく変化させることになります。中古品を元の製品の性能を満たす、あるいはそれを超える状態にまで蘇らせるには、再製造プロセスへの投資が必要になるでしょう。同時に、再製造プロセスの費用対効果を高め、デジタル的なつながりを実現するには、製品の設計、構成部品、材料選択を見直す必要があるでしょう。現地サービスを提供するために地元の業者と提携し、製品を最初に販売する時以外にも売上を創出できるような新しい収益モデルを考案することも求められます。

自社製品の引き取りを行っている企業は、迅速な対応が必要です。所有者の目に期限切れ間近と映る時、その製品は再生品の最有力候補となり、その製品の所有者は、製品を手放す代わりに少額とはいえ、見返りが得られることを有難く思うはずです。下取りプログラムや買い取りプログラムは効果的であることが多く、その主な理由は、プログラムを利用すると、大抵の場合、その供給業者から何か他の製品を購入する場合の支払いに回すことのできるクーポンを渡されるからです。アップル社は、2013年に下取りプログラムを開設し、中古のiPhoneと引き換えに、新品のiPhoneを購入する場合にアップルストアで使用できる割引サービスを提供しています[10]。引き取りサービスを提供している企業の多くは、引き取った製品のリサイクルと廃棄処分からスタートします。しかし、その企業のビジネス戦略が成熟し、量が増えるにつれ、自ずと次のステップに移行し、他の市場や他の産業部門への再マーケティングや、場合によっては顧客向けの修理・再生サービスによって、製品寿命の延長を模索し始めます。

2つ目は、「チャネル」企業における役割です。企業のなかには、コミュニティやプラットフォームを構築・運用し、未使用あるいはあまり使用されていない製品に新しい所有者を見付け、製品の利用年数を延長させる手助けをしています。このような「チャネル」企業は仲介者として機能し、テクノロジーを活用し、所有者が自分の製品を提示でき、他人がその製品を購入できるような場所を提供しています。

注目を集めている企業の多くは、所有者間で製品を移動させる費用対効果が高く、使い勝手の良い手段を提供しています。タオバオ、イーベイ、クレイグズリストが、幅広い新品・中古品の再販マーケットとして良く知られています。その他、ガゼル（電子機器）、スレッドアップ（女性服と子供服）、ポッシュマーク（女性服）など、特定の製品に特化したサイトも存在します。財務情報は公開されていませんが、ポッシュマークでは2013年だけで150万件の発注があり、6000万ドルの取引が発生したと推測されます[11]。

ファッション業界の大手チャネル企業の1社が、オンラインファッション通販会社のAsos（エイソス）社です。同社のオンライン販売サイトには750のブティックが展開されており、このサイトを利用すれば、個人でも世界中の利用者に向けて中古服や古着を販売できます。同社の報告書によれば、同サイトにおける2013年の取扱量は14万5000品以上です[12]。Asos社によれば、同サイトの販売者の80％は自分の服を再販することで、服への投資の一部を回収しています[13]。さらに、同サイトは新しいデザインの才能を発掘できる場所にもなっています。メンズウェアの新ブランドであるボルクロアは、同サイトで製品を販売するうちにAsos社に見出され、同サイトで独占販売する新しい春コレクションを製作することで同社と契約に至りました[14]。

従来の実店舗の世界にも、同様のチャネル企業が存在します。例えば、スポーツ用品（プレイ・イット・アゲイン・スポーツ社）、子供服（ワンス・アポン・ア・チャイルド社）、楽器（ミュージック・ゴー・ラウンド社）など、特定の中古品に特化したアウトレットがそれに当たります。再販された製品が取引の最後にも、そして取引中にも価値を生むのが理想的です。

3つ目は、地域拠点を活かし、修理・アップグレード・修復・メンテナンスのサービスを提供する「フィールドサービス」企業における役割です。このような企業は、製造業者が製品寿命の延長を実施するうえで必要な能力のギャップを補完するために活用される可能性があります。

通常、フィールドサービスを活用して製品寿命を延長しようとすると、人件費がかさむため、あまり魅力的ではありません。修理工房の労働力に高いお金を払って既存の製品を修理するより、新品を購入するほうが費用対効果が高くなる傾向にありました。しかし、いくつかの新たな要因によって、この傾向は逆転しつつあり、修理する方が金銭的に魅力的になりつつあります。これには、中国などの新興市場で上昇の一途にある人件費[15]と、新品の製造にかかる材料・エネルギーコストの高騰が関連しています。また、先進国経済における高い失業率と雇用創出の重点化もこの逆転現象の一因であり、「家庭に寄り添った」費用対効果の高いアップグレードサービスや修理サービスを後押しする環境が生まれてきています。

製品寿命を延長させるために地域のバリューチェーンの注目度が再浮上しており、世界的企業が地元企業と提携して、地元のテイストとニーズに合わせた価値を付加したサービスを提供する大きな機会が訪れています。通常、「フィールドサービス」は細分化されていますが、これを1つにまとめると大きなビジネスになります。[16]例えば、米国の電子機器・コンピュータの修理サービス市場では2014年に200億ドルを創出し、[17]2011年の米国の再製造品市場での取引総額は430億ドルを超え、18万件の雇用に寄与しました。[18]また、世界の自動車修理・メンテナンスサービス市場は、2015年に3050億ドルを上回ると予測されています。

フィールドサービスは、地域市場に限定されません。テクノロジーのおかげで、多国籍企業が地域ビジネスのエコシステムと協力する機会は、かつてより大きくなっています。コミュニケーションの障壁が取り除かれただけでなく、低コストの情報媒体、接続性、データ通信量のおかげで、製品と材料の流れをモニタリングし、理解するための手段がこれまでになく安価になっています。

デジタル化によって、オンラインコミュニケーションで専門知識とサービスを全世界の利用者に提供することもできます。[19]アイフィックスイット（ifixit.com）社がいい例です。米国を拠点とする同社は、消費者向け電子機器用に無料オンライン修理ガイドを提供するかたわら、幅広い部品、キット、ツールを販売することで、2012年には1000万ドル近い売上（3年間の成長率223%）を生みました。[20]マイクロソフト社は、アイフィックスイット社の提供価値に興味をそそられ、プロテクネットワークと呼ばれる新しいプログラムでアイフィックスイット社とチームを組むことを決定しました。この無料プログラムは、スマートフォン、タブレット、コンピュータの修理業を営む小規模ビジネスの開業や成長を支援するリソースを提供し、起業家を支援します。プロテクネットワークでの協業を通して、マイクロソフト社とアイフィックスイット社は、新しいコミュニティを創出するだけでなく、新たな「リペアエコノミー」への道を切り開く後押しをしようというのです。[21]

関わる企業の種類に関係なく、最終的な目標は常に同じです。それはすなわち、利用者が可能な限り長く製品に価値を見出せるようサポートすることです。

規模拡大に向けた主な課題

この3つの役割のいずれを担う企業も、数多くある重要な領域で卓越していることが求められます。

製造業者は、アップグレード、アドオン、そして最終的な引き取りまでを含めた長期にわたる製品ライフサイクルを設計する必要があります。そしてまた、顧客との継続的な関わりに重点を置くことを考慮すれば、製品やエンジニアリングと同じくらい顧客や利用者にも注目する必要があります。それはつまり、数多くの接点を持ちながら、時間をかけて顧客との関係を維持・成長させていき、可能であれば小売やサービスへと発展させていくことを意味します。また、予知保全と効果的な販売手法の見極めに精通し、何らかの故障が起きる前に交換部品を提供する必要があります。さらに、現地のフィールドサービス・パートナーとの効果的なネットワークを構築するとともに、回収チェーンの活動をアウトソースする可能性も探っていく必要があります。

チャネル企業は、分散化された売り手と買い手の関係を管理し、地域をまたいだ売り手・買い手コミュニティをつなげていく必要があります。膨大な数の取引を実行し、再販を最適に行うために中古品の価値を正確に見積もります。発注コストを最小化するために、オペレーションコストを低く抑える必要もあります。

フィールドサービス・プロバイダーは、製造業者と強固な関係を築く傾向にあり、修理・アップグレードに関して頼れる外部調達先となります。オペレーションコストを最小限に抑え、顧客にとっての付加価値を最大化するには、テクノロジーを率先して活用することが重要になります。フィールドサービス・プロバイダーは、高い品質を維持しながら製品をアップグレード・リファービッシュ・再製造できなければなりません。顧客ロイヤルティを構築するには、一流の顧客体験を提供する必要もあります。

製品寿命の延長に基づくビジネスモデルを実施する上での最大の課題は、本モデルが最も適するのはどのような状況・製品なのかを理解することです。私たちの研究では、製品寿命を延長できる可能性が最も高い製品は、通常、ライフサイクルが5年以上のものであることが分かっています。また、投資に見合う利益を生むという意味では、高価な設備を必要とするB２Bの業界が最も可能性が高く、建設産業からハイテク産業まで分野横断でその特性を共有することができます。

キャタピラー社の場合を考えてみましょう。米国を拠点とし５５０億ドルの売上規模を持つ建設機器の製造業者である同社は、約６０００種類の部品を再生産しています。２０１２年には、寿命を迎えた構成部品２２０万個以上を回収し、７万３０００トン以上の原材料を再生しました。業務を効率よく推進するために、世界17拠点で中古部品と新品部品を合わせ、組立、再販を実施しています[22]。

ハイテク産業では、年商４６０億ドルのコンピュータネットワーク機器メーカーであるシスコシステムズ社が、２０１２年に３３２８トンの回収製品をリファービッシュ・再販・再利用しており、再利用率は25％でした。この数字は、２０１１年と比べて45％増に当たります[23]。

高品質の商品は、低価格帯の商品に比べ、本ビジネスモデルを取り入れるのが容易です。ドイツの高級車メーカーであるＢＭＷ社は、サステナビリティプログラムの一環として、一流ブランドとしての評判を落とすことなく、再製造した純正部品を販売する方策を模索していました。一流自動車メーカーとしてのステータスを強化するために、ジェネレーター、ウォーターポンプ、スターター、自動変速装置などの自社オリジナル再製造部品には厳格な品質管理プロセスを課し、新製造品と同一の仕様を担保するようにしています。再製造品の購入者は、新製造品の購入者同様、24カ月の保証を受けられます。新品製品と同じ保証を提供し、顧客を安心させることは、再製造における標準的な慣習になっています。BMW社は、厳しい要求基準について顧客とコミュニケーションを取ることで、自社のブランドとしてのステータスを強化し、以前は無駄にしていた構成部品から「富」を生むリーダーとして自社の地位を確立させました[24]。

中価格帯の商品の中にも、このビジネスモデルで成功しているものがあります。その要因は、アップグレードのサイクルは短いものの、予測可能であるためか、あるいは利用者の多くが特に価格と利便性に反応を示すからかもしれません。このような商品には、ゲームストップ社やウォルマート社で取引・再販されているビデオゲーム、ガゼル社やユーセル（uSell.com）社などで販売されている中古のスマートフォンや電子デバイスなどがあります。

すべての製品が製品寿命の延長に基づくビジネスモデルに適しているわけではありません。なかには、分解しやすいように設計できないものもあります。原材料の要求事項が広範に及ぶものもあります。製品寿命の延長は、安価で低品質な製品を大量に販売する「取って、作って、捨てる」市場に応じようとする企業にとっては、それほど重要ではありません。そのような市場の顧客は総じて、自分が購入した物品を所有するために発生するコストにも、大量の製品を買い換えるたびに発生するコストにも関心がありません。

目まぐるしく移り変わる消費者の好みに敏感な製品を扱う企業も、単純なアドオンやアップグレードでは対処できないため、このビジネスモデルには適しません。つまり、最先端の流行を追いかける衣服は向かないかもしれませんが、Tシャツやクラシックなスーツなど、あまり流行に左右されない比較的スタンダードな製品であれば対応できる可能性があります。

最後に、製品寿命の延長に基づくビジネスモデルの採用を決める場合は、製品の質だけでなく、企業の社風にも対応しなければならない可能性があります。再製造が企業の中核ビジネスと合わない場合や、社内のインフラ基盤や見識と合致しない場合もあり得ます。新製品の販売戦略と（その必要はありませんが）衝突する可能性もあります。カニバリゼーション（共食い）を回避するためには、デル社がデル・アウトレットオンラインショップで展開しているように、再製造品を別の流通チャネルで販売することも可能です。重要なのは、販売量を抑えることによって減少する可能性のある収益を補う機会とノウハウがその企業にあるかどうかを見極めることです。

製品寿命の延長に基づくビジネスモデルを実践する

高品質で耐久性に優れた製品を作るにせよ、中古品を修復・再販するにせよ、モジュラー単位でアップデート可能な製品を創出するにせよ、製品の耐用年数の延長により価値を見出す企業の数は増え続けています。それにより、一次資源（バージン材）から製造される新品への需要は減少し、廃棄物が埋め立てられるのを回避し、何年も使用された製品に残る価値は守られます。おそらく最も重要なのは、本モデルを適切に実施している企業では、主力製品の大量販売に依存しない、全く新しい収益源を開拓できるということです。

次に挙げる企業の事例が示す通り、これは売り手にも買い手にも勝利をもたらす命題なのです。

キャタピラー社　再製造から利益を得る

建設機器を製造する世界的企業であるキャタピラー社は、1973年から構成部品の再製造を実施しています。[25] 同社のCat® Remanビジネスは、現在、世界17拠点で約4000人の従業員を抱えています。再製造の実施を決定したのは、製品を社内に留め、再製造すれば、所有権を保持したまま残留価値を再活用し、顧客への付加価値に変えられることに経営者が気付いたことがきっかけでした。[26]

さらに詳しく調べてみると、同社の製品ラインは特にこのビジネスモデルに適していたように思われます。動力伝達装置のように複雑で耐久性の高い構成部品は、修理にもアップグレードにもすぐに出すことができます。また、再製造が必要なのは、同社の定番商品の約10％のみで、残りは変更を必要としません。[27] しかも長年の間に、製品サポートやサービス体制が確立しています。

しかし、キャタピラー社も設計上の優先事項については再考が必要でした。効率を最大化することを最終目標に、解体と再製造を容易にする設計に変更したのです。同社のよく知られた設計の例として、シリンダー内のスリーブを取り外し可能にしたエンジンブロックがあります。以前はエンジンブロックを再製造するには大きなピストンを用い、シリンダー部を再穿孔する必要がありました。しかしこれを3回繰り返すと、再穿孔によって製品の品質に影響を及ぼします。現在は、製品を回収するとスリーブを取り外して交換するだけで良いので、新品同様のエンジン性能を維持することができます[28]。

キャタピラー社のオペレーションコストの65％は材料費が占めているため[29]、より少ない資源使用量で成長できる分野を見つけ出そうと前向きに取り組んでいます。製品を再製造することで、資源の使用量は最大100％削減可能であり、再製造を実施していないライバル企業に対して競争優位性が生まれ、資源効率の向上や人件費の削減に努めるライバル企業に対しても、限定的ながら競争優位性を保持することができます。また、再製造によって同社は、市場シェアの獲得を狙う低価格帯の企業との競合を回避でき、同社の部品を再製造しようとする第三者の発生によって、評判やブランドをリスクにさらす事態の防止にも役立っています。

キャタピラー社は顧客に対して、使用済みの部品の返送にインセンティブを設けています。顧客は製品の返送時に「コア・クレジット」を受け取り、再製造されたコア製品を購入する際の割引に使用できます[30]。キャタピラー社は、このインセンティブのおかげで材料コストを低下させ、耐用年数の終わりに近付いた製品に対する主導権を取り戻すことができます。同社の再製造品の市場価格は、同社の新品製品より約50％安価ですが、同じ保証が付加されています。同社は、再製造品の製造中に使用されるエネルギー消費量は、新品製品の場合より85％低く抑えられている点を強調することによって、環境意識の高い顧客の心をつかんでいます[31]。

この戦略によって自社内でカニバリゼーションが起きるのではないかと想定されるビジネスも多くあります。再製造されリファービッシュされた機器を市場に賢く売り込み、カニバリゼーションの可能性が低い、または競合しないブランド、顧客層、市場を狙う必要があるのは事実です。しかし、売上を分け合うことになるとしても、魅力的である場合もあります。

一次資源のみから生産された製品の販売に比べて、再製造品は20%割引価格で販売されますが、それでも粗利益は50%高くなります。再製造品をリースすると、粗利益はこの2・75倍に増加します[32]。

キャタピラー社は、新たなテクノロジーが利用可能になると、そのテクノロジーを製品寿命の延長に基づくビジネスモデルに組み入れます。同社の「プロダクト・リンク(Product Link)」インターフェイスにはデジタル・テクノロジーが使われており、ディーラーや顧客の手に渡った構成部品と機械を追跡しています。ワイヤレスシステムがイベントの発生を利用者に通知し、製品の位置情報を提供し続け、非効率な利用の削減とオペレーションコストの節減をサポートしています。また、設備の価値を保護するための予知保全にも役立ちます[33]。重要なのは、製品が故障し稼働停止することによって、顧客に高いコストを支払わせる前に、製品を最初の使用サイクルから抜け出させることです。

実行することは話で聞くよりも困難ですが、見返りも大きいでしょう。キャタピラー社は、毎年数百万個の構成部品を再製造しており、２００９年に処理した材料の量は約5万5０００トンだったのが、２０１３年には7万８０００トン以上に増加しました[34]。利益も同様の勢いで伸びています。シリンダーヘッドの再製造過程で使用される水量は新品の製造に比べて93％減、エネルギー使用量は86％減、そして温室効果ガスの排出量は61％の削減となっています[35]。

ウォルマート社　廃品の下取りビジネスで「再生」ボタンを押す

既存店の売上が減少するなか、世界最大の小売企業ウォルマート社は、かつて断念したサービスの再販によって新たな顧客を惹きつけようと決断しました。そのサービスとは、中古ビデオゲームの買い取りと販売です。

２００９年、ウォルマート社は自社店舗内のキオスクを使ってビデオゲームの下取りサービスを提供しようと試みました。このサービスは、イープレイ（e-Play）社と共同での取り組みでしたが、非効率であったため、最終的には失敗に終わりました[36]。今回ウォルマート社は、「電子機器買い取り専門業者」というブランドを確立して業界で存在感を示すシーエクスチェンジ（CExchange）社と手を組みました。両社はすでにスマートフォンの買い取りサービスで協力しています[37]。今回の提携では、電子機器のリファービッシュをシーエクスチェンジ社が担当します。

この下取りサービスを３１００店舗で行っている最中、米国アーカンソー州ベントンビルに本社を置く巨大企業ウォルマート社は、人気オンラインゲーム「ワールド・オブ・ウォークラフト」の店舗販売版で記録的な数字を出し、年商90億ドルのビデオゲーム下取り業界大手のゲームストップ社に挑みました。2013年の休暇シーズンにおけるゲームストップ社の中古ゲームの売上は、全収益5億6700万ドルの18％を占めていました。[38] ガゼル社のような新参の企業もこの市場に参入し、素晴らしい顧客体験を提供することで足場を固めようと試み、同じく中古ゲームの買い取りを行っているベストバイ社と競っていました。

ウォルマート社のプログラムでは、顧客はXbox、プレイステーション、任天堂の使用済みゲームを交換でき、同店舗で何かを購入する時に使用できるクーポンをもらえます。[39] ウォルマート社としては、より多くのゲーマーを店舗内に引き込み、たまっているクーポン（またはそれ以上の金額）を使って他の製品も購入してもらうことが狙いです。[40] 環境にも（関連材料を使用して新たなゲームを作製する必要も輸送する必要もない）顧客にも優しく、回収されたゲームは修復され、新品同様の製品を最安値で購入できます。

今度は何が起きようと、ウォルマート社はすぐには「ゲームオーバー」を宣言しないでしょう。同社のマーケティング主任は取材陣に次のように述べています。「ゲーム事業は当社にとって重要なビジネスであり続けます。20億ドルの中古ビデオゲーム市場を積極的に狙っていきます。私たちが市場に参入し、競い合う時、勝者となるのはお客様です。ビデオゲームにかけるお金を節約でき、お金の使い道に柔軟性を持たせることができます[41]」同日、ゲームストップ社の株は約7％下落しました。[42] ゲームを続けましょう。

エコATM社™ 中古電子機器のための新テクノロジー

起業家マーク・ボールズ氏は、他の人が何の価値も見出さないところに機会を見出してきました。それこそ廃棄物のなかでも、常に排出され、急速に高さを増す有毒な電子廃棄物の山ですが、中でも特に携帯電話にも機会を見出しました。2008年、ボールズ氏は、世界中の携帯電話のうち、リサイクルされているのはわずか3%であるという話を友人から聞きました。米国環境保護庁（EPA）によれば、米国でさえ、現在リサイクルされているのはモバイル機器の12%未満です[43]。携帯電話には、ヒ素、リチウム、カドミウム、水銀、亜鉛などの有害物質が含まれ、その有害物質が埋め立て地から土壌へと浸み出し、地下水へと流れ込んでいます。米国の電子廃棄物は、インド、アフリカ、中国へと輸出されていますが、現地では適切なリサイクルが実施されていません。企業がモバイル機器の新製品を創出する時、平均で3トンもの有毒な鉱業廃棄物が生成されます[44]。

ボールズ氏は、何とかしなければと決心しました。そして2008年、キオスク（自動販売機）を用いたセルフサービスシステムによって中古のモバイル機器を買い取るエコATM社を設立しました[45]。同社は利用者に対してすぐに報奨を与えます。消費者が使用済みのモバイル機器を持ち込むと、その場で現金（通常は機器1台につき1ドルから300ドル）、店舗内で使用可能なクーポン、ギフトカードのいずれかに交換されます。収益の一部または全部がチャリティーに寄付され、回収された機器はリファービッシュまたはリサイクル用に転売されます。

エコATMキオスクを使用する際、持ち込んだモバイル機器をスロット内に差し入れると、モデル、機種、状態がスキャンされます。キオスクに内蔵された人工知能とセンサーは、4000種類以上のモバイル機器を同定・査定することができます。モバイル機器のスキャン中には、情報提供が行われ、電子廃棄物が環境にどれほど有害であるかが画面上に表示されます。顧客は身分証明書(ID)を提示し、カメラに姿を映さなければなりません。エコATMでは匿名取引はできません。顧客がコードを打ち込むと、キオスクはシリアル番号を読み込み、その物品が紛失物・盗難品でないことを確認し、その機器が自分の所有物であることの同意として親指の指紋提供を要求します。その後、査定額が表示され、顧客は同意あるいは拒否することができます。同意した場合、エコATM本部の常駐スタッフがキオスクに設置されているカメラ越しに売り手の本人確認を実施し、その後、ディスペンサーから現金が出てきます[46]。

2014年7月31日現在、エコATMは米国内に約1100機のキオスクを設置し、300万台以上の機器を回収し[47]、次のような回収・再利用実績を残しています。

- デバイス250トン以上(「スペースシャトル3機分のプラスチック、金属、その他の有毒性が疑われる物質」)
- 銅30トン以上(「28トンの銅を使って2体目の自由の女神を作っても余りが出る」)
- 銀700キログラム(「1枚当たり0・031キログラムの銀からなるドル銀貨の2万2540

枚分[48]」）

エコＡＴＭ社は、２０１３年７月に現金３億５０００万ドルでコインスター社（現アウターウォール社）に買収された後も、さらなる成長を続けています[49]。コインスター社は、セルフサービスのコインカウント機を提供する会社で、他に、ＤＶＤ・ビデオゲーム用の自動販売機ネットワーク企業レッドボックス社も傘下に収めています。

それでもエコＡＴＭ社は、小売業者から製造業者まで、多数の競合企業との激しい競争に直面しています。キオスクを使用したサービスは人間味がないように思われますし、実際にそうなのですが、同社はキオスクに人格のようなものを持たせようとしており、その多くはモールなどに設置されています。顧客が査定額に同意すべきか迷っていると、キオスクは、３ヵ月後にはもっと価値が下がりますよ、などと説得してくれます。

製品寿命の延長を助ける

大半の消費者がイノベーションを受け入れることに、疑いの余地はないでしょう。生活をより良くする新製品の購入を楽しみ、お気に入りのブランドから新作が発表されれば心を躍らせます。毎年世界中で開催されるモーターショーでは、自動車メーカー各社がきらびやかな新モデルをお披露目し、自動車マニアが熱心に詰めかけます。

しかし、現在実践されているようなイノベーションには、負の側面があります。自動車、携帯電話、テレビセット、その他の消費財が時代遅れになり、不用になり、機能しなくなった時はどうすればよいのでしょうか。消費者に新しい車や家電製品の購入を控えるように言いながら、廃棄物を埋め立て地に送り続ける、というのは現実的な選択肢ではありません。特に、そのような新品を初めて享受している新興経済圏や発展途上の経済圏の人々にとっては難しい選択肢でしょう。

キャタピラー社、ウォルマート社、エコATM社のような企業は、製品の耐用年数を延長する方法を見出すことによって、廃棄された製品を埋め立て地に送らずに済ませただけではなく、それらの製品から新たな収益を得る新しい方法を見出しています。

いずれの企業も、顧客がその製品を所有したり使用したりするのを妨げることはありません。このようなイノベーターたちは、製品寿命の延長に基づくビジネスモデルを通じて「量」ではなく「期間」から収益を生むよう努力をしており、そうすることで一次資源への依存から脱却し、製品の最初の所有者が最後の所有者にならないよう取り計らっています。

第7章

シェアリング・プラットフォーム型のビジネスモデル　遊休資産の活用

シェアリングエコノミーが世界各国で話題となり、メディアの注目を集めています。雑誌、新聞、テレビ番組では、エアビーアンドビー、リキッドスペース、リフトをはじめとするシェアビジネスによって、業界秩序が一変する様子が繰り返し伝えられています。その中には、既存ビジネスが危機的状況に陥り、敵対関係が生じている事例もあります。

サーキュラー・エコノミーにおける第4のビジネスモデル「シェアリング・プラットフォーム」は、シェアリングエコノミーと密接に関連しています。このビジネスモデルは、物の所有者と、その利用を望む個人や組織を結びつける場を提供し、物を無駄にしないために共同利用や共同所有を可能にして生産性改善を図ります。

シェアリング・プラットフォーム型のビジネスモデルでは、複数の顧客が同じ資源を利用できるため、新たに物を作る需要が減少し、ゼロから新しい物を作らずに消費を増やすことができます。利用する側も柔軟に利用しやすくなります。物が集められた場所（いわゆる店舗など）で提供される限られた商品を利用するのではなく、多様な価格帯の多彩な商品を様々な場所で手に入れられます。また、そのようなプラットフォームに関連するコミュニティに貢献するという社会的要素もあります。事業者側としては、利用者と所有者を結びつけることで、全く新しい収益源を創り出すことが可能です。

シェアリングエコノミーとサーキュラー・エコノミーには共通する部分が多いのですが、それぞれを特徴づける微妙な違いも多く見られます。シェアリングエコノミーでは、製品を利用者間で活発に動かして製品寿命を延ばし、1つのアイテムを複数の利用者が効率的に活用します。資源の利用を増やさない消費という点では、まさにサーキュラーといえます。シェアリングエコノミーにおける多くの活動は、資源の有効活用とともにライフサイクルの長い製品設計へのインセンティブになり、いずれもサーキュラー・エコノミーの目的と合致します。

しかし、シェアリングエコノミーの専門家であり、コラボラティブ・ラボにおいて最高戦略責任者を務めたエイプリル・リンネ氏は、次のように指摘しています。

「コミュニティの形成という社会的要素は、シェアリングエコノミーの重要な要素ですが、サーキュラー・エコノミーは必ずしもコミュニティに寄与しません。シェアリングエコノミーが着目するのは、人間関係ならびにスキルや金融資産などあらゆる種類の遊休資産です。それに対してサーキュラー・エコノミーが着目するのは、生産と消費の関係ならびに天然資源の利用や環境への影響がある遊休資産という点が大きな違いです。そのため、それぞれのビジネスモデルには明確な違いが生まれます。例えば、P2Pのリレーライド、B2Cのジップカーのようなカーシェアリングは、シェアリングエコノミーのビジネスモデルです。しかし、シェアリングする物の素材によっては、サーキュラー・エコノミーのビジネスモデルには当てはまらないかもしれません[1]」

シェアリング・プラットフォーム型のビジネスモデルについて

シェアリング・プラットフォーム型のビジネスモデルは、資源の賃借、共有、交換、貸出、贈与、取引を促します。プラットフォームの所有者は、製品そのものを提供するわけではありませんが、遊休資産の需要と供給をマッチングさせて収益をあげます。具体的には、プラットフォーム上のあらゆる取引に対して一定割合の手数料を徴収します。配車サービスを提供するウーバーの場合、手数料は利用者が支払った料金の20％です[2]。他にも取得した利用者データの販売、アナリティクスを使用した補完的商品の発売、保険販売など、新たな収益モデルが登場しています。

シェアリングエコノミーの市場規模を把握するのは容易ではありません。境界線の設定次第で変化するからです。また、新たな概念なので、正確な調査がゼロに近いのです。とはいえ、2004年時点で30億~300億ドルという推計があり、比較的近い将来1000億ドルを超えるとされています（年成長率は25％を上回ります[3][4][5][6]）。主な牽引役になるのは、エアビーアンドビー（2013年の売上2億5000万ドル、年成長率100％と推定[7]）、リフト（担保付調達3億3300万ドル[8]）、

◉シェアリング・プラットフォーム

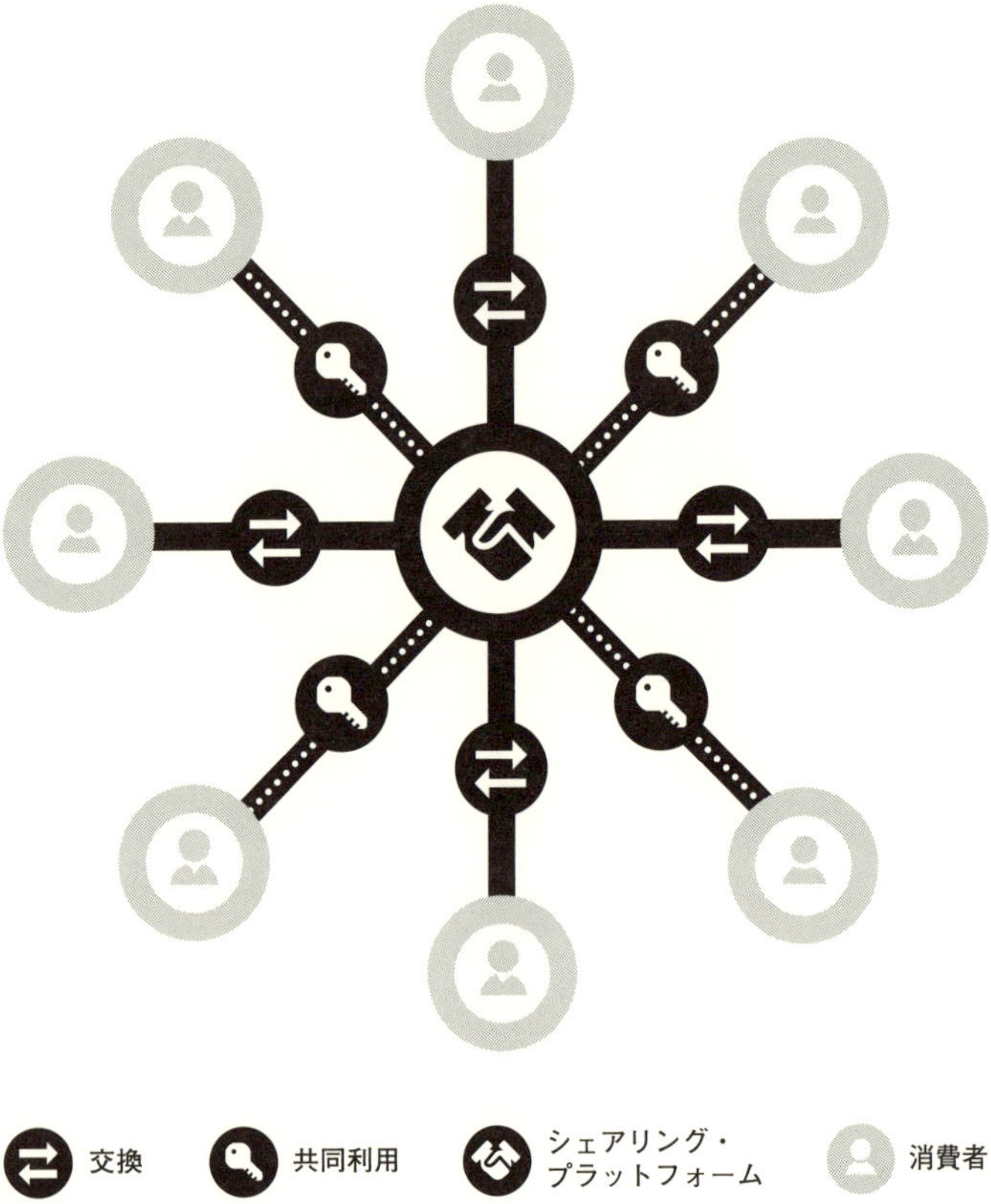

ウーバー（2013年の売上2億ドル、2014年の成長率600％と推定[9][10]）といったシェアリングエコノミーのリーディングカンパニーです。

言うまでもなく、シェアリングという概念は古くから存在します。現在の概念との違いはどこにあり、なぜ今、広がっているのでしょう。それは、デジタル技術の進化によって効果的な規模でシェアできるチャンスが生まれているからです。実際に私たちの調査でも、資源の購入や使用の仕組みを一変させるシェアリング・プラットフォームを可能にする要因の1つとして、テクノロジーが指摘されています。成功しているプラットフォームは、すべてインターネットを基盤とするものです。また、モバイルソフトウェア、ソーシャルコミュニティ、位置情報サービスを活用してシェアリングのスピード、安全性、利便性を高めるとともに、提供できるサービスと場所がリアルタイムで把握できるようになってきています。遠隔診断、遠隔開錠、分析、本人確認などのデジタル技術も、シェアリング・プラットフォームに欠かせない要素になっています。

シェアリング・プラットフォームのユーザー

消費者の認識から判断すれば、シェアリング・プラットフォームには多大なる成長の可能性があります。市場調査会社ニールセン・カンパニーが2014年に実施した調査によると、世界各国のオンラインユーザーのうち、自分の持ち物を有料でシェアコミュニティに提供してもよいという回答者が7割近く（68％）、シェアコミュニティを利用する可能性があるという回答者が3分の2（66

%）に上っています[11]。

初期のシェアリング対象物は、購入が極めて困難なボートや航空機などの高額資源でしたが、今後大きく変わる可能性があります。実質的にすべての製品や産業がシェアリング対象になる可能性があり、従来の小売店よりも柔軟で手軽に安い価格でシェアできる製品が増加しつつあります。ニールセンの調査では、電子機器をシェアあるいはレンタルしてもよいという回答者は4分の1を上回っています（28%）。他にも工具（23%）、自転車（22%）、衣類（22%）、家庭用品（22%）、スポーツ用品（22%）、車（21%）、アウトドア・キャンピング用品（18%）、家具（17%）、住宅（15%）、バイク（13%）、ペット（7%）は借りてもよいと答えています[12]。

ただし、願望と行動の違いを軽視してはいけません。消費者行動の変化には時間がかかり、企業側の行動も必要です。重要なのは、賢明で効率的な選択肢を用意し、シェアリングを手軽で魅力的なものにし、手間なくスムーズなサービスを受けられるようにすることです。まだ主流にはなっていませんが、消費者の行動は確実に変化しつつあります。2014年に英国で行われた調査によると、国民の64%が過去1年間に何らかの協調・共有行動を行い、そのうち約半数がその際にインターネットを使用しました[13]。

予想どおり、シェアリングモデルに最も積極的に適応しているのは若年層です。物を所有せずにシェアやレンタルすることに前向きで、シェアリング・プラットフォームになっているインターネットやモバイルアプリも使いこなしている印象です。地域別に見ると、シェアリング・コミュニティへの参加に抵抗が少ないのは、アジア太平洋地域、ラテンアメリカ地域、中東・アフリカ地域の順になっています(14)。

シェアリング・プラットフォームによる収益が大きいのは、人口の密集する大都市圏です。比較的需給が多く、集荷・引渡の移動距離が短く、個人が物の保管場所を確保しにくいからです。サービスの利用者は個人に限りません。企業も店舗費用を負担せずに商品を販売し、配送作業なく利用者に商品を運んでもらう手段として利用できます。そうなると「シェアリング・プラットフォーム」と「サービスとしての製品」の融合です。「サービスとしての製品」を進める企業が、第三者のシェアリング・プラットフォームに製品を揃えれば、両方の強力な融合体となります。シェアリングによってアクセスや入手可能性が最大限に高まり、製品をサービスとして提供することによって品質維持の強い意欲につながります。一部の製品の所有率は大幅に低下し、ユーザーは高品質の製品を手頃な価格で手に入れ、常に様々な形式やスタイルのものを、多様な場所で利用できるようになることが予想されます。

C2CからB2Bへ

シェアリング・プラットフォーム型のビジネスモデルは、サーキュラー・エコノミーの他のビジネスモデルのようにB2Bではなく、C2CやP2Pのビジネスとしてスタートしました。現在、最も成熟を遂げている市場はカーシェア、配車サービス、ルームシェアやホームシェアのように、すべてC2Cビジネスです。

しかしC2Cプラットフォームが成熟するにつれて、高額遊休資産の活用など、B2Bビジネスも登場し始めています。2012年に創業したストアフロントは、短期間限定の小売スペースを提供するシェアリングビジネスを展開しています[15]。デリは、小売店が従来の配達サービスを「クラウドシッピング」できる仕組みです。モール運営者や小売店と提携し、クラウドソースで調達する優良なドライバーが低価格、高品質の即日配送サービスを代行します[16]。言わば小売店の配送向けウーバーです。また、創業したばかりのゲッタブル（Getable）は、ゼネコンと建設機械のレンタル事業者をターゲットとしています。

フロートゥ（FLOOW2）もB2Bのシェアリング・プラットフォームであり、使われていないショベルカー、トラクター、掘削機などの機材、サービス、知識やスキルのある人材をシェアできます。「世界のリセットボタン」を謳う同社は、建設、ヘルスケア、農業、テクノロジー、不動産、専門サービスなど、2万5000種類の資産やサービスの需要と供給をマッチングしています。その使命は、「収益と地球と人類のバランスを図り、世界の余剰キャパシティを削減すること」です[17]。

創業者キム・チョア氏によると、B2Bのシェアリングが進みにくい一因は、企業同士が過剰な生産設備や資産を積極的にシェアしようとしない姿勢にあります。「（当社の）事業拡大には意識改革が不可欠です。現在のところ、他社への資産のレンタルは一般的ではなく、チャンスではなくリスクだと判断されています。ビジネスチャンスや資産の有効活用という認識は十分ではありません[18]」

企業がシェアリング・プラットフォームを利用すれば、より少ない資源で、収益を生み出し、資産の効率的な活用を可能にする数々のチャンスがあります。それと同時に、社会や文化の改善に寄与していることで従業員のエンゲージメント向上につなげることもできます。さらに企業はシェアリング・プラットフォームによって社用車の稼働を増加させると同時に、自社のみならずその車を運転する従業員にも便益を与えるような新たな収益モデルを構築することもできます。シェアリング・プラットフォーム型のビジネスモデルが描くシナリオでは、テクノロジーが資源に関わる人たちを結束させ、理想的な資源利用につなげます。

ブラジルを拠点とするカーシェアリング企業カロネタス・カロナス・インテリヘンテス（Caronetas Caronas Inteligentes）社は、企業と連携して従業員の駐車場や車の共同利用を進めています。その仕組みは、資源の有効活用とガソリンの総使用量の削減を両立するだけでなく、車を提供する人たちの収入源あるいは出費の抑制にも役立っています。創業者であるマルシオ・ニグロ氏によると、ユーザーの85％は、そのような金銭的メリットを利用の第一の理由に挙げています[19]。

ユーザーはオンラインのプラットフォームで運転サービスの提供や乗車依頼を行い、所属企業のメールアドレスを本人確認の手段として使用します。カロネタス社のサービスの特徴は航空会社のようなマイレージプログラムです。ドライバーは運転サービス、車両本体のレンタル、ライドシェア、自転車のレンタルなどでマイルを獲得し、また、ユーザーは現金でマイルを購入することができます。ただし政府による規制があり、マイルの換金はできません。そのためカロネタス社は、加盟店での支払いに使えるマイル分のクーポンを発行し、クーポンが利用されると、店舗側から少額の手数料を受け取っています[20]。サービスを利用している団体は950以上、従業員数にして25万人を超えています[21]。

カロネタス社のビジネスは3段階のプロセスを経て成長してきました。最初は一企業が単独でライドシェアを始めます。次に別の企業と連携し、両社の従業員が相互にライドシェアを利用するようになります。その後、参加企業が増え、従業員たちが企業を超えたライドシェアを利用しています。

「大企業がシェアリングへの動きを本格的なビジネスチャンスと認識し始めている」という見解は確かに増えてきています。グローバルなシェアリングエコノミーに詳しく、コンペア・アンド・シェア社のチーフ・シェアラーであるベニタ・マトフスカ氏も、文化は変わりつつあると見ています。また、今後ビジネス手法はシェアリングに向かい、その動きに適応できない企業は市場から排除されるとも語っています[22]。

スタートを切る

最近の調査によると[23]、シェアリングを選択する3つの主な理由は、利便性、低価格、高品質な製品やサービスとされています（消費者の望みは常に同じです）。そこでここからは、シェアリング・

プラットフォーム型のビジネスモデルの鍵を握るこれら3要件とともに、もう1つの大切な要素である信頼性について説明していきます。

利便性

シェアリング・プラットフォームが消費者に人気なのは、利用できる資源が増加するからです。従来のレンタルバイクからシェアリングサービスに移行したとします。都市部であれば、数十カ所ある店舗を利用していたのが、シェアされているバイクを数千カ所で受け取ることが可能です。最も近くでも2、3キロ離れたレンタルショップに出向かなければならない状況に比べれば、数軒先や隣のブロックの人物から借りられるほうが圧倒的に便利です。

簡単で安全な支払いシステム、利用可能な資源が一覧しやすいこと、いつでもどこでも申し込める点もシェアリング・プラットフォームが人気の理由です。

シェアリング・プラットフォーム型ビジネスモデルの導入を計画している企業は、実際の利用方法を追跡して利用行動を分析し、適切な機能性を構築する、あるいは機能性を改善する能力が求められます。メールやSMS、その他のチャネルを連携させた、迅速で効果的なコミュニケーションが不可欠であり、場合によってはスクリーニングや評価、パフォーマンスの悪いサプライヤーを排除することも必要です。また、サービスユーザーの利便性に配慮し、最低限必要なサプライヤーとユーザー（クリティカルマス）を確保することが求められます。そのためには、ニッチ市場に参入して徐々に市場を拡大していく方法や、小売店と提携して優良会員を取り込む方法、地域のクラブや団体などすでに「形になっている」コミュニティを活用する方法があります。

世界各国の人々が自宅などを宿泊先として登録および利用者が予約できるサイト、エアビーアンドビーは、需要と供給のクリティカルマスを越え、急成長しています。宿泊予約は、創業から数年で500万件を突破し、それから5カ月もしないうちに1000万件に倍増しました[24]。2014年9月時点で登録件数は80万を超え、利用者数も2000万人を上回っています[25]。規模の拡大によって効率性を改善しなければならないと考えているエアビーアンドビーは、コア・コンピテンシーであるプロモーションを積極的に進めています。

十分な人数の利用者群、先進的なテクノロジー、シェアリング・プラットフォームが密接に連携し、ユーザーを集める場合もあります。ゼネラル・モーターズのオンスター（車載テレマティクスサービス）と、米国でP2Pのカーシェアリングサービスを提供するリレーライドの提携は、その典型事例です。1500万人のオンスター加入者は、利用していない時間帯の自家用車を、車載通信システムを使ってリレーライドで貸し出すことが可能です[26]。一方、リレーライドのユーザーは、予約したオンスター会員の車をスマートフォンで簡単に開錠することができます。このテクノロジーの融合によって、オンスター会員は車を貸し出しやすくなり、借りる側も手軽に利用できるので、リレーライド登録者数の増加につながっています。また、両社にとって格好の認知獲得手段になっています。シェアリング・プラットフォームで収集したデータは、企業にとって大変貴重であり、データを共有して新たな収益を生み出せる可能性もあります。同様のパートナーシップを開拓するには斬新な思考力が求められ、協力関係をうまく進めるためには、提携や共同事業をマネジメントするスキルが必要です。それらの能力を備えた企業は多くありません。

価格

シェアリング・プラットフォームを活用する最たる動機は、同じ製品を購入あるいはレンタルするよりも安く利用できることです。そのため、このビジネスモデルにおける競争戦略では、ユーザーのコストを購入あるいはレンタルする場合よりも低く抑えなければなりません。それが可能なのは、プラットフォームへの資源提供者が、すでに対価を支払って所有している遊休資産を貸し出すことにより、「追加的」な収入を得ているからです。

シェアリング・プラットフォームのユーザーは、ニーズにあわせて多様な価格帯の様々なサービスを利用することが可能です。例えば都市部での宿泊場所は（ホステルや寮に耐えられない限り）、通常は高価な大型ホテルでした。ところが今は、都市部であればマンションへの宿泊が可能になり、旅行者のニーズにあわせて様々な価格帯や特徴の部屋が用意されています。利用者は、従来のホテル料金より大幅に低い金額で旅先を満喫できます。

品質

最近の消費者は、「オーダーメイド」のパーソナルな経験を望み、シェアリング・プラットフォームの利用も増えています。（特別な住宅や希少な車など）珍しい商品の提供ややり取りを通じて起きる「人」との出会いなど、シェアリング・プラットフォーム型ビジネスモデルにおける個別仕様のサービスは極めて重要であり、差別化要素になります。

顧客体験には何よりも配慮しなければなりません。このビジネスモデルはオンライン取引への依存度が高いので、ユーザーインターフェースの優劣が顧客体験の分かりやすさ、魅力、独自性を大きく左右します。直感的に理解でき、使いやすく印象的なものを作り、ユーザーが自分の探しているものを簡単に見つけられるようにしなければなりません。

また、提供する製品やサービスの品質基準を設定しておくことも重要です。許容される（あるいは許容されない）製品やサービスの種類、提供者が商品説明に使用するコンディションの要件や基準などは明確にしておかなければなりません。（例えばB2Bのシェアリングサービスなど）状況によっては、事前の視察やメンテナンスを通じて品質を確認できます。シェアリング・プラットフォームを提供する企業は、メンテナンスを行う必要すらありません。サービスを利用している企業に対して、第三者が管理するソリューションを提供することもできます。そのため、シェアリング・プラットフォームで建設機材やトラック、医療機器を提供している企業は、プラットフォームの所有者を通じて、第三者による適切なM2Mコミュニケーションのソリューションを購入し、資産を監視、追跡、メンテナンスすることが可能です。

メーカーや小売店がシェアリング・プラットフォームと提携し（あるいは独自のプラットフォームを構築し）、自社製品やサービスの品質を改善しようとするのは理にかなっています。世界トップクラスのトラックのOEMメーカーは、生産しているトラックのシェアリング・プラットフォームを立ち上げ、顧客が同社ブランド限定のコミュニティ内で、余剰能力を売買できる仕組みを模索しています。それによって顧客が自社製品を最大限利用できるようになり、メーカー側も顧客がどのようにトラックを利用しているのか把握しやすくなります。そこから、製品の品質や性能の改善につながるメンテナンスなどのサービスを開発し、販売できるかもしれません。

シェアリングでは、製品の破損や誤使用は常に起こり得ます。ユーザーが誤った扱い方をしているのかもしれないし、オーナーが適切な手入れを怠っているのかもしれません（家主が賃貸不動産をメンテナンスしないのと同様です）。そのため両者へのインセンティブが必要です。例えば、製品が無事に返却されれば預り金を返却する、優良なパフォーマンスや相互評価に応じてポイントを与えコミュニティ内の評価を高めるなどが想定されます。

信頼

多くのシェアリング・プラットフォームは、安心感を持ってもらおうと懸命に努力していますが、不正行為や信頼問題が、このモデルでクリティカルマスに到達するための大きな課題となっています。シェアされている資源の扱われ方を常にチェックし、管理するのは容易ではありません。シェアリングがスムーズに機能するには、ユーザーが互いを十分に信頼しなければならず、ソーシャルメディアやレビューが頼りになります。フェイスブックやリンクトインなどのSNSと連携し、シェアを予定している人たちとユーザーが交流し「出会える」ようになっている事例も増えています。ユーザーがレビューを投稿できるようになっており、閲覧者が実際の使用感を考察できるプラットフォームも見られます。

ユーザーの安心感を高めるために、保険を付けたサービスを提供する事例も少なくありません。エアビーアンドビーが保険サービスを始めたきっかけは、2011年に広く報道された出来事です。ゲストがサンフランシスコのマンションを荒らし、提供者の宝石やハードドライブ、パスポートやクレジットカードを盗んだのです。それを受けてエアビーアンドビーは、24時間年中無休のカスタマーサービスホットラインの開設、5万ドルのホスト側への補償制度の導入（後に100万ドルに増額）、信頼と安全を担当する部署の新設など、新たな安全対策を次々と導入しました。[27]

シェアリング・プラットフォームを運営する企業が、ユーザーコミュニティの強化や信頼感の醸成のためにイベントを主催する場合もあります。先陣を切ったのは、やはりエアビーアンドビーでした。同社主催の「ミートアップ」は、各地の名所を一緒に回る仲間を見つけるイベントです。エアビーアンドビーのコミュニティメンバーやスタッフが計画し、現地でガーデニングのボランティアをしたり、近隣の建築物を巡ったり、家主としての知恵を交換したり、地域のエアビーアンドビ

ーコミュニティでパーティーを楽しんだりしているのです。(28)

規模拡大に向けた主な課題

シェアリング・プラットフォームのパイオニア企業は、本格的な規模に到達しつつありますが、そのプロセスでは幾多の課題も生じてきています。シェアリングエコノミーについては（必ずしもサーキュラー・エコノミーに該当するわけではありませんが）、より大きな経済圏への影響や長期的な存続可能性に関する強い懸念の声もあがっています。その中には正当な主張と受け止められ、行政や大手シェアリング・プラットフォームがすでに対策を講じているものもあれば、今後シェアリング・プラットフォームビジネスに参入しようとする企業が意識しておくべきものもあります。

まず1点目は、シェアリングエコノミー事業者が、コミュニティ形成を目的とした資本主義や市民同士のシェアリングという動機によって経営されるべきであるにもかかわらず、一般的な営利企業と同じように経営されているという指摘です。シェアリング・プラットフォーム型のビジネスモデルで重要なのは、資金調達手段にかかわらず、十分に活用されていない資源の新たな利用方法を見つけ、そのために製品や資産を共同所有あるいは共同使用する画期的な方法を提供することです。

これこそがシェアリング・プラットフォーム型のビジネスモデルの革新的機能であり、他の経済活動に比べて、ビジネスとして必ずしも利他的であるべきという要件は必要ありません。運営している企業（あるいは「シェアリング」に参加している個人）が純粋に営利目的の場合もあれば、そうでない場合もあります。「シェア」という言葉には、「コミュニティづくり」や「無料」という意味が含まれています。また単に余剰能力を提供して何らかの報酬を得ることを意味する場合もあります。

例えば、ユーザーが不要なものを出品できるオンライン市場「ヤードル」を取り上げてみましょう。創業者は、廃棄されてしまうものを有効利用できる可能性が高いプラットフォームを目指しています。実際、すでに生産・販売された製品の効率的な配分、社会全体の環境負荷の削減によって、サーキュラー・エコノミーを後押ししています。ヤードルの試算では、米国内だけでもクローゼットやガレージの奥で使われずにいるものは50億ドル分あり、シェアリングサービスが普及すれば、新たな商品の購入は25％減少するとされています[29][30]。一部では、ヤードルは無料のシェアリングサービスと思われていて、取引時に金銭の受け渡しは伴いません。ただしクレジットポイントシステムがあり、ポイントを利用して商品の出品、譲受が可能です。逆に「無料」とは程遠いという意見もあり、ポイントは通貨に相当し、将来はユーザーにポイントを販売して新たな収益源にする狙いがあると見られています[31]。ヤードルのビジネスには確かに社会的なメリットがある一方、そのことを第一義として運営しているのではなく、社会的に好ましい成果を上げることが義務付けられている訳でもありません。

２点目の批判は、シェアリングエコノミーによって、収入が不安定でメリットの少ないワーキングプアという新たなカテゴリーが生まれつつあるという指摘です。これは正当な意見として注目すべきであり、政府規制や企業倫理を確立し、搾取や過酷な労働条件を回避する必要があります。シェアリング・プラットフォームは、従来のように雇用主が賃金を支払うという意味では雇用創出につながりません。それどころか、製品の有効利用を促すことで、製造業の求人を抑制しているという議論もあります[32]。また、小規模な起業家の収益につながる一方、旧来の事業主が提供していた継続的な収入や福利厚生を保証するものではありません。しかし、十分に活用されていない資源を収入につなげようとする人たちには、確実にチャンスを広げています。シェアリング・プラットフォームで収入を得ようとするのであれば、報酬は努力次第と考えるべきです。

ドライバーと乗客をつなぐウーバーが好例です。2014年12月時点での事業拠点は、50カ国250都市以上を数えます[33]。ドライバーの賃金は、一般的なタクシー運転手を上回るケースから最低賃金を下回るケースまで幅広く、満足している人もいれば、憤慨している人もいます。必要最低限の研修を受ければ、労働時間は柔軟に決められます。タクシー運転手と同じように様々な苦労はあるものの、ウーバードライバーは人気を集めています。移民ドライバーは個人事業主になれますし、タクシー運転手はウーバーを副業にしたり、タクシーの運転をやめたりできます[34]。その一方、ウーバーは収入源となるドライバーを管理するものの、責任は取ってくれないと感じるドライバーもいます。そのため、自分たちが働く新たなビジネスモデルと歩調を合わせて、これまでにない形で労働組合を作ろうとしています[35]。

他にも、公正な競争をしていないとか、税金や規制を逃れて一般的な企業や職務を脅かしているという批判もあります。これらもやはり正当な意見です。ホテルを利用すればホテル税を課されますが、ルームシェアリングでは必ずしも同様の税金が支払われていません。タクシー会社が支払っている税金も、カーシェアリングでは支払われていない場合があります。ホテルは決められた安全基準を守る必要がありますが、個人の住宅は免責されます。ウーバーをはじめとするシェアリング・プラットフォームの台頭を受け、各種業界団体、労働組合、産業組合は、自分たちの立場を守るために結束して抗議しています。その行動の多くは、適正な規制の要求ではなく競争に対する防衛のように感じられます。しかしながら、シェアリング・プラットフォームが対等なフィールドで競争し、規制や税制を遵守すべき側面もあり、実際に対応を始める先進的なシェアリング・プラットフォームも出てきています[36]。

そのような状況に対して、欧州委員会副委員長のネリー・クルース氏が的確にコメントしています。

「デジタル技術は、私たちの生活を次々と変えようとしています。その動きを無視したり、抵抗したり、イノベーションそのものを禁じたりしても問題解決になりません。シェアリングエコノミーに関わっているドライバー、宿泊先や物品の提供者、職人など、すべての人たちが税金を支払い、ルールを遵守すべきです。それを徹底させるのは国や地方政府の役割です。ただ、その他の人々も傍観していられません。(中略) 地域や国家レベルで議論を始め、イノベーションへの合理的な適応方法を見つけ出す時期に来ています。デジタル革命とは無縁だと考えている数少ない業界を保護するために、すべての市民に罰則を科したり、お金を必要とする地域から旅行者を追い出したりすることは、すべての人にとって不公平なばかりか、現実的ではありません[37]」

シェアリング・プラットフォーム型のビジネスモデルを生活の一部にする

シェアリングエコノミーが認知されるようになり、エアビーアンドビー、リフト、ウーバーなどの知名度も高まっています。ここからは、現在はあまり知られていませんが、すぐ有名になりそうなシェアリング・プラットフォームを3つ見ていきましょう。近隣コミュニティのシェアリング・プラットフォームであるレント・タイクーンとピアバイ、3Dプリンターのシェアリングサービスを提供する3Dハブ（3D Hubs）の3社です。

ピアバイとレント・タイクーン　デジタルが可能にした近隣のシェアリング

ピアバイは、あらゆる製品を扱うP2Pのレンタルサービスサイトです。個人が安心して手軽に利用できるシェアサービスを目指して、2012年に創業されました。オンラインを活用して、金銭目的ではなく実生活での関わりを促すのも目的のひとつです。オランダ（すでにユーザーはクリティカルマスに到達）とベルギーの全主要都市をサービスエリアとし、米国内では本格的なサービス開始に向けて、いくつかの都市で試験的にサービスを提供しています。最終的にはサービスエリアを他の国々にも拡大し、保険商品や関連サービスを導入する予定です。

十分に活用できていない耐久財がある家庭は少なくありません。ピアバイは、それらを近隣同士で貸し借りするサポートをしています。会員は、携帯サイトやソーシャルメディアを利用して必要なものを送信します。するとピアバイのプラットフォームは、そのアイテムを所有していそうな近隣の会員100人に情報を配信します。所有者がいれば、リクエストした会員に知らせ、マッチングが成立します[38]。ピアバイの短期的な目標は、会員数をクリティカルマスに到達させることです。マッチングが成立します。ユーザー同士の信頼を高めるため、会員が取引した相手を相互評価できるフィードバックシステムを取り入れ、コミュニティ内の評価につなげています。

需要と供給をマッチングさせる役割を無料で提供し、料金を徴収していないピアバイは、DOEN財団やクリントン財団、サノマメディアから資金援助を受けています。また、貸し手の保険加入や満足したユーザーからの寄付など、ユーザーからの収益モデルも模索しています[39]。

創業者ダン・ウェデポール氏の長期ビジョンは、「物のスポティファイ（Spotify：音楽ストリーミングサービス）」のように、メーカーの協力の下あらゆる製品をサービス化して提供し、何か必要なものがあるときに頼れる場にすることです[40]。CTOのイルク・ボイズマン氏は次のように語っています。「まず、オランダ国内全域をターゲットにサービスを始めました。現在のところ会員数は約

1万5000人です。他にロンドン、ベルリン、スペイン国内、ニューヨークにもコミュニティが生まれています[41]」

一方、レント・タイクーンはシンガポールで同じようなサービスを提供しています。シンガポール国内初のP2Pレンタルサービスサイトとして商品カテゴリーは10種類を上回り、十分に活用されていない資源を活かすため、あらゆるプロセスをサポートしています。ピアバイと類似したシェアリングサイトですが、違いはその仕組みです。ユーザーは貸したいアイテム、借りたいアイテムを投稿する必要があります（ピアバイでは借りたいアイテムを投稿）。貸出料金や保証金は持ち主が決めます。貸し手と借り手は契約書を交わし、料金と保証金の支払いはレント・タイクーンが仲介します。利用者の多くは個人ですが（C2C）、企業も一部含まれています。

創業者スウィトー・ユーバー氏は、次のように語っています。「ユーザーがサイトを利用する主な理由は、コストの削減や料金収入の確保です。シンガポール特有の事情としては、スペースの確保が難しいという深刻な問題があります。当社のP2Pモデルを利用すれば、空間や住宅による制約なく資産のシェアが可能です。個人のオンライン上での貸し借り、資源の共同保有、コスト削減、収入確保、環境保護を実現するプラットフォームです[42]」

ピアバイと同様、レント・タイクーンもユーザーによるレビューや評価システムを取り入れて、強固で、かつ、責任感のある借り手のコミュニティを構築することに努めています。シンガポール政府から助成金を受けており、こうした支援のおかげでユーザーの信頼や信用につながっています[43]。

また、創業者が自ら、貸し手からのメールや電話に直接対応し、安心感を与えるとともに個別の問い合わせにも回答しています。

今後は、詳細な取引データの積極的な活用を目指しています。特定の地域で人気のアイテムなどを分析し、貴重なデータとして企業に提供して、新たな収益源を生み出す予定です。

3Dハブ　3Dプリンターの所有者とユーザーのマッチング

3Dプリントがより身近なものになり、プリンターを購入せずに、この新技術を利用する方法を人々が求め始めるのも時間の問題です。3Dハブは、今こそそのタイミングだと考えています。3Dハブが提供するのは、物を作りたい人と3Dプリンターの所有者が共同でモノづくりをするためのプラットフォームです。

3Dプリンターの所有者はだれでも、カスタマイズし、地元で生産した製品を発注者に届けることができます。プリンターの印刷能力と印刷したいユーザーとを結びつけるプラットフォームを作ることによって、3Dプリンターの市場の流動性を高め、1台のプリンターをより多くのユーザーで利用することができます。

利用するにあたって、ユーザーはオンライン・コミュニティに登録し、プリンターの所有者は、商品と価格を掲載します。ユーザーはサイトのマップから近隣のプリンター所有者を選び、機器や配達時間、取引プロセス、価格を確認します。ユーザーレビューから、過去のサービスについて確認することも可能です。ユーザーが利用を決めれば、3Dハブが支払い手続きを行い、手数料を徴収します。代金は製品が配送され、品質が確認された時点で徴収されるので、ユーザーは何か問題があれば、代金を払い戻してもらえます。通常、手続きは2日以内に完了します[44]。

2014年6月時点で、このサービスは80カ国以上で利用できます。創業から1年以内でサービスネットワークは500拠点から5000拠点以上にまで拡大しています。本稿執筆時点で、自宅から10マイル以内で3Dプリンターを利用できるユーザーは、世界各国で7億5000万人を超えています[45]。

第8章

「サービスとしての製品」に基づくビジネスモデル　製品の所有ではなくパフォーマンスの追求へ

そもそも私たちは自動車を所有したいのでしょうか、それとも必要な時と場合に利用できる交通手段が欲しいのでしょうか。企業のマネジャーにとって重要なことは、オフィスで使用される電球の種類なのでしょうか、それともコストパフォーマンスの良い電球を使用することなのでしょうか。果たして消費者は、タンスを洋服で一杯にしたいのでしょうか、それとも単に流行の洋服を身に着けたいのでしょうか。多くの顧客は後者、つまり特定の製品ではなく製品が持つ機能や性能を求め、商品を購入するという選択肢を選んでいます。

車、自転車、ベビーカー、スマートフォン、洋服、プリンター、ソーラーパネル、芸術作品、タイヤなど、かつて私たちが購入していた世界中のあらゆる製品を、持とうとしない顧客が増えています。製品そのものを所有する代わりに、その製品へのアクセスおよび性能を短期または長期的スパンで購入するのです。企業がこの新たな考え方に資本投下できるよう促すのが、サービスとしての製品（Product as a Service: PaaS）に基づくビジネスモデルです。

シェアリング・プラットフォーム型のビジネスモデルとは異なり、PaaSモデルを実践する企業は、製品を所有したうえで、それを「製品サービス・システム」上で顧客に提供します。企業は製品を継続的に利用してもらうために、設計、利用、メンテナンス、再利用、再生産、リサイクルなどを通して製品自体と付帯サービスの提供を行います[1]。顧客は単なる「製品の購入者」ではなく、サービスの「利用者」となるため、より緊密な関係性を構築することができます。このビジネスモデルでは、適切に管理運用することで20~50%も環境負荷の低減が図れるほか、場合によっては90%を超える削減につながるという調査結果も出ています[2]。

PaaSモデルには次のような種類があります。

- 従量制：製品ではなく性能を購入し、走行距離、利用時間、印刷部数、転送データ量などに応じて料金が発生
- リース：製品の利用権限を含む長期契約で、通常、独占かつ個別のアクセス権が認められている
- レンタル：主に30日未満の短期利用契約で、リース契約より自由度が高い一方、無制限のアクセス権は認められない場合もある
- パフォーマンス契約：予め設定されたサービスおよび品質を購入するもので、企業は例えば

「清掃の行き届いた積雪のない道路」「健全な屋内環境」「十分な照明が設置された道路」など、特定の成果を保証します。

企業はPaaSビジネスモデルを取り入れることで、流通コスト、パフォーマンス向上、リスク回避などの面で、新たに収益拡大を図ることができます。

限られた時間あるいは定期的にしか利用せず、わざわざ購入するまでもない製品（特殊用途のツールや特別な日に着用する洋服など）の場合、このモデルは顧客にとって大幅なコスト削減効果をもたらします。自動車やスマートフォンなど、頻繁に買い替えやアップグレードを実行することで「より高品質な最新モデル」を所有したい顧客にも、PaaSは高い費用効果を生み出すのです。

稼働時間、メンテナンス、機能性、有用性など、顧客では対応が困難な面をすべて企業が保証するのであれば、PaaSモデルでは高いパフォーマンス性が実現できると考えられます。パフォーマンス性を維持するためのスキルや技術（工場用重機のメンテナンス技術など）は獲得が難しくコストもかかるため、複合サービスにおけるコスト改善を図る必要があるのです。様々な種類の製品を取り揃えたい顧客が、経済的な理由で購入が難しく、全種類の製品を保有するスペースが確保できない場合にも大いに役立ちます。

製品の所有、メンテナンスに加え、耐用年数が近づいた製品の廃棄に際し、経済的リスクを抱える顧客も、PaaSモデルによりリスクの改善が図れます。高性能かつ高額な基幹サーバーを多く備え

◉サービスとしての製品

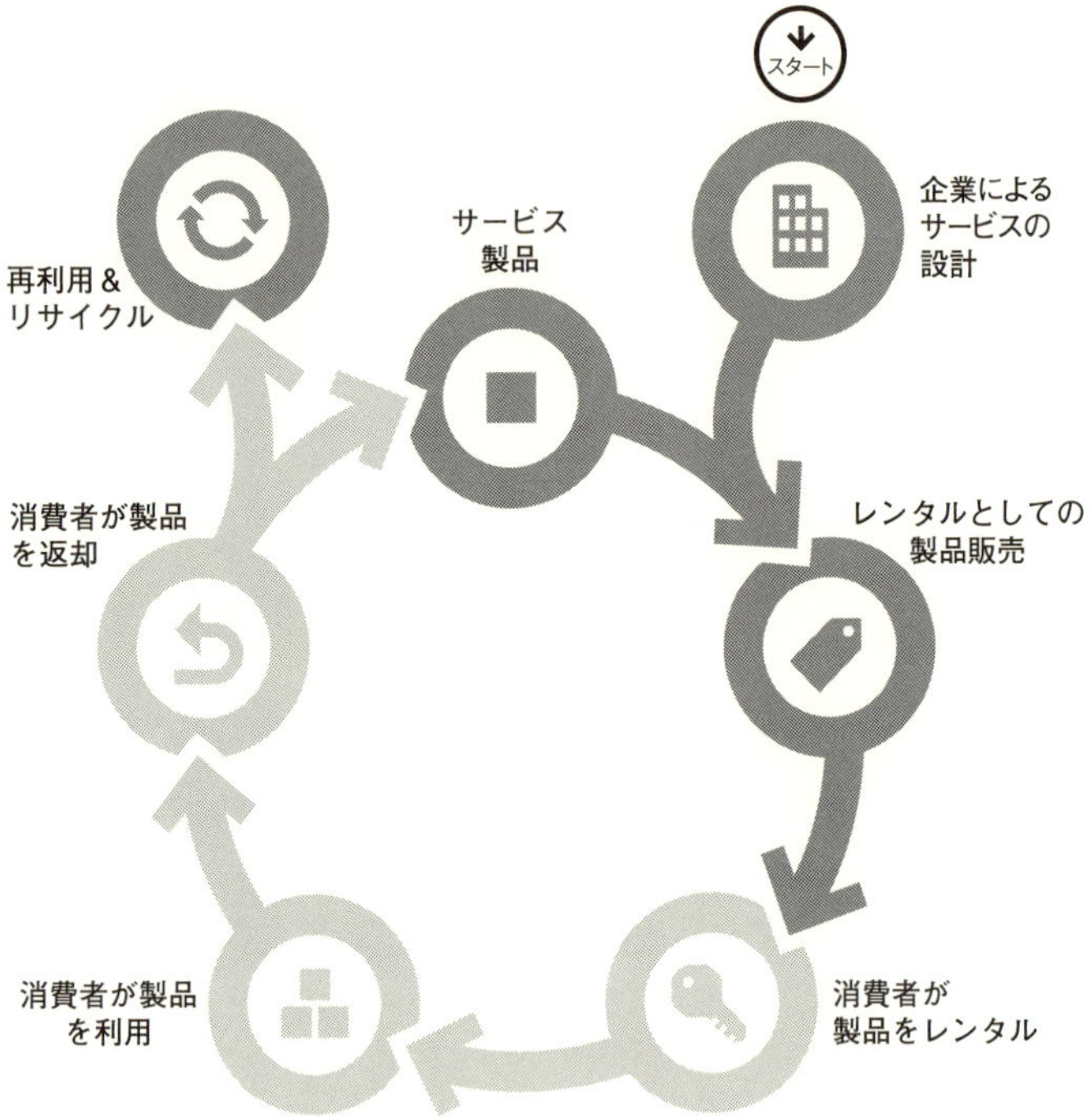

るデータ・センターなど、極めて長い稼働時間を要する高額製品が顕著な例です。製品そのものを購入するのではなく、本来必要なサービスとしての性能（クラウド・コンピューティング）を手に入れることで、経済・運用両面でリスクを軽減することが可能です。

　サービス契約の特質上、１つの製品に対するユーザー数は１人から大多数へと拡大します。多くのユーザーが同時にアクセスできるバーチャル製品（ＤＶＤおよびＣＤの代わりに企業が利用するNetflixやSpotify ABなど）で、不特定多数がサービスを同時に利用できるのと同様です。

PaaSビジネスモデルとは

PaaSモデルは長年にわたり企業で採用されてきましたが、大きく普及したのは過去10年のことです。ロールス・ロイス社は1962年に、ジェット・エンジンと部品交換のサービス費用を飛行時間に応じた固定料金で請求するPower-by-the-Hour™を導入しました。[3]今日では、大手自動車メーカーの多くがロールス・ロイス社のアプローチをモデルとした、リースおよびカー・シェアリングのプログラムを実施し、サービスとしての製品を提供しています。例えば、DriveNow™（BMW社とSixt社の合弁事業）、car2go（ダイムラー社）、Mu（プジョー社）、Quicar（フォルクスワーゲン社）、Twizzy（ルノー社）、KahShare（本田技研工業）などが挙げられます。

世界有数のタイヤ・メーカーであるミシュラン社は、複数台の車両を利用する顧客に対し、タイヤを販売するのではなく、リースで提供するという革新的なプログラムを通じ、このモデルの導入を大きく進めてきました。顧客は走行距離に応じて料金を支払うため、同社は「サービスとしてのタイヤ」を効果的に販売していると考えられます。タイヤを所有しないことで、顧客がパンクやメンテナンスなどの煩わしさから解放されるというメリットもあります。[4]PaaSモデルの導入により、ミシュラン社ではより耐久性の高いタイヤの開発が進んだほか、新しいタイヤやその他の製品の設計、原材料の選定過程において、使用済みタイヤを貴重な資源として活用すべきであるという認識が広がりました。

産業および建設機器、重機の大手メーカーもまた、PaaSに基づいたサービスを確立させています。スイスを拠点とするコンプレッサーおよび各種産業機器メーカーのアトラスコプコ・グループは、サービスとしての「空気」という無形の製品を提供しています。同社が提供する「コントラクティングエア」のサービスでは、顧客である事業者は圧縮空気を消費した分だけ購入し、アトラスコプコ社は、契約期間中、必要な機器をすべて提供するとともに、導入、メンテナンス、スペア部品などに対するサポートを実施します。契約では機器の稼働時間、圧縮空気の品質、エネルギー効率などが保証されており、機器に対する先行投資の必要もありません。[5]また、米国のソーラーシティ社は、個人、企業、政府などに対し、屋上ソーラーパネルの設置、管理、メンテナンスのサービスを実施したうえで電力を提供しています。同社の成長は目覚ましく、２０１４年第２四半期の収支報告において、リンドン・ライブＣＥＯは投資家に向けてこう発言しています。「向こう20年間に顧客が支払う利用料は33億ドルを超える見込みです。わずか１四半期で８億ドル増となったことや、サービスの需要が急増したことは、我々の予測を大きく上回っています」。このビジネスモデルは顧客に高く評価されており、前述の四半期において、同社は前四半期比で27％増となる３万件の新規顧客を獲得し、合計14万件の顧客基盤を築きました。[6]「パネルではなく電力に対してのみ課金する」サービスが功を奏し、２０１４年11月時点の時価総額は50億ドルを超えています。[7]現在では同じく米国のサンラン社[8]およびビビントソーラー社[9]が同様のサービスを提供しています。

高額商品の分野でも、多くの企業がPaaSモデルに基づき、高額な限定品へのアクセスを提供しています。TurningArt社は、美術品のレンタルのサービスを個人向けに提供するほか、使用されず眠っている美術品を市場に出す取り組みを行っています。英国のGirl Meets Dress™社と米国のRent the Runway社は、高額なブランド・ファッションへのアクセスを広く一般に提供しています。[10]この非所有型のモデルは顧客に高く支持されており、現在Rent the Runway社は会員数が500万人に達し、2014年、Girl Meets Dress社では会員数100％増を記録しました（総会員数は非公開）[11][12]。

これまでの例でご紹介した通り、PaaSモデルは多額の運用費を要する製品や、高額のため支払期間が長引くというデメリットが顧客の購買意欲を低下させている製品に最適です。製品の使用回数や頻度が少ない、スペースが少ない、本格的な購入には予算が足りない、メンテナンスや修理の知識が無い、コアビジネスに注力したいので購入、管理、メンテナンスは避けたいなどの場合において理想的なアプローチなのです。所有ではなくアクセスやパフォーマンス性を求める若い年齢層の顧客に、とりわけ高く評価されています[13][14][15][16]。

製品そのものではなく、個々のニーズに対応したソリューションを提供してくれる企業との関係性を築けるというのも、顧客にとってのメリットです。時と場所を選ばず、必要な機能にいつでも便利にアクセスできるほか、契約上の義務や制限も発生しないため、もし期待通りのソリューションが得られない場合は、別の製品やサービスに切り替えることも可能です。個々のニーズに沿ったサービスを提供するPaaSモデルは、単に異なる価格帯を提示するのではなく、顧客に対し優れた価値提案が可能な革新的アプローチなのです。

PaaSを実践する企業が他社に影響を与え、サーキュラー・エコノミーの理念が徐々に浸透しつつある業界も少なくありません。英国屈指の小売業者であるマークス&スペンサー社の例を見てみましょう。同社が原材料費の高騰に対するリスク回避と、顧客ロイヤルティの強化を目指してサーキュラー・エコノミーの理念を追求し始めたとき、新たな競合他社が市場に破壊的な影響を与えたことにも気付きました。サステナビリティ部門を統括するマイク・バリー氏は、Girl Meets Dress のようなスタートアップ企業だけでなく、イーベイやアマゾン社のような企業も、この新しいビジネスモデルを幅広く採用すれば、市場に大きな変革をもたらす存在になり得ると見ています。同氏はさらに大きな将来性を見据え、こう語っています。「リスク管理の観点から、衣料品の分野にサーキュラー・エコノミーの理念を導入しましたが、実践すればするほどこのアプローチが新たなビジネスチャンスに直結していると感じます(17)」

PaaSを実践する企業は、戦略を練る際に製品ライフサイクルを考慮に入れる必要があります。製品を所有し、ライフサイクルの管理コストを負担する企業にとって、製品の優れたパフォーマンスを維持することが不可欠だからです。企業の収益に直接影響を与える品質の急激な劣化、製品寿命の短縮、使用率、リサイクル率／回収率の低下などを防ぐために、最適利用、メンテナンス、再利用、再生産、リサイクルに適した製品を設計することが重要です。品質の低下は、原材料や部品が持つ価値ばかりか、「将来的なユーザー」に対する価値を損ないます。短いライフサイクルでは、すぐに故障し時代遅れになるという印象を与えかねないため、収益拡大にはつながりません。利用率が低下すれば、本来利用されるべき時間に対する料金を回収することができず、リサイクル率／回収率の低下は、廃棄前の製品が持つ最後の価値を失うことにつながります。

PaaSモデルの大きな特長に、企業と顧客の製品に期待するものが同じになり、効果を発揮することが挙げられます。顧客が製品の所有者となる一方通行の経済モデルにおいては、製品寿命が長く（手頃な価格で）役立つ製品が求められます。しかし企業の業績にとって、製品の無駄使いや短いライフサイクル、低い利用率は、新しい製品の売上向上につながるため（評判やブランド価値が損なわれない限りにおいては）むしろ好都合なのです。一方PaaSモデルでは企業と顧客のいずれもが、耐久性と使用頻度が高く、メンテナンスの行き届いた、回収可能で性能の良い高品質な製品を求め、そのことが顧客の保有コストを減らし企業の収益拡大につながるのです。

企業にとっての大きなメリットの1つに、顧客エンゲージメントに与える影響が挙げられます。一回きりの購入時と比べて、継続的な顧客との関係性は、このモデルに特徴的であり、多くの場合において顧客ロイヤルティと保持の向上につながっています。つまり追加の売上やサービスによる収益拡大の可能性が広がっているということです。このような顧客との関係性は、製品開発にも役立てることが可能です。フィードバックの提供に前向きとなった顧客から、詳細な使用感や性能、その他の重要情報を集め分析して新しいサービスに活かせるため、顧客のニーズに一層寄り添うことができるのです。

PaaSモデルの導入に際して

PaaSモデルは、これまで新製品を大量販売してきた企業にとっては全く異なるビジネスの手法です。導入することにより、組織内のほぼ全領域に大きな影響が及ぶと考えられます。アクセンチュアの同僚はこのことをもって、「あらゆる製品はサービス化されるのを待っている」と表現しました。

はじめに、販売チャネルについて見てみましょう。一方通行の経済モデルでは、店舗またはオンラインのどちらか一方のみで製品の販売が十分完結するのに対し、PaaSモデルは実店舗とオンラインの融合が求められます。顧客はほとんどの場合、最初に企業側の担当者と会って、提供されるソリューションが自社のニーズをどのように満たすことが可能かを確認したいと希望します。ソリューションのカスタマイズが整えば、顧客はオンライン上で利用状況、コスト、パフォーマンスレベルなどを確認し、また追加のサービスやアップグレードの申し込みが可能です。

サービス・チャネルにおいても同様で、企業は顧客が利用中の製品に対してメンテナンスを行うため、機器そのものへのアクセスを必要とします。しかしデジタル技術を用いることで、メンテナンスの効率化と、運用コストの削減が可能です。実際、M2Mのコミュニケーション、モバイル技術、データ分析などにより、資産管理が効率的に行えることから、PaaSモデルの有用性はより高まっています。企業側は、製品が適切に利用されているかを遠隔で監視すると同時に、ユーザー行動を分析することで将来的なメンテナンスの必要性を予測します。これにより本来必要な業務に注力できるだけでなく、問題を事前に解決するための予知保全が可能となり、修理コストの削減にもつながります。顧客にとっては、非稼働時間が最小限に抑えられるというメリットがあります。多くの業種では、僅か5~10%の非稼働時間軽減でも、収益に大きな影響が出ると考えられています。また、資産管理および修理に必要なリソースの削減が可能になるほか、ユーザーが必要に応じて自身で問題解決に当たることができます。

サービスとしての製品を提供する技術が進めば、企業が製品そのものを販売する必要はなくなると考えられます。音楽業界では、サービスとしての音楽を提供するスポティファイ（Spotify）の出現により、CDやその周辺機器の必要性が大きく低下しています。顧客は携帯端末やコンピュータで音楽にアクセスできるため、もはや専用の音楽プレーヤーを必要としていません。このままイノベーションが続くことで、実体を持つ製品の必要性は薄れ、完全にバーチャル化したPaaSモデルによるサービスの規模がより一層拡大することが予想されます。

PaaSでは、「作って売る」という従来のアプローチとは全く異なる収益モデルが求められます。収益体系も、一回の購入で支払われる料金から、契約またはサービス利用期間を通して支払われる料金へと転換します。しかし製造コストについては、先行投資と合わせて収支に組み込む必要があるため、PaaSモデルの導入を検討する企業は、銀行や保険業者などの金融機関と連携し、資金調達について十分検討のうえ実行に移すことが重要だと考えられます。これを実践したのがデッソ社で、資産担保型の融資ソリューションを全世界に提供するデ・ラーゲ・ランデン社と提携し、カーペットの設置、クリーニング、メンテナンス、撤去などをすべてカバーするリースサービスを開始しました。デ・ラーゲ・ランデン社の協力を得たことで、デッソ社単独では導入が困難であった、サーキュラー・エコノミーのソリューションを幅広く活用することができたのです[18]。

事業者はPaaSモデルの導入に当たり、経済性について企業と顧客双方の視点から十分検討する必要があります。価値の低い製品は、利用プログラムの管理コストや顧客が購入・所有するオプションが比較的低価格に収まることを考慮すると、経済的に正当な収益を得ることが困難になると考えられます。他方で、顧客にとっても、より高品質で付加価値の高い製品を購入するには予算に限界があります。そのような製品には利用後も残存価値があり、企業はそれを別のサービスとして提供したり、再販売したりすることが可能です。こういった状況をすべて踏まえると、PaaSモデルに適しているのは高付加価値の製品であることが分かります。

大手の電気通信会社数社がPaaSモデルを導入しましたが、電話の購入費用より高額なリース料金に顧客がメリットを感じなかったため、有益なモデルとは判断されませんでした。もしこれらの会社が、通話サービスとコンテンツ販売をセットにしたり、より短期間の交換サイクルを提案したりしていれば、(「交換」サービスを提供したノルウェーの多国籍電気通信企業テレノール・グループのように)、結果は違っていたかもしれません[19]。

製品が長期間にわたり(電気器具などとともに)利用される場合、製品の減価償却費(一般的に顧客は資本コストについて意識が低く、企業の負担が大きい)が発生し、それらのコストが販売価格に上乗せされると、サービス全体が高額となります。解決策の1つは金融機関と提携し、製品を追加サービスと組み合わせて提供することで、双方に価値を生み出すことです。このアプローチは企業と消費者間ではなく、主に企業間取引または公共事業(例:インフラ整備)においてメリットがあります。しかし、金融機関がコスト算出やリスク予想に精通してくれれば状況は一変すると考えられます。企業対消費者の取引(B2C)における最適なソリューションは、多数のユーザーが資本を削減しながら製品を共有し、ユーザー1人当たりの管理コストを軽減させることです。顕著な成功例としてクラウド・コンピューティングとコインランドリー事業が挙げられます。

最後に触れておきたいPaaSモデル独自の性質は、サーキュラー・エコノミーのビジネスモデルの多くに上手く適合するという点です。調査、分析の結果、PaaSモデルを採用した企業の80%以上が、複数のサーキュラー・エコノミーのビジネスモデルと組み合わせています。修理およびアップグレード製品には、製品寿命の延長モデルを組み合わせる例が多く見られます。またPaaSとシェアリング・プラットフォームのモデル間にも相乗効果があることが分かっています。PaaSモデルを採用する企業は、シェアリング・プラットフォームを用いて、製品へのアクセスと可用性を最大化することができます。

モデルの融合に成功した例としてDriveNowやcar2goのようなカー・シェアリングの企業が挙げられます。これらの企業は、在庫として保有する車両をシェアリング・プラットフォーム上で交通サービスとして提供しています。使用後の車両を営業所に返却する必要がないため、このサービスは「フローティング・カー・プール」と呼ばれています。フローティング・カー・プールは、所定の営業所で提供されるサービスよりアクセスが容易で、便利かつ手軽に利用できるため、利用が増加し企業の収益拡大にもつながります。今後は自動車だけでなく、ありとあらゆる製品がこのモデルのように「出回る（float around）」ことで、所有コストが軽減され、旧来の企業体質に変革をもたらすことが期待されます。

拡大に向けての主な課題

企業は、生産、販売、製品の保有とサービス提供等の事業活動を拡大したり、消費者が製品を使用した後に、所定の場所または乗り捨て場所へ返却する手段を確立したりする際、多くの課題に直面することになります。

完全にデジタル化されていない限り、顧客がサポートを必要とする際は、現地に出向くことが必要になります。広域なエリアでサービスを提供する場合、地元の事業者と提携するか、顧客の要望に応えられるようモバイル・サービスチームを配備する必要があります。

PaaSモデルに基づくオペレーションの規模が大きいほど、企業が全製品の位置情報と状態をリアルタイムに把握することが重要です。自動車またはバイクのシェアリングにおいて、車両の現在地、空き状況、整備状態、燃料の有無（必要な場合）などが不明だとしたら、効果的な運用がどれほど困難になるか想像してみてください。

製品の返却であれば、既存の返却ルートを利用することも可能です。しかし、事業者は製品の状態が良好かどうか確認し、必要に応じて修理を行う必要があります。製品を戻し修理を施すために各地域にサービス拠点を設置すれば収益性が低下するため、一元管理のための何らかの措置が必要です。適切な地域基盤の構築と、それを補完するエリアおよびグローバルレベルの機能をバランスよく整備することが求められます。

使用済み製品から素材をリサイクルし、部品の再生産を行うPaaS企業について見てみましょう。多くの拠点がそれぞれ少量の素材を処理するのではなく、各地域から一カ所の処理施設に集めることで、スケールメリットを最大限に活用したいと考える企業も少なくありません。しかしこれでは流通コストが増大し、適切なバランスが壊れてしまうため、ここでもテクノロジーがソリューションとして登場します。この場合、ローカル・レベルと一元管理の機能を組み合わせたアプローチが有用と考えられます。例えば、製品の製造は一元管理モデルに基づいて（場合によっては提携先と）行い、小規模技術が用いられる再処理（例：廃棄プラスチックを粒状に粉砕）や再生産（例：3Dプリンターを用い粒状のプラスチックからスペア部品を生産）はローカル・レベルで行います。

さらに、PaaSモデルを実践する企業は、顧客について十分把握し、良好な関係性を築くことが必要です。顧客が製品を所有する場合、メンテナンスや使用済み製品の返品など、表に出難い費用負担が発生しますが、PaaSモデルと比較する際、こうした費用を軽く見積もりがちです。顧客が客観的な判断を下せるよう、企業側は同一製品について、PaaSモデルと従来の製品所有モデルの総コストを明示する必要があります。また、新たな製品の購入を迫るのではなく、すでに所有する製品の性能を最大限に利用できるような支援が求められます。

PaaSモデルは、ある一時点で製品を販売するのではなく、市場においてある製品のパフォーマンスを継続的に高めることで価値を生み出すアプローチであるため、企業は複雑で、場合によっては長期にわたる契約を効果的に管理することが求められます。また契約の価値について明示し、正しく評価することで、取引が有益なものであることを証明しなければなりません。PaaSモデルでは先行投資は必要ありませんが、契約期間中の費用や実際の価値に対する支払いは発生するため、特に内容を明確にする必要があります。フィリップス社とワシントンD.C.の契約を例に考えてみましょう。フィリップス社は「サービスとしての照明」の一環として、市内の駐車場に設置された1万3000カ所の照明を、すべて無料でLEDライトに交換しました。10年間のメンテナンス契約を締結することで、年間200万ドルのコスト削減につながると試算したからです[20]。

シェアリング・プラットフォームのモデルの場合と同様にPaaSモデルにおいても、顧客が自分の所有物ではない製品の取り扱いに注意を払わない傾向があるため、製品の劣化を早めるという状況を招いています。賃貸経営を行う不動産のオーナーならよくお分かりかと思います。そこでユーザーに責任ある行動を取ってもらうため、保証金、罰金、強制保険、ボーナス特典、ポイント、ユーザー評価制度などの仕組みを構築する必要があります。長期的に見れば、製品の取り扱いに関するユーザー教育が、誤った使用を減らし製品寿命を長く保つことにつながるのです。

PaaSの支払いについての法的枠組み作りには一定の時間が必要でしょう。オランダでは、リース製品に対する付加価値税（訳注：日本の消費税に当たる）は、最初の「売上時」に一括で直接支払う必要があります。このためPaaS企業は支出分を事前に準備しなければならず、大きな負担を強いられています。メーカー、販売業者、エンドユーザー間の資産管理に対し、コンサルティングおよび各種サービスを提供するTurntoo社を設立したThomas Rau氏は、「価値を壊すときではなく、生み出すときに税金を支払わなければならない制度は間違っている」と述べ、この税制度は改正されるべきと訴えています。また「付加価値税（VAT）の代わりに価値破壊税（VDT）を課すことで、企業の取り組み姿勢は変わるだろう」と語っています[21]。

PaaSモデルの実現へ向けて

シリコンバレーのような業界には、人々の生活に対するニーズを満たすための、PaaSモデルを活かした選択肢が多数あります。Crowd Companies Councilを設立したJeremiah Owyang氏は、公私共に必要な物をすべてレンタルすることでまかなう、サービスとしての生活を送っています。シリコンバレーで生活するに当たり、他の土地と比べサービスとしての製品へ容易にアクセスできることを認識しており、2013年6月から2014年4月にかけて製品の購入はわずか54回未満で、衣料品、食品、通勤手段から子供用玩具まで、多岐にわたるサービスを利用しています。[22]

このトレンドが世界中に広まるのは時間の問題です。ダイムラー社、フィリップス社、Mud Jeans International社などの企業が積極的にPaaSモデルを採り入れれば、購入ではなくサービスの利用を通して、消費者および顧客企業の個々のニーズを満たすための選択肢はますます増えると予想されます。

新たな事業部門の設立を目指す多国籍企業から、ベンチャー・キャピタルにより設立されたスタートアップ企業まで、多くの企業がPaaSモデルを導入しています。PaaSモデルが成熟すれば、革新的なスタートアップ企業や大手企業がすぐさまその拡大に乗り出すと考えられます。すでに実践しているのがエイビスレンタカー社で、レンタカー市場に大きな変革をもたらすと予想される、サービスとしての自動車の先駆けでもあるジップカー（Zipcar）社を5億ドルで買収しました。エイビスレンタカー社のロナルド・ネルソン会長兼CEOは、買収により米国内だけでなく世界的に業績拡大の可能性が高まり、より幅広い層の顧客と輸送ビジネスのニーズに対応できる見通しだと述べています[23]。

ダイムラー社、car2goを通じてサービスとしての交通手段を提供

私たちの生活にとって交通手段は欠かせないものです。しかし、誰もが自家用車やタクシーを実用的で費用効率の良い方法として楽しく利用しているわけではありません。これこそがcar2goのターゲットとする顧客層なのです。

ドイツの自動車メーカー、ダイムラー社の子会社として2008年に発足したcar2goは、自家用車を所有したりタクシーを手配したりすることなく、即座に交通手段を確保できるサービスを提供しています。ユーザーはオンラインでサービス登録を行い、car2goによる運転免許証と運転歴の確認が完了すれば、会員証が郵送されます。登録後は、モバイルアプリやウェブサイト、または電話にて、車両の位置確認、予約、利用が可能です[24]。ユーザーは、走行距離ではなく利用時間に応じて料金を支払い、デポジットや駐車料金、燃料費などの追加料金や年会費は発生しません。

モーベル社のアジア太平洋事業開発を統括するレイナー・ベッカー氏はcar2goのサービスについて、そもそも環境面に配慮する目的で開始されたのではないと振り返ります。これは顧客重視の市

場主導型アプローチで、ダイムラー社が未来型都市交通網の世界的トレンドに対応し、いかに革新的かつ効率的な方法で同社のリソースを利用できるかを明確にするとともに、都市部での移動をより容易かつ魅力的なものとすることが目的でした[25]。

所定の場所で車両を確保し、目的地に到着した後は特定の駐車スペースであればどこでも乗り捨てが可能なため、ユーザーにとっては片道利用ができるという大きなメリットがあります。このモデルがスムーズに運用されるよう、顧客に対し燃料の残量が4分の1未満となった場合に、車内に備え付けのプリペイドカードを利用して給油できるサービスなども用意されています。これにより、企業は給油のための人員を派遣する必要がなくなるため、業務の効率化を図ることができます[26]。

企業はまた、サービスの品質と信頼性向上のために走行データや顧客情報を活用することができます。車両の位置情報を常に把握しているため、車両の配分と利用状況を場所ごとに照らし合わせることで、配車システムの向上が図れます。さらに故障情報を用いてパターンを分析し、予防保全につなげることが可能です。

顧客と常にコンタクトを取り、ユーザー同士が体験を共有できるようなコミュニティを作るために、car2goにとってソーシャルメディアは不可欠です。ベッカー氏はこう述べています。「シェアリングは、自分がコミュニティのようなものに所属し、そのコミュニティに責任を持つという考え方です。例えば窓が破損しているなどの故障車を、たまたま見かけた会員から我々に連絡が入る可能性もあります。必ずしもcar2goの車両ではないかもしれませんが、会員はコミュニティ全体に責任を感じているのです[27]」

融通の利く便利なサービスを手ごろな価格で提供することがcar2go成功の重要なポイントです。地点ごとのユーザー数や車両当たりの1日の予約数に収益が大きく左右されるため、車両を素早く見つけ、便利にアクセスし、簡単に乗り捨てられるようなサービスの実現には、需要と供給の絶妙なバランスを保つことが必要です。カー・シェアリングの概念を完全に理解してもらうには1～2年程度を要することもあり、固定客の獲得には時間がかかるということも分かっています。

課題の規模が大きすぎるため対応が困難な場合もあります。2014年5月には、2012年後半より開始したロンドンでのサービス提供を停止し、英国市場からの撤退を発表しました。32の異なる市当局と連携することが、予想以上に困難だということが明確になったからです。収益を上げるためには1日5～8件の予約獲得が必要でしたが、それに見合う規模の顧客数1万人を獲得することができませんでした。一方、英国市場からの撤退と同時期に、ローマとミラノではおよそ11万人、ドイツでは約7万人の顧客獲得に成功しました[28]。

ダイムラー社は、car2goを通じて新たな収益源を築くと同時に、限りある資源への影響を抑えた経済活動に貢献しています。人口が集中し自動車がひしめく都市部において、カー・シェアリングのサービスは車と駐車場の必要数を減らすとともに、エネルギー効率の高い車両を用いることで環境保護に貢献できます。

car2goは顧客のニーズと需要に応えるため、革新的な手法を用いています。2014年12月時点の登録会員数は、ヨーロッパおよび米国の25都市で100万人を超えました。[29] car2goの運営と、タクシーおよびカー・プーリングなどのサービスを含む関連業務を担う子会社ダイムラー・モビリティサービス社を設立したことが成功の一端となったのです。ダイムラー社は設立を発表する際、ヨーロッパにおけるカー・シェアリングの顧客数が、2013年の70万人から2020年までに1500万人まで増加するという予測を出し世間の注目を浴びました。「計り知れない市場の可能性」を視野に、同社は向こう24カ月の収益目標を1億ユーロ以上に設定しています。[30]

フィリップス社、ビル照明に革命をもたらす

サービスとしての電力について深く考える人は多くないため「サービスとしての照明」という合理的な次の一歩が踏み出せずにいます。この状況を打破しようとしているのがフィリップス社です。アムステルダムに本拠を置き、世界に事業展開するフィリップス社は、電球およびヘルスケア機器などの製品を販売する売上230億ユーロ[31]の家電大手です。照明関連事業が同社の全収益中およそ37%を占めており、[32]従来の電球に比べて電力消費量がはるかに少ないLED（発光ダイオード）の草分け的存在でもあります。

フィリップス社によると、世界における電力消費量の19%が照明に使われており、これは1900メガトンのCO2に相当するうえ年々増加を続けています。米国では、照明用電力の60%が公共

および商業施設で消費されており、そのうち80％の建物が旧来の照明機器を使用しています[33]。エネルギー効率の良い照明技術により、50～70％のコストが削減できるだけでなく、インテリジェント制御により削減率を80％まで引き上げることが可能だと同社は伝えています[34]。また、世界レベルで見ると、1280億ユーロの削減が可能で、これは2億6000万台の自動車から排出される670メガトンのCO2に匹敵すると主張しています[35]。これらの理由によりフィリップス社は、照明機器を自社で保有し使用量に応じて顧客に料金を請求するという、PaaSモデルに基づいた「フィリップス・ライティング・サービス」を開始したのです。

「フィリップス・ライティング・サービス」は2009年、アムステルダムの建築会社Rau Architectsの社長で「Turntooの創始者でもあるThomas Rau氏の要望をきっかけに開始されました。Rau氏はランプ、ケーブル、リモコン、照明器具一式などの各種機器を購入せず、オフィスの照明を変えたいと考え、フィリップス社にこう持ちかけました。「我々は、オフィスで長時間にわたり照明を利用しなければならない。この状況にどう対処すればいいのか考えてほしい。ランプや電力が必要ならそれも結構だが、製品に興味はない。欲しいのは性能で、照明そのものだ[36][37]」

両社は設置場所ごとのサービスのレベルと照明の種類（例えば蛍光灯や白熱灯など）に関する契約を締結しました。照明にかかる電力料金をフィリップス社が負担すると決めたことが、エネルギー消費を最小限に抑える取り組みを促進し、削減分がすべてRau Architects社の利益として還元されるようになったのです。

フィリップス社は、Rau Architects社の照明システム確立に全力を注ぎました。天井にはＬＥＤライトを用い、人の動きや日光に応じて明るさを調節するためのセンサーとコントローラを設置したのです。この照明システムにより、サービス開始後すぐにRau Architects社の電力コストが35％削減されました。その後フィリップス社は、部屋ごとのエネルギー消費の詳細が確認できるようスマートメーターを設置し、これによりさらに20％が削減されたため、トータルで55％の削減に成功しました[38]。

このような動機付けを行うことで、フィリップス社はサービス提供先の照明を可能な限り効率化するという努力につなげています。こういった取り組みにおいてＭ２Ｍの技術は不可欠です。例えばセンサーがスマートメーターだけではなくフィリップス社にデータを送ることで、利用状況の監視と分析が可能となります。また高度な分析によりオペレーションの品質を向上させることができ、電球が切れる直前など適切なタイミングでメンテナンスが実施できます。インテリジェント製品のデータもまた、フィリップス社がサービス品質を向上させ、限られた予算で個々のニーズに対応するのに大きく役立っています。

フィリップス社のフランス・ファン・ホーテンＣＥＯはこう述べています。「将来的なリソース不足に加え、大量生産および低価格の考えに基づく現行のモデルでは、激しい競争が予想されます。価格競争は最終的に敗者しか生み出しません。現在の価格重視型ビジネスモデルから顧客の所有コストをトータルで考えるアプローチに転換することで、照明業界をリードする当社の地位を維持できると考えています。『サービスとしての照明』を販売することが、顧客と我が社の双方に価値を生み出す最も効果的な手段なのです[39]」

しかし、フィリップス社による「サービスとしての照明」の提供は始まったばかりです。同社（または他のメーカー）が、製品の見直しに取り組まない限り、真の成果は生まれません。フィリップス社は「サービスとしての照明」を提供することにより、照明機器の再設計に着手するには至っていないのです。とはいえ、モジュール設計が必要な代わりに修理が容易で手軽に部品交換ができる、エネルギー効率と耐久性に優れた製品を開発するきっかけは摑みました。同社の、短期間に売れて頻繁に交換が必要な製品ではなく、長期にわたり高性能を維持できる製品の製造が支持されています。フィリップス社の「グリーンプロダクト」は、今や売上の51％を占めており、同社の販売目標達成に大きく貢献しています[40]。

サービスの拡大

PaaSモデルは、レンタカー、建設用工具のレンタル、航空機のリースおよび付帯サービスなど、特定の市場では長年にわたり用いられてきました。テクノロジーの進歩に加え、環境意識が高く、かつ限られた予算で生活する、新たな世代の顧客が生まれたことで、その他多くの製品においても、このモデルが広く浸透するようになりました。PaaSモデルを実践する企業は、製品寿命の拡大に努めるとともに、製造、使用、廃棄時に環境へのダメージが少ない製品の製造を進めており、これにより環境保全に大きく貢献しています。

産業機器メーカーの多くが導入に成功するなど、PaaSモデルが産業分野で広く浸透する一方で、消費者市場における同モデルの実用性も徐々に証明されつつあります。製品の所有よりもアクセスを好む若い世代が年齢を重ねるにつれて、今後PaaSモデルが多くの企業において中核をなすアプローチとして発展することを期待しています。

第3部

サーキュラー・エコノミーの競争優位性「サーキュラー・アドバンテージ」を獲得する

第9章

サーキュラー・エコノミーのビジネスモデル評価、イネイブラー、エコシステム

第2部で詳述した5つのサーキュラー・エコノミーのビジネスモデルにより、企業は今後予想される資源不足に備えることができるだけでなく、顧客の動向および嗜好パターンを全く新しい方法で把握し、競争優位性（サーキュラー・アドバンテージ）を短期間で高めることができます。競合他社やスタートアップ企業がこれらのモデルを採用し、なかでも早期にサーキュラー・エコノミーの理念を導入した企業が市場シェアを獲得し、多くの顧客に評価されていることを痛感する企業が出てきています。

２００８年に設立されたエアビーアンドビー社は、設立以来２０００万人以上に80万件以上の宿泊先を提供しており、２０１４年は世界１９０カ国で空き物件のレンタルサービスを実施するなど、目覚ましい発展を遂げています。[1] 同じく２００８年に発足したダイムラー社のカー・シェアリング事業であるcar2goは、２０１４年11月時点で顧客数が90万人に達しました。[2]

また、２００６年に設立された家電再販売のガゼル（Gazelle）社は、製品寿命の延長モデルを活

◉5つのサーキュラー・エコノミーのビジネスモデル

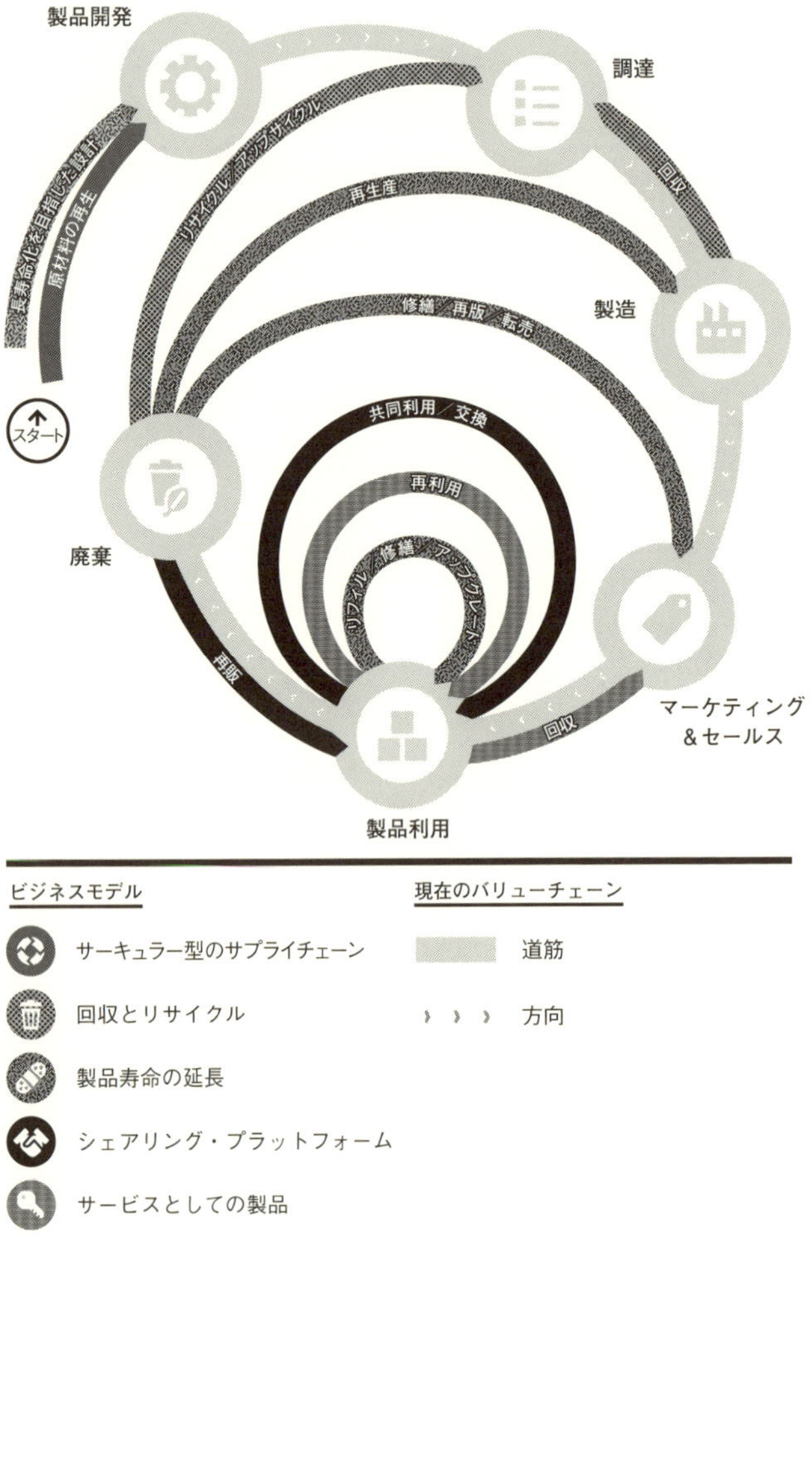

用することにより、70億ドル規模の家電「リコマース（再販売）」市場において、2013年に収益目標1億ドルを達成しました。[3] アップル社製およびアンドロイド・スマートフォンの下取りブームの影響もあり、2014年には200万個以上のデバイスを引き取り、100万人の顧客に1億7000万ドルを還元しました。[4]

サーキュラー・エコノミーのビジネスモデルを通じ、スタートアップ企業が市場に破壊的な影響を与える一方で、大手多国籍企業もまた、本格的な取り組みに乗り出しています。

ダイムラー社、BMW社、シスコ社（改修と再販売で製品寿命を延長）、フィリップス社（「サービスとしての照明」を提供）、アマゾン社（「サービスとしてのテキスト」を提供）、ウォルマート社（店舗内でビデオゲーム下取りプログラムを実施[5]）などが、取り組みを実施する主要な大手企業です。

オプションの評価

企業の取り組みを成功に導く要素は様々ですが、どのような場合でも個々のビジネスに最適なサーキュラー・エコノミーのビジネスモデルを選択し、戦略を正しく展開することが重要です。

適正なモデルの選択

適正なビジネスモデルを選択して戦略を展開することは、サーキュラー・エコノミーへの移行を成功裏に進めるうえで極めて重要です。一般的には以下のようなステップで進められます。

企業には、資源の使い方を正しく把握することが求められます。どのようなタイミングと方法でエネルギーと原材料が各製品に活かされ、顧客がそれをどのように利用し処分するのか具体的に認識する必要があります。つまり企業は、どのような資源不足に陥りやすく、どのような関連リスクが予想されるのかを理解する必要があるのです。

また、バリューチェーン（および企業の製品構成）において、浪費的な生産、利用、廃棄による資源の無駄遣いが生じていないか明確にする必要があります。各種ツールを用いて、製品ライフサイクルとバリューチェーンを分析すべきです。それによって企業は、供給が途絶えた場合に業績に悪影響を与える原材料は何かを認識し、代替品と比較検討することができます。これにより資源の生産性向上を図るとともに、資本投下の手段を探ることができます。

ここでサーキュラー・エコノミーの仕組みを考えるうえで重要な一方通行型経済モデルにおける4つの「無駄」について見てみましょう。

1. 再生が不可能で、使用後は完全に消費されて無くなるような、無駄となっている資源・エネルギー

2. 本来の寿命より短い期間しか利用されず、他のユーザーによる需要があるにもかかわらず廃棄され無駄となっている製品のライフサイクル

3．自動車の90％が活用されていないように不必要に無駄となっている製品キャパシティ

4．廃棄製品から回収され再利用されることのない部品、原材料、エネルギーなどの無駄となっている潜在価値

企業は、資源コストが高額で枯渇の恐れがあり、製品稼働率とリサイクル率が低いため、バリューチェーンが非効率となっている事業分野に注力しているかもしれません。安価に再生できるようにするには製品をどう再設計すべきか、再生が積極的に行われるよう推進するためにはどうすればよいか、製品稼働率を向上させるためには顧客への提供価値をどう変えたらよいか、そうしたことを探る研究開発に投資することもできるのです。需要側の目線は見落とされがちですが、提供価値をどう変えるべきか、ということから考え始めると良いでしょう。原材料の構成をわずかに変えただけで同じ製品として提供するのでは、効果を得られません。

企業が資源の使い方と顧客への提供価値を転換させ、いかに「無駄」を省くことにより利益を得るかを考える際、前述の5つのビジネスモデルがフレームワークとして役立ちます。最終的な目的は、収益、コスト、リスク、評判の影響から自社を守り、将来的な保証を得ることです。これは次のやり方で実現されます。1つは獲得が困難で価格上昇の恐れがある資源と企業の成長とを切り離すこと。もう1つは収益源が新しいサーキュラー・エコノミーの手法と結びついていることです。

続いて検討すべき事項は、導入アプローチです。ビジネスモデルを1つだけ選択する単独アプローチか、または複数を用いる複合アプローチのどちらを選択すべきかを検討します。

私たちの調査によると、サーキュラー・エコノミーのビジネスモデル導入に成功している企業の約70％が、モデルを1つだけ選択しています。残り30％のうち、3分の2が2つのモデルを、3分の1が3つ以上を選択していることが分かっています。

当然、単独アプローチは、よりシンプルで簡単に実践できるため、スタートアップ企業の多くがこのアプローチを用いる傾向があります。ビジネス基盤を固める段階では1つのモデルを用い、事業のスケールアップを図る際には必要に応じて別のモデルを積み重ねることも可能です。

複合アプローチはより複雑である一方、より広範囲なバリューチェーンを管理できるというメリットがあります。これにより企業は、アップストリームおよびダウンストリームの価値を維持し、投資による効果を刈り取ることが可能です。例えば、耐久性が高く、モジュール化され、再利用が容易な製品を設計することでバリューチェーンにおける資源生産性の向上が図れます。

しかし、投資の価値は、製品寿命の延長、シェアリング・プラットフォーム、回収とリサイクルのビジネスモデルにかかっているため、企業はこれらすべてを実践することが求められます。

よく陥りがちな最悪の事態は、企業が供給サイドの視点だけに頼ってしまい、最先端の原材料を用いてサーキュラー型の製品を開発したにもかかわらず、パフォーマンス向上によるメリットが得られるようなビジネスモデルになっていないというケースです。このようなメリットは、バリューチェーンにおいては利用と廃棄のプロセスで生じることが多いため、より需要サイドの視点に立つことが必要です。私たちの経験において顧客は、製品利用を最適化するための企業努力に予想以上の期待を寄せています。しかし企業が正当に収益を創出するためには、顧客との関係に真の付加価値を生み出す必要があるのです。

複合アプローチは、主に次の2つの場合に用いられます。

1. 事業がバリューチェーンの複数のプロセスにまたがっており（例：製造および販売）、相乗効果を生み出せる関係にある場合。例えば、衣料品の製造および販売を行う企業であれば、返品チャネルを使って再販売とリサイクルを行うことができる。
2. サービスとしての製品モデルが導入されている場合。このモデルは他のビジネスモデルと併せて導入することで、大きなメリットを発揮する。例えば、利用から廃棄に至るまで製品の所有権を保有する場合、修理や再販、またはシェアリング・プラットフォームの活用が有効となる。あるいは、メーカーがサービスとしての製品を通して顧客とのダイレクトチャネルを築こうとする場合、製品寿命の延長サービスも併せて提供するのが有効となる。私たちの調査によると、サービスとしての製品モデルを実践する企業の80％が、他のビジネスモデルを併せて利用している。

正しいアプローチの選択

モデルの決定後は、本格的に展開するためのオプションを選択します。企業が目指すものや直面している課題、投下できる資産、リスク許容度、会社の方針および規制の状況、現在の競争力など、様々な要素に応じて選択する必要があります。

まず、特定の業務に限定し、試験的に新たなモデルを用いることで小規模な導入を実践した後、状況に応じて拡大することが適しているケースも少なくありません。しかし、このオプションによりリスクの軽減は図れますが、プラスの効果が制限されるというデメリットも考えられます。最悪の場合、投資不足や当事者意識の欠如を招く可能性もあるでしょう。順調に進めば、試験的アプローチの可能性が評価されるとともに、大規模な展開が実現できます。

サーキュラー・エコノミーの理念を率先して導入したい場合や、資源の枯渇または競合他社による破壊的な脅威にさらされている場合など、大規模な展開が求められるケースもあります。必ずしも既存のビジネスモデルを変革させるということではなく、組織全体にサーキュラー・エコノミーのビジネスモデルを追求する責任を負わせ、変化に備えるのです。より大きなリスクを伴うアプローチですが、正しく導入することで短期間に高い効果を上げることが可能です。

3つ目のアプローチは、新たなビジネスモデルを子会社、または他社との合弁事業として立ち上げる方法です。前に述べた2つのオプションの間を取った手法で、コアビジネスを大きな危険にさらしたり、既存の基準や利害関係に縛られて新ビジネスに制約をかけたりすることなく、新たなビジネスモデルをスタートさせることができます。逆に、独立したベンチャー事業では、サーキュラー・エコノミーの理念を組織全体に統合することができず親会社の経営陣に注目されない可能性があります。また既存の組織内で導入するより高額な費用を要するかもしれません。このオプションはイノベーションの自由度と投資の意思を天秤にかけるようなところがあり、合弁事業の場合は他社と当事者性を共有する意思表示となります。

導入に向けた適正な外部環境を整える

サーキュラー・エコノミーの競争優位性(サーキュラー・アドバンテージ)を実現するために、組織内での努力は不可欠です。しかし、選択したビジネスモデルを効果的に実践するには、不足部分を補うことのできる社外パートナーの協力を得ることが重要です。モデルの転換を図るに当たり、すべてのスキルと技術を社内で準備できる企業は多くありません。何年も前にサーキュラー・エコノミーのモデルを導入した企業ですら、すべてを社内で解決できていない場合もあるのです。サーキュラー・エコノミーのビジネスモデルを適用するために、多くの企業がサービス提供を受けるという形で社外パートナーの協力を得ています。サーキュラー・エコノミーの立ち上げにあたり、特定のサービスやスキルをより効果的に提供することができるイネイブラー（社外パートナーを含めた実現手段）の存在は不可欠です。イネイブラーは、新たなビジネスモデルを実践する際に生じる時間、およびコスト削減、複雑性やリスクの回避を支援してくれる存在です。

イネイブラーの多くは、市場から企業に返却される製品の仕分け、品質管理、再処理といった回収、および物流チェーンにおけるサービスを提供しています。このような逆方向のサプライチェーン・オペレーションに関しては、スキルや経験に欠ける企業が多く、経済的に機能するにはある程度の規模とサービス領域が求められるからです。多くの企業は長年にわたり、サプライチェーンの出荷の部分だけに特化し、（高い返品率は成功の証ではないため）製品の回収を実施してきませんでした。しかし、サーキュラー・エコノミーを実践する企業は積極的に一定の製品を回収し、双方向のサプライチェーンを実現しています。

ファッション小売業者のH&M社は、物流と商品管理においてイネイブラーが効果的にサポートを提供している顕著な例です。この外部サポートは、同社の製品寿命の延長および回収とリサイクルのビジネスモデルにとって不可欠で、これによりリサイクルおよび再販売を行うための古着の回収に成功しています。これまでに同社は、余剰在庫を流通センターに返却し、新たな商品を店頭に並べるためのリバース・ロジスティクス機能を確立させていました。そこで再利用する古着の輸送にもこの機能を活用できると考え、店内に古着回収ポイントの設置を決めました(6)。

この時H&M社は、戻された製品の仕分けや品質管理、配送先の決定および再利用に向けた安全性の確認など、それまで直面することのなかった問題に遭遇しました。

繊維製品の回収、仕分け、ランク付け、リサイクルにおけるエンド・トゥ・エンドのソリューションを提供するI:CO（アイコ）の存在により、H&M社はそれらの課題を解決することができました。I:COは米国とヨーロッパに回収拠点を置き、世界90カ国で1日当たり700トンの製品を処理しています。[7] H&M社は店舗に返却された製品をI:COに販売し、それをI:COが転売、または新たな繊維製品にリサイクルしています。I:COの専門性をうまく利用することで、H&M社はファッション企業としては初めて、世界的な製品リサイクルの仕組みを立ち上げました。[8] 同社の公式発表では、将来的には全織物繊維の再利用、または新しい製品へのリサイクルを目指すとされています。[9]

市場からの製品回収フローを運用することで、市場そのものが持つイネイブラーとしての機能を上手く利用することも可能です。自動車を所有していれば誰でも、デジタル・モバイル・プラットフォームを利用して配送業務ができるという「クラウド・シッピング」のコンセプトは、今や市場に製品を届けるための一般的な方法ですが、これを製品回収にも活用するというわけです。大手小売業者なら通常、市場全体を網羅する物流ネットワークを持っており、常に顧客が店舗を行き来しているはずです。この、人の流れを利用して使用済み製品を回収し、店舗や回収ポイントへ戻す「回収チェーン」プログラムの実現が可能です。自動車を持たない顧客は集荷のリクエストを登録すれば、他の顧客が現金または現物報酬により、集荷業務を請け負うことができます。

回収チェーンの管理に加えて、バリューチェーンの初期段階をサポートするイネイブラーも増加しており、より効果的な再利用とリサイクルが可能な製品設計を支援しています。例えばTurntoo社は事業者と協働して、パフォーマンスに基づいて販売され、解体後に再利用可能な原材料で作られたビルや駐車場、照明、家電機器を開発しています。

Turntooが提案する製品の優れている点は、製品と原材料の所有権がメーカーに残る、という点です。これにより、メーカーが責任をもって製品利用中のすべてのサービス、およびメンテナンスと、寿命を迎えた後の効果的な再利用を行うようになります。Turntoo社がこれまでに実施したプロジェクトの例を挙げると、洗濯機メーカーと協業し、住宅会社に「洗濯サービス」を提供[10]しています。複数企業と提携し、オフィス・インテリア(家具、カーペット、ウォールシステム、照明等)を時間単位でサービスを提供[11]しています。大手照明機器メーカーと提携し、「照明サービス」市場を開拓しています。そのほか、再利用が可能なリサイクル原材料を用いてモジュール工法のビルを建設[12]しています。

サーキュラー・エコノミーのイネイブラーとして企業をサポートするプラットフォームに、地方自治体や廃棄物処理業者と連携して各地域のリサイクル活性化に努めるRecyclebank社があります。同社は消費者のリサイクル活動だけでなく、家庭ゴミのリサイクル、節電および節水、環境に優しい商品の購入、徒歩通勤などのグリーンな取り組みに対しポイントを付与するとともに、デジタル・プラットフォーム上で消費者に対する啓蒙活動を実施しています。消費者が獲得したポイントは、割引特典や3000社以上が提供するサービスと交換できます。Recyclebank社は2004年から2014年の間に450万人の会員を獲得し、提携する300の自治体でおよそ17億キロのリサイクルをサポートしたほか、2013年には6000万ドル相当のポイントを会員に付与しました[13][14]。

TaskRabbit社は、ユーザーが小規模な業務やタスクを他者に外注できるオンラインサービスを展開しています。発注したい業務と希望価格を提示すれば、事前に認定された会員ネットワーク（2014年11月現在で3万人以上）から希望者が入札に参加します。主なメリットは、わずかな時間を割くことができない多忙な人々と、収入を得たい自営業者の橋渡しが可能であるという点です[15]。また、同時に、自身では困難な修理やメンテナンスを可能にするという意味では、サーキュラー・エコノミーのイネイブラーとしての機能も持ち合わせています。TaskRabbitのようなプラットフォームと提携することで、大手多国籍企業は、製品寿命の延長に基づくビジネスモデルを活かしたサービスやアップグレードといったコスト効率の良い地域サポートを提供することができます。

サーキュラー・エコノミーのビジネスモデル導入をサポートするための金融サービスを提供するデ・ラーゲ・ランデン社が4つ目のタイプのイネイブラーです。ラボバンク・グループの傘下にあるデ・ラーゲ・ランデン社は、企業および消費者への金融ソリューションを提供する世界有数のリース大手です。ライフサイクル・アセット・マネジメント（LCAM）を通じて、個々のニーズに合わせた金融サービス（オペレーティング・リース、セカンドライフ・ローン、拡張利用、アセット・スワップおよび移転）を提供することで、効果的な資産管理をサポートしています。LCAM

のプログラム・マネジャーであるフリッツ・エンゲラール氏によると、金融危機に瀕した顧客が新たな購入を控え、すでに保有している設備を利用することで貯蓄を増やす傾向に進み始めたことを受け、ソリューション開発に乗り出しました。「1日のうち数時間しか利用されない場合や、バックアップのアプリケーションで利用されている場合、企業は必ずしも最新機器を導入する必要はないということに、金融危機の後で気が付きました」とフリッツ・エンゲラール氏は振り返ります。[16]

イネイブラーを考えるときに重要なことは、企業が実際にサーキュラー・エコノミーの理念を導入するに当たり、サポートを提供するタイプと、一方通行型の経済モデルをより効果的に発展させるタイプの2種類があるという点です。

より少ない資源で一層の効果を上げる「資源の効率的利用」は、今ある資源を長持ちさせるうえで極めて重要です。

しかし、資源の効率的利用だけではサーキュラー・エコノミーのビジネスモデルに完全に移行するには不十分です。サーキュラー・エコノミーの先導者であるマイケル・ブラウンガート氏とウィリアム・マクダナー氏は、「環境効率」と「環境効果」の違いについて強調しています。[17]「環境効率」は資源の生産性を向上させる一方で、既存の生産と消費のパターンはそのまま残るため、実質的には一方通行型の経済モデルをわずかに改善するに過ぎません。これと対照的に「環境効果」は、環境改善に向けた全く新しいソリューションを生み出すことを目的としているため、人的活動が地球に有益な影響を与えることにつながるのです。つまり、効率的な原油の利用は好ましいことですが、ソーラーエネルギーの効率的な利用の方がはるかに有効で、サーキュラー・エコノミーの理念にかなっているということです。

エコシステムの拡大

サーキュラー・エコノミーのビジネスモデルが根付き、企業の野心が拡大するにつれ、個別の活動に対処するために複数のイネイブラーを利用するだけでなく、幅広い顧客やサプライヤー、主要パートナーが関与するバリューチェーン全体を見渡した取り組みを始めるようになります。これにより、さらに高度なサーキュラー・エコノミーのエコシステムが出現するきっかけとなり、ビジネスモデルが企業の業績に与える影響が大きくなるとともに、最終的には業界全体の仕組みを変えることにつながります。

インターフェース（Interface）社は、既存のビジネス上にエコシステムを構築した好例です[18]。サーキュラー・エコノミーのビジネスモデルを実践した草分け的存在でもあり、環境負荷ゼロをミッションに掲げるインターフェース社は、サーキュラー・エコノミーを実践するビジネスパートナーとネットワークを構築し、再生材の調達から導入まで、このネットワークを活用することによりイノベーションの促進やソリューションの共同開発を行い、同社が目指すCO_2排出ゼロの実現を目指しています。

インターフェース社はフィリピンの非政府組織（NGO）と協力し、カーペットを製造する際の代替資源となり、地域の「無駄」を削減し社会的にもプラスの効果が期待できる、中古の漁網の回収に取り組んでいます。また、リサイクルされた原材料を詳しく調査し、環境負荷の少ない原材料を使用するよう事業者に求めています。さらに、優れた耐久性と部分的に制御されたリサイクル・システムによってコストの大幅削減が可能な新しい基盤モデルを提供することで、クライアント企業と強固な関係性を築いています。顧客維持の強化と顧客基盤の拡大を図ることで、1人当たりの購入数が減少したとしても、補える仕組みを構築しているのです。

修理が容易なカーペット・タイルの分野を同社が拡大させたことで、顧客企業はカーペットの販売から修理サービスの提供に業務を転換させました。カーペット・タイルの出現により、カーペット自体の売上は減少しましたが、修理とメンテナンスの長期契約は増加。業績拡大につながっているとともに、クライアント企業による同社に対する評価も向上しています。

飲料メーカーのカールスバーグ・グループも、サーキュラー・エコノミーのエコシステムを構築し、回収とリサイクルのビジネスモデルによる効果を大きく拡大しています。同社は2014年、グローバル・パートナー6社とともに「カールスバーグ・サーキュラー・コミュニティ」を発足させました。リサイクルと再利用に適した次世代の製品パッケージを実現させると同時に、品質および価値の維持向上を図るための取り組みを実践しています。[19]「あるプロジェクトでは、再利用可能なガラスボトルの外見を改良することで顧客からの評価を獲得し、選ばれる製品にすることを最終目標としました」と、サーキュラー・エコノミー・イニシアチブ・マネジャーのサイモン・ホフメイヤー・ボアズ氏は述べています。「さらに我々は、消費者の認識を変えたいと考えています。使用済みパッケージは『無駄』ではなく、適切に取り扱うことで引き続き原材料として利用できる貴重な資源であるということを訴えていきたいと思います[20]」

「カールスバーグ社がすべての業務プロセスから『無駄』を排除するため、新機能の構築が必要であれば実施する価値はある」とCEOのヨルゲン・ブール・ラスムセン氏は考えています。「ビジネスにおいてすべては消費者と立案者、および社会の関心にかかっています。『立ち上げ』が最も困難なプロセスのため、現実的な目標を設定することが重要です」と同氏は述べています[21]。

カールスバーグ社はすでに、天然資源への依存を減らすソリューションを活用しています。市場によっては20回以上利用できる再利用可能なガラスボトルや、半永久的にリサイクル可能な飲料缶などがこれに当たります。また製造過程で生成される副産物を近隣農家に販売しているほか、廃水をバイオガスや再生可能エネルギーに変えて使用する取り組みを実践しています。製品パッケージの回収時の複雑性を理解し、すべてのプロセスを把握することの重要性を認識するにつれ、同社はパートナー企業とともにこの分野で主導的地位を築きつつあります。「我が社のプロジェクトでは、他とは違う生産活動を実施しています。我々のビジョンは、バリューチェーンのループを完結させることです。製造プロセスとパッケージを最適化することで無駄のない社会を作り、初回生産終了時と同様またはより高い価値を生み出すとともに、高品質なアップサイクルの継続を目指しています[22]」とサイモン・ホフメイヤー・ボアズ氏は述べています。

次の6社は、すでに取り組みを開始しています。メンバーにはカールスバーグ社に缶を提供するレクサム社、ガラスボトル・コーティングのアルケマ・グループ、ガラス製パッケージのオーウェンズ・イリノイ社、真空パックのRKWグループ、多目的紙パックのミードウェストベーコ社、生ビール用樽型PETボトルのPetainer Manufacturing USA社が含まれています。この6社は、マイケル・ブラウンガート氏とウィリアム・マクダナー氏、さらに両氏が所属するEPEA International Umweltforschung GmbH社とMcDonough Braungart Design Chemistry（MBDC）社によって生み出された「クレイドル・トゥ・クレイドル」の設計思想を用い、各社製品のロードマップとアセスメントを作成しています。このアセスメントは、価値や品質を損なうような化学物質や添加物が製品に含まれているかどうかを明確にするためのもので、2016年までにパートナー企業15社の加盟と、最低3製品へのクレイドル・トゥ・クレイドル認証の付与を目指しています[23]。

会長兼CEOのヨルゲン・ラスムセン氏は、サーキュラー・エコノミー導入の先導的立場に立つという目標と、主要パートナー企業が目標に向けて積極的に取り組むよう促すことの重要性をカールスバーグ・サーキュラー・コミュニティが実証していると語っています。「より深刻さを増すと予想される資源不足への対応力を身に着け、将来的にも成長を続けたいと願っています。また、我が社のビジネスだけでなく、環境や社会全体にとって有益なソリューションの開発に努める方針です。製品パッケージへの取り組みや他社との協力体制は、大きな前進と言えるでしょう。パートナー企業と提携することで、1社だけでは困難な目標を達成することができるからです」と氏は説明しています。[24]

インターフェース社やカールスバーグ社と同様に、英国の小売り大手キングフィッシャー社も「無駄」のない世界へ向けて前進を続けています。同社は2020年までに、少なくとも1000製品についてクローズドループの認定を得ることを目指しています。同社はサーキュラー・イニシアチブの中の関連各社と提携し、クローズドループのイノベーションがビジネスにもたらす価値を測るための新たなツールを作成しています。また、欧州資源効率プラットフォーム（European Resource Efficiency Platform）の創設メンバーとして、サーキュラー・エコノミーをサポートする適切な規制や事業環境が整備されるようEU政策の高度化に努めています。さらに、サーキュラー・エコノミーへの転換を促す目的でエレン・マッカーサー財団が推進する、企業、イノベーター、地域のネットワーク「サーキュラー・エコノミー100」の設立にも携わりました。[25]

キングフィッシャー社による革新的な活動の1つ「Infinite」では、廃棄されたDIY製品と同社店舗から出た「無駄」な資源を100%利用したキッチン・カウンターと浴室の製造に初めて成功しました。「Infinite」の取り組みは、キングフィッシャー社と「Infinite」製品の製造を行うCastorama France社、技術的資源を提供するベルギーの独立系科学研究センター（Certech）、廃棄物リサイクル業者であるヴェオリア・エンバイロメント・サービス社、木質複合材メーカーOcewood®（OCEPLAST）社との協力により実現しました。「Infinite」の製品は類似品と比べ約30％軽く（そのため設置が容易で壊れにくい）、より耐水性に優れています。天然資源や有害な化学物質を使用していないため、環境負荷が少なく天然資源の保全につながるのです[26]。

キングフィッシャー・グループの前ＣＥＯイアン・チェシャー卿は、エコシステムへの取り組みと戦略はサーキュラー・エコノミー全体の成功に極めて重要だと語っています。「理論上の転換を現実のものとするには、イノベーションの促進を実証し、実行に移さなければなりません。イノベーションを価値に変えた実際の例を基に、サーキュラー・エコノミーの理念について多くの議論が交わされる必要があります[27]」と説明しています。

サーキュラー・エコノミーのエコシステムは、各地域における最適化から世界規模の協力体制まで多岐にわたっており、取り巻く環境に大きく左右されます。

地域のエコシステムは、一般的に対面での交流や、すぐに使用する予定の製品を必要とするサービスで、価値に対して流通コストはかかりますが、特殊な設備は必要ありません。産業共生と表現される地域のエコシステムにおいて、地元の機関が協力して「無駄」の再利用プロセスを最適化することもあります。副産物として生じた水、熱、ガス、硫黄、その他化学物質などをエコシステム内の組織で共有することも可能です。

デンマークのKalundborg Symbiosisもその1例で、カロンボー地域の公的および民間企業8社によって構成されています。インスリン製造の世界最大手ノボ ノルディスク社、世界最大の酵素メーカーであるノボザイムズ社、北欧最大の下水処理場、デンマーク最大の発電施設、バルト海沿岸部最大の石油精製所などがその一員です[28]。同じくメンバーに含まれるTianjin Ziya Industrial Parkは、廃棄された機械や電子部品の有効利用に取り組む工業団地として、また、リサイクル可能な原材料と非鉄金属の回収および流通拠点として、中国北部最大の地位を誇っています[29]。

オランダの公的港運営機関ロッテルダム港湾局、ラボバンク・ロッテルダム（ラボバンク・グループ）社、BIKKER & Company社、Van Gansewinkel Groep（Van Gansewinkel）社も、サーキュラー・エコノミーを支援する同様の組織を構成しています。この組織は、サーキュラー・エコノミーに基づく知識およびビジネス開発が組織の主な取り組みで、企業が原材料と材用成分を再利用できるようサポートするとともに新たな収益モデルを構築し、サーキュラー・エコノミーへの転換を図ることを目的としています。「プラスチックを石油に変える」というプロジェクトでは、研究者チームがプラスチックの残存物を石油に戻し、さらにそれをプラスチックに変える生産拠点の確立について研究が進められています[30]。

世界規模のエコシステムは主に地域限定ではなく、高額かつ専門的な製造拠点を要するサービスにより成り立っています。例えばI:COは、新たな世界的エコシステムの中核を担っており、繊維製品のバリューチェーンに変革をもたらしています。前述のH&M社との協力関係に加え、アドラー社、アメリカンイーグル社、ジャック&ジョーンズ社、プーマ社、ザ・ノース・フェイス社（VF

Outdoor社の子会社)、マックスシューズ社(Karl Vogele社の子会社)、ボルコム社などと幅広く提携し、中古靴と衣料品の回収を世界規模で実施しています[31]。

サーキュラー・エコノミーのエコシステムは、実施企業だけでなくその供給元やパートナー企業にも影響を与えています。顧客もまた、好みのブランドがサーキュラー・エコノミーの理念と相互連携の接点を持ち、様々な議論を行っていると認識することで大きな影響を受けると予想されます。

一方通行型の経済モデルにおいては、生産者と消費者の接点は販売時のみであることが一般的です。一方、サーキュラー・エコノミーのエコシステムでは、消費者は生産者およびそのエコシステム・パートナーの双方と製品ライフサイクルを通して(多くの場合、製品デザインから回収まで)接点を持つことになります。つまり、生産者と消費者の関係性も変化するということです。サーキュラー・エコノミーのビジネスモデルと同様、生産者および消費者の双方が資源の生産性向上に注意を払い、接点を多く持つことで関係性が緊密になるとともに、顧客ロイヤルティも向上します。このエコシステムが拡大することで、ユーザーコミュニティ全体も広がりを見せると考えられます。

コミュニティの構築に成功した最も顕著な例として、回収とリサイクルのビジネスモデルを取り入れ、優れたエコシステムを実現しているテラサイクル社のケースを考えてみましょう。テラサイクル社では、世界20カ国以上に広がる6000万人のボランティアがリサイクル不能な廃棄物を回収および返却し[32]、同社がそれを様々な製品や原材料に変えています。回収拠点は学校、オフィス、コミュニティグループ、各種機関、または家庭など多岐にわたっています。

2013年に2500万ドルの収益を上げた同社がボランティアの労働力を獲得した秘密はどこにあるのでしょうか。トム・ザッキー氏はこう説明します。「彼らはただ、我が社のミッションを推進したいと考えているだけなのです。従来のビジネスなら人々をここまで動かすことはできないでしょう。スターバックス社が新たな店舗を展開するに当たり、無償で手を貸すという人はいません」[33]

テラサイクル社のエコシステムは、米国内で100種類以上、世界では22カ国にも及んでいます[34]。コミュニティの構築は、オンラインおよびモバイル技術を用いて活動を支援するシェアリング・プラットフォームのビジネスモデルにも共通しています[35]。

グーグル社が開発およびマーケティングを手掛ける、カメラやストレージなどを交換できるモジュール型スマートフォン「プロジェクトアラ」も、エコシステムを中心に構築されています。グーグル社は新型スマートフォン開発に当たり消費者に参加を呼びかけ、インサイトや視点を共有し、プロジェクトの方向付けに活かしています[36]。これは従来の企業の多くで採用されている「秘密の」技術開発アプローチからの脱却といえます。グーグル社はまた、支援団体に協力を求め、モジュール型スマートフォン開発が持つ様々な課題について認識を深めています[37]（訳注：2016年10月現在、当プロジェクトは停止中）。

この取り組みが成功しているとしても、今後グーグル社と顧客およびパートナー企業の関係性がどのように発展していくのかは未知数です。将来グーグル社がモジュール型スマートフォンを提供するに当たり、第三者のサプライヤーが（ハードウェア・アプリケーションストアのように）アラに準拠した革新的なモジュールを提供し、そしてユーザーコミュニティで顧客が使用済みモジュールを売買し、Techreturns Netherlandのようなパートナー企業(38)や小売業者が使用済みの携帯端末を回収するという可能性もあります。このようなアプローチが有効で収益が確保できるのであれば、グーグル社はプラットフォーム企業として顧客との関わりを増やすことができると考えられます。顧客に対する新たなスマートフォンの提供価値を生み出し商品化に成功しているのは、サーキュラー・エコノミーの原則によるものといえるでしょう。

今日のエコシステムは、特定の企業に限られた、企業中心のものとなっています。しかし今後、エコシステムが業界規模のソリューションとなる可能性があります。それは、サーキュラー・エコノミーのビジネスモデルが普及することで業界全体が自ら変革を遂げられるようなプラットフォームとなり、エコシステムが最大の影響力を持つことを意味します。

第10章　サーキュラー・アドバンテージにおけるテクノロジーとデジタルの最先端時代を動かす10のテクノロジー

新たなビジネスモデルは、企業がサーキュラー・エコノミーを実践する際の有効な選択肢となります。しかし、革新的な技術なくしてビジネスモデルを拡張させることはできません。とりわけ、ソーシャル、モバイル、アナリティクス、クラウド、マシン・トゥ・マシン（Ｍ２Ｍ）コミュニケーションなどのデジタル技術は、フィジカルとデジタルのチャネルの融合を図り、人とＩｏＴを結びつけるのに有効です。シェアリング・プラットフォーム型のビジネスモデル（例：カー・シェアリングや業界内でのアセット・シェアリングなど）、および製品寿命の延長モデル（例：メンテナンス、修理、再販など）について考えてみましょう。これらは新しいコンセプトではありませんが、情報コスト、マニュアル業務の必要性、連携上の障害など、従来はスケールする際に障壁だったものが、今、テクノロジーによって取り壊されようとしています。

これまで消費財や製造ツールを共有するには、情報のやり取り、スケジュール調整、製品の所在地および状態の追跡などにカスタマイズされたソリューションや多くのマニュアル操作が必要でした。ロジスティクス業務の自動化を進める企業が増えており、Nexia International社では遠隔操作ソフトを活用し、Innoverne社ではホワイトラベル・プラットフォームを用いて製品をサービスに転換させるとともに、マルチ・ストア、マルチ・チャネル、エンド・トゥ・エンドのeコマースならびにリバース・ロジスティクスを実現しています。製品の利用から回収までの全プロセスを通して、サーキュラー・エコノミーのビジネスモデルを取り入れたバリューチェーンを構築することが、デジタル化に向けた新境地の開拓といえます。これによりサービスと柔軟性に革新がもたらされるとともに、フィジカルとデジタルが融合し、製品が、ユーザー、市場、ライフサイクルの間を低コストで行き来できるようになると考えられます。

サーキュラー・エコノミーを実践するリーダー企業は、デジタル（IT技術）、エンジニアリング（物理的技術）、ハイブリッド（上記2つの融合技術）の3つのカテゴリーから成る10の破壊的テクノロジーを用いることで成功を収めています。これらの技術により、企業は資源をより有効活用できるサプライチェーンを構築し運用できるだけでなく、顧客との結びつきをこれまでになく強化することができます。

デジタル技術

デジタル技術によって、ユーザー間、機器間、管理システム間でリアルタイムでの情報交換が可能になるとともに、本質的に顧客中心で販売以降も顧客との関係が持続するようなつながりが提供されます。さらにサービスとしての製品、シェアリング・プラットフォーム、製品寿命の延長に基づくビジネスモデルにとって極めて重要とされる、高度な遠隔管理や資産管理が可能となります。デジタル技術により脱物質化が実現し、フィジカルおよびデジタル資産の活用の仕方がこれまでと変わることで、新たに資源を増強する必要性のないものへとバリューチェーンが変革します。モバイル、ソーシャル、クラウド、M2M、アナリティクスが、主要な5つのデジタル技術です。

デジタル技術の定義

モバイル技術

モバイル技術とは、ハードウェア、オペレーティング・システム、ネットワーク、ソフトウェアを組み合わせたもので、これによりユーザーは、時や場所を選ばず、必要な時にどこからでもコンテンツにアクセスすることができます。最も知られた例が携帯電話とタブレット端末で、個人も企業も時と場所を選ばず、製品やサービスにアクセスすることができます。これは、製品寿命の延長、サービスとしての製品、シェアリング・プラットフォーム型のビジネスモデルにとりわけ有効です。

マシン・トゥ・マシン（M2M）コミュニケーション

人を介することなく、異なる機器間、管理センター間の自動的な情報交換を可能にします。これにより、遠隔での資産の監視、保守、管理が可能になるほか、リアルタイムの情報が活用できるようになることで、ユーザーに対し優れた性能を安価で提供できるというメリットがあります。

クラウド・コンピューティング

インターネット上にコンテンツやアプリケーションが一元管理されており、ユーザーはソフトウェアや各種ツールをダウンロードあるいはインストールすることなく、様々なデバイスから同時に情報にアクセスすることができます。デバイスは通常、インターネットなどのネットワーク上でつながっており、シェアリング・プラットフォームやサービスとしての製品ビジネスモデルの重要なイネイブラー（実現手段）とされています。

ソーシャルテクノロジー

ユーザー間のつながりを構築し維持するためのコミュニケーションおよび交流ツールです。フェイスブック、ツイッター、Weibo（微博）、WhatsApp、Wechat、リンクトインなどの有名ネットワーク・サービスに加え、インターネット・フォーラム、ブログ、ウィキ、グループウエアなどソーシャルテクノロジーの種類は多岐にわたります。

ビッグデータ・アナリティクス

「ビッグデータ」は従来のアプリケーションでは管理および分析が困難な、複雑かつ膨大なデータセットを意味します。「ビッグデータ・アナリティクス」は「ビッグデータ」を解析することで示唆を見出し、より優れた意思決定につなげます。

モバイル技術

モバイル技術により、誰もがデータやアプリケーションに低価格でアクセスできるようになることで、サーキュラー・エコノミーのビジネスモデルの導入に拍車がかかると考えられます。人々の消費行動がよりモバイルやオンライン上で展開されるようになれば、書面手続きやエンターテインメント、店舗に至るまで、物理的な資源の必要性は低下するでしょう。かつての物理的な消費の在り方をデジタル化することは、明らかにサーキュラー・エコノミーの一環であるものの、最も重要なことは、モバイルデバイスを用いることで市場にある物理的な製品をより高度に管理できるという点です。モバイル技術は、製品寿命の延長およびシェアリング・プラットフォーム型のビジネス

モデルの中核をなす技術であり、主に次の2つの方法で用いられます。

在庫の有無、所在地、空き容量、価格の検索をユーザーが容易に行えるようにし、サプライヤーとのコミュニケーションを可能にすることで、需要と供給のバランスを図る。

シェアリング・エコノミーの提唱者であるアンディ・ルーベン氏は、利用されずクローゼットやガレージに眠る製品が米国内だけで5兆ドルに上ると主張しています。また「全世界のクローゼットやガレージの肥やしとなっている製品を合わせると、世界最大の倉庫に匹敵する」と同氏は述べています(1)。

モバイル技術により、活用できていない製品を人々が販売またはリースできるだけでなく、現在、利用可能な製品を確認することができます。ユーザーは最寄りの製品を検索した上で地図上の位置を確認、事業者と連絡を取り、安全な支払い方法を手配するといった、高度な機能を利用できるのです。日本の中古品ショッピングアプリであるメルカリは2014年、1400万ドルの売上を計上しました。2013年7月の発足以来わずか1年足らずで100万アイテムが掲載されたほか、製品の写真や配送状況の確認機能が評価され、150万人がアプリケーションをダウンロードしています[2]。

第8章でも述べましたが、顧客がスマートフォンを利用して最寄りの車両を検索できるcar2goがもう1つの好例です。Lyftも同様に、ユーザーが最寄りのドライバーを探し相乗りができるというアプリケーションで、双方のユーザーの場所と需要と供給をマッチングします。プラットフォームは、資産が持つ休眠価値を活用するための仲介者としての役割を担っています。このようなソリューションはB2C市場に限らず、社内での資源の有効活用や、物流のキャパシティを企業間で融通し合う際にも有効です。

> 顧客、事業主、製品間の遠隔でのやり取りを可能にすることでユーザー・エクスペリエンスの簡略化と向上を図る。

企業が製品の利用と回収に積極的に取り組むにあたって、大きな障壁とされているのが管理・保守コストです。製品がユーザー間を移動する度に、企業が実際に製品の状態を確認し、再利用可能かどうかを判断する必要があるとすると、費用対効果の高いサービスとはいえません。しかしモバイルアプリをM2Mコミュニケーションやビッグデータ・アナリティクスなどの技術と組み合わせて用いることで、遠隔操作、予知保全、モバイル支払い、自動モニタリングなどが可能となるため、様々な課題を解決することができます。

米国のブロードバンドおよび電気通信事業者ベライゾン・コミュニケーションズ社は、2014年9月にモバイルシェア・サービスを開始しました。顧客はスマートフォンでQRコードをスキャンし、遠隔操作で製品の利用を開始することができます。現在このサービスはカー・シェアリングに限られていますが、今後はガーデニング・ツールから業務用倉庫、船舶、コンピュータなどあらゆる製品へのモバイルアクセスが可能になると期待されています(3)。

テクノロジーやソフトウェアの進化に伴い、誰もがモバイル技術を常にありとあらゆる目的で利用できるようになります。また企業は市場にある膨大な製品を遠隔で監視し、非稼働時間やサービス停止期間を最小限に抑えるために、必要なタイミングで修理とメンテナンスに費用を投じることができます。

モバイル技術がさらに発展すれば、1つのデバイスに多くの機能を集約できるようになります。スマートフォンはすでに、カレンダー、カメラ、支払いシステム、チケット、施錠、健康状態のチェックなど様々な機能が1つに搭載されたオールインワンのデバイスです。さらにデジタル化の流れが加速することで、消費者はニーズを満たすために、よりモバイルデバイスに依存し、企業は顧客ニーズに応えるためにこれを利用すると予想されます。

マシン・トゥ・マシン（Ｍ２Ｍ）コミュニケーション

双方向のコミュニケーションを可能にする機器は、もはや珍しくありません。Ｍ２Ｍは、長きにわたり工場の制御システムや車両テレマティクスに用いられてきました。ワイヤレスネットワークが世界を網羅し、高速かつ大容量の新たなモバイルネットワークが、あらゆるものをブロードバンドで接続する昨今、Ｍ２Ｍの利用がますます本格化しつつあります。２０１５年時点でモバイルネットワークを用いて接続されたデバイスは3億を超え、Ｍ２Ｍによるワイヤレス接続は年間25〜30％の割合で増加する見込みであることが多くの調査で分かっています[4]。テクノロジーのイノベーションや新たな活用方法により、Ｍ２Ｍコミュニケーションの性能が急速に高まると同時に、よりコスト効果の高いコミュニケーション・サービスやハードウェアがワイヤレスＭ２Ｍの価格を安定させつつあります。

Ｍ２Ｍは、これまでサーキュラー・エコノミーのビジネスモデルの普及を妨げてきた高コストなフィールドサービスを利用することなく資産管理ができるようになるため、シェアリング・プラットフォームやサービスとしての製品に基づくビジネスモデルに欠かせないものとなっています。産業機器メーカーのＳＫＦ社が、資源のメンテナンス、モニター、修理、最適化など、運用期間全体にわたるサービスを開始したときの印象を、コーポレート・サステナビリティ部門のポートフォリオ・マネジャーを務めるマグヌス・ローゼン氏は次のように述べています。「メンテナンスが必要な時期を予測し資産の寿命を延長するために、システムの状態を把握することが重要だと感じました。センサーとソフトウェアは、資産の状態を明確化するに当たり不可欠なのです[5]」

M2Mコミュニケーションでは、製品データがメーカーの管理システムに送信されます。これによりメーカーは製品を遠隔で管理し、パフォーマンスに基づくサービスを提供する際に生じるリスクを回避することができます（これはサービスとしての製品に基づくビジネスモデルには不可欠）。サービスおよびメンテナンス費用を最大30％削減できた例[6]や、既存のサービスから新たなビジネスチャンスを見出し、ユーザー・エクスペリエンスを向上させたケース[7]（例えばBGMで流れる音楽に合わせて調光する照明）など、M2Mコミュニケーションを用いることで企業は大きな利益を生み出すことができるのです。

2014年、アクセンチュアとゼネラル・エレクトリック社は、M2Mコミュニケーションが機器、製品、工場、サプライチェーンを結びつけるために用いられる「インダストリアル・インターネット」とビッグデータ・アナリティクスの組み合わせにより、効率と生産性が向上する可能性について共同で分析しました。8つの業界を対象に分析した結果、成功する企業の80～90％が、この組み合わせの優先度を第1～3番目と位置付けていたことが分かりました[8]。ゼネラル・エレクトリック社のジェフ・イメルト会長兼CEOは、これらの技術革新が向こう20年間で10～15兆ドルの世界的なGDP向上をもたらすと予想しています[9]。

クラウド・コンピューティング

物質的なものをデジタルに置き換える脱物質化の影響により、複数の業界が絶滅の危機に瀕しています（例：旅行代理店、ミュージックストア、新聞など）。クラウド・コンピューティングはモバイルおよびソーシャルテクノロジーと並び、脱物質化に欠かせない要素の1つです。企業は、ウェブベースのコンテンツやアプリケーションを複数のインターネット対応デバイスにアップし、ソーシャルテクノロジーを用いて顧客を惹きつけることができます。

企業がクラウド上に上げたデータを配信することで、顧客は場所や時間の制約を受けずに、買い物やサービスを利用することができます。時間と労力をかけて買い物に出掛ける必要がなくなり、車の運転や駐車料金に悩まされることもない自宅でのインターネット・ショッピングは、時間とお金を節約したい顧客にとりわけ高く評価されています[10]。また、コンテンツやストアをクラウド上で管理することにより、企業は掲載内容や機能を容易にアップデートでき、ユーザーに手間をかけることもありません。

一般的にクラウド・サービスには、従来のＩＴ技術に比べて先行投資や継続的な運用コストが少なくて済むというメリットがあります[11]。オンラインの販売チャネルは、実際の店舗と比較して初期投資やメンテナンスおよび賃料が低く抑えられるのです。さらに、実際の在庫を確保する必要もなく、継続的に保有できます。また、ＣＤやＤＶＤなどのフィジカルな製品と異なり、音楽や映画といったデジタル製品なら資源に依存することもありません[12]。デジタル音楽が排出するCO_2は、ＣＤ製作に比べておよそ40～80％も低いとされています[13]。

クラウド・コンピューティングのメリットの１つに、顧客の好みに合わせてカスタマイズした製品を提供できるという点があります。ＣＤを購入する代わりに、顧客が好みの曲やプレイリストを購入できるというサービスがこれに当たります。例えばスポティファイではＣＤを購入する必要がないばかりか、様々なデバイスからサービスにアクセスできるため、顧客は専用のハードウェアを用意する必要もありません。このような変革により、製品そのものの生産や輸送の必要性が無くなるため、資源の節約につながります[14]。

脱物質化が資源利用にもたらす影響は計り知れません。ヨーロッパのある出版社では、32ページのニュースレター７万部の印刷をオンライン版に切り替えることで、１３４トンの用紙と３７０万リットルの水、２６９バレルの原油と55万１０４０キロワットの電力、さらに約１万４０００キログラムの産業廃棄物を削減できました[15]。

ソーシャルテクノロジー

ソーシャル

友人や家族とつながるためのツールとしてスタートしたソーシャルメディアですが、現在ではその用途をさらに広げつつあります。ソーシャルテクノロジーはシェアリングには不可欠で、フェイスブックのような既存ネットワークへの接続ができるため、企業はシェアリング・プラットフォームの立ち上げにかかるコストを削減することができます。また顧客からのフィードバックをより早く低コストで入手できるため、サービスの向上につなげられます[16]。ユーザーはより簡単に決済を実行できるほか、企業は高額で遅延を引き起こす恐れがある外部の業者に依頼せず、自社でロジスティクス業務を完結することができます。イーベイやクレイグズリストなど中古製品を取り扱うマーケットプレイスの多くの運用にもこの機能は不可欠です。

ソーシャルテクノロジーは、消費者同士の信頼感を醸成するためにも重要です。人々がつながり、コミュニティを構成するようになると、出会いが生まれ、経験を共有し、製品やサービスについての意見やお勧め情報を交換し、追加情報を入手することができます。社会的側面はシェアリング・プラットフォームにおける信頼性確立の前提条件といえます。ある調査によると、シェアリング・プラットフォームを運営するスタートアップ企業のうち73％がソーシャルテクノロジーを採り入れており、53％がフェイスブックを利用していることが分かっています[17]。

スペア・トゥ・シェア社は、ソーシャルテクノロジーとサーキュラー・エコノミーの理念をビジネスモデルの中核に据えているスタートアップ企業です。同社はモバイル・プラットフォームを通じて、住宅や商業ビルに関するプライベートなソーシャル・ネットワークを構築しました。ユーザーは近隣住民や不動産管理会社のスキルおよび資源を共有できるため、物件を身近に感じることができます。これにより、入居者の定着率が35%向上し、45%の入居者は物件に対してより強く関わることを求めていると同社は報告しています(18)。

これらのメリットに加え、企業はユーザーコミュニティを利用してプラットフォームを構築できるほか、製品の訴求価値を高めるようなメッセージを発信することができます。また、企業にとってソーシャルメディアを通じて見込み客とのつながりを持ち、情報を共有することが容易になるため、大規模かつ自社に関心を持っていそうなコミュニティを迅速に特定することができます。さらに、顧客プロフィールや行動に関する情報をもとにターゲットを絞った、効果的なマーケティング活動が実現できるのです。おそらく最も重要なのは、ソーシャルテクノロジーを用いることで、ユーザーが製品やサービス、また他のユーザーを公式に評価できるため、顧客の期待を裏切ったり、不快な経験をさせたりするリスクを回避できることにあります。

第7章で紹介したリレーライド社は、ソーシャルメディアを最大限に活用し、短期間だけ車を利用したいユーザーと、貸出が可能な車両を持っている人とを結びつけるオンライン・マーケットプレイスを展開しています。車両のオーナー、車、ユーザーのすべてに対し、最大100万ドルの車両および人身傷害保険が適用されます。ユーザーはフェイスブックのアカウントを用いて登録するため、リレーライド社は既存のネットワークを活用できます。信頼性と安全性について、ユーザー同士による評価が可能で、コミュニティの基準に満たないユーザーに対してはクレームを公にすることもできます。

ビッグデータ・アナリティクス

サーキュラー・エコノミーを実践する企業の多くは、製品の販売ではなく、利用により収益を確保しているため、顧客による製品の利用パターンをいかに把握し、それに応えられるかで、業績が大きく左右されます。従って、企業は全く新しい方法でデータのモニタリングや分析を行う必要があるのです。複雑なデータ分析は、サーキュラー型のサプライチェーン、シェアリング・プラットフォーム、サービスとしての製品に基づくビジネスモデルにとりわけ重要です。

ビッグデータ・アナリティクスにより、メーカーは製品利用パターンと顧客ニーズに関する示唆を得ることができ、資産管理と顧客への提供価値を最適化することができます。

企業は製品の利用状況に合わせて、製品本体と関連のある追加サービスをセットにできます。従来の作って売るだけのアプローチよりもパフォーマンスベースのサービスモデルが価格的に魅力的になるように設計するなど、サービス内容や収益モデルがより現状に則したものになるようカスタマイズすることができます。履歴データに基づくユーザーの行動予測ができるようになることで、メンテナンスをより効率的に実施することができ、財源、人材、天然資源の無駄を防ぐことができます。また、ユーザーの行動分析によって不正行為を検知したり、アクセス数の多い時期には資産に変更を加えないなど、リスク軽減措置を取るタイミングを計ったりすることもできます。

ビッグデータ・アナリティクスは、デジタル・ルーメンス社がサービスとして提供するインテリジェント・ライティング・システムでも重要な役割を担っています。ボストンを拠点に照明ソリューションを提供する同社は、顧客の照明関連エネルギーの消費を最大90％削減することを目指し、LED、ネットワーク、ソフトウェアを1つのシステムに融合したサービスを提供しています[19]。ユーザーの行動とニーズを分析することでデジタル・ルーメンス社は、製品ライフサイクルの長期化とサービスの最適化を同時に実現しています（例：必要時のみ点灯する電球など）。一般的な建物であれば従来のアナリティクスで十分でしたが、異なるユーザーが介在する空港などの大規模な公共施設では、より複雑で膨大なデータ処理が必要となるため、ビッグデータ・アナリティクスがより重要です。

ビッグデータ・アナリティクスはM2Mコミュニケーションと組み合わされることで、生産者と顧客の新たな関係を開拓するだけでなく、サーキュラー・エコノミーのビジネスモデルを後押しし、「無駄」を無くすため機器の運用を改善、最適化します。先進テクノロジーを活用した農業を行うアエロファーム社は、屋内栽培の技術に加え、アナリティクスを用いることで土壌と農薬を使わず、水の使用量を90％削減するとともに、生産量を通常の温室栽培の30倍まで引き上げ、栄養素を行き渡らせる栽培方法を確立しています。作物は土壌の代わりに栄養素と水がミスト噴射される容器内に設けた布地の上で栽培されます。照明にはLEDが使用され、ソフトウェアを使って作物が最適な環境で栽培されているかを監視します。出荷にもアナリティクスを活用し、必要な量だけを必要とされる時に収穫します。著者の友人でありサーキュラー・エコノミーの先駆者でもある共同設立者のデイビッド・ローゼンバーグ氏はこう語っています。「我々のシステムによりサプライチェーン全体を通して製品の追跡が可能で、インプットおよびアウトプットの全サイクルを管理できるだけでなく、管理の質を可能な限り最高のレベルまで向上することが可能です[20][21][22]」

ハードウェアによるデータ収集と、ソフトウェアによる分析・自動化を組み合わせたこのアプローチは、多くの業界で資源の無駄を削減するために用いられています。ビッグデータ・アナリティクスの導入により、資産のメンテナンスや最適化にかかるコストが引き下げられるにつれ、サービスとしての製品のようなサーキュラー・エコノミーのビジネスモデルに対する評価は着実に向上しています。

最後に、オープンデータは産業や都市におけるイノベーションを促進するのに有効です。資源の状況や状態、利用パターンや位置情報についての正確な情報は、システム全体の効率性を高めるために極めて重要です。オープンデータの代表的な例は、コペンハーゲン市が実施した「CopenhagenConnecting」という水、大気、騒音、気候、廃棄物、エネルギー、活動、排気駐車場の利用状況、交通、資産の所在地といった、多岐にわたる市民データを共有する取り組みです。市はこれらのデータが、資源利用を最適化する新たな手段を含む、グリーンイノベーション創出の基盤として利用されることを期待しています。[23]

エンジニアリング技術

デジタル技術が登場したのは比較的近年ですが、科学の進歩によってもたらされたエンジニアリング技術は、長年にわたり私たちの身近にありました。サーキュラー・エコノミーのビジネスモデルの効果的な導入に当たり、中でも次の3つのエンジニアリング技術が重要です。1つ目はモジュラーデザイン、2つ目はスマートリサイクル、3つ目はライフ&マテリアルサイエンスです（左の囲みを参照）。これらの技術により、新製品の製造において再生資源の活用が可能となるほか、リサイクルや再製造のための製品や資源の回収、返品、加工を高いコスト効率で行えるようになります。

エンジニアリング技術の定義

モジュラーデザイン

製品の組み立てが部品単位でできるようになる技術で、多くの場合、部品の取り付けや取り外しが容易に行えるような規格化を伴います。このアプローチにより、部品の交換、修理、改修、再生産、リサイクルに加え、アップグレードやメンテナンスがより簡単に低価格で実施できます。モジュラーデザインは、サービスとしての製品、製品寿命の延長、回収とリサイクルにおいて重要な役割を持っています。

スマートリサイクル

電子機器のような複雑な製品から原材料を再生・リサイクルできるようにする技術で、化学物質など、かつては困難であった原材料のリサイクルが可能になります。この技術は、回収とリサイクルやサーキュラー型のサプライチェーンを実現するビジネスモデルにおいて有効です。

ライフ&マテリアルサイエンス

生命科学に深い関係があり、分子または原子レベルの物質構造または特性に特化した技術です。極めて微細なレベルでの構造変換により物質の特性を変化させ、必要な特性を創ることで、全く新しい可能性を生み出すことができます。本技術により、従来の原材料に代わる高品質なサーキュラー型の原材料を作り出すことができるようになるため、サーキュラー型のサプライチェーンや回収とリサイクルのビジネスモデルにおいて極めて重要です。

モジュラーデザイン

モジュラーデザインは、製品機能に革新をもたらすだけではなく、顧客と製品の関係性とその期間を抜本的に変えるものです。モジュラー単位で設計された製品が故障した場合、欠陥部分のみを交換・修理することで、ユーザーによる製品の所有期間を長期化し、ひいては製品ライフサイクル全体を長期化することにつながります。また、企業は性能や機能を継続的にアップグレードすることで消費者ニーズに応えることができます（機器を物理的に一新するとは限りません）。新たな特徴や機能を物理的なアドオンによって追加することで、企業は計画的な陳腐化を図らずとも、継続的に顧客との関係を維持することができるようになるのです[24]。

モジュラーデザインは新たな市場開拓にもつながります。再製造品や修理品による低価格セグメントへの新規参入は、比較的低コストで実現することが可能で、製品ラインを別途設けるなどの高額な投資は必要ありません。また組み立てや分解が簡単なため、製品管理が容易で故障のリスクも低く抑えられるというメリットがあります。

ゼロックス社は、全製品に再製造を考慮したデザインを取り入れた先進企業です。モジュラーデザインにより、故障した部品のみを修理・交換することができるため、効率的に製品ライフサイクルを延長することができます。また同社は、中古部品を活用した製品の製造を行っており、そのような製品の60％（重量ベース）が再利用された部品で構成されています[25]。顧客は低価格で製品を購入することができ、ゼロックス社は原材料から新しい部品を作り出す必要が減ったため、年間で数億ドルのコストを削減することができ、Win-Win の状態が実現しました。

スマートリサイクル

リサイクル自体は新しくはありませんが、これまで、イノベーションにより大きな進化を遂げ、サーキュラー・エコノミーへの投資リターンを大規模かつ短期間でもたらしてきました。WRAP（サーキュラー・エコノミーおよび資源効率の専門家で構成される機関）の特別顧問ジェラルド・フィッシャー氏はこう述べています。「リサイクル効率を向上させるために開発されてきた様々な技術は、多くの企業でサーキュラー・エコノミーのビジネスモデルへ移行する際の基盤として役立っています[26]」

スマートリサイクルは、通常、様々な部品や原材料を識別・仕分けするためのセンサーを使用することが特徴とされています。この機能により、より多くの原材料（都市鉱山や使用済みプラスチック、繊維製品など）を効果的に回収、選別、リサイクルすることがコスト的にも可能となります。テキサスに拠点を置く Chaparral Steel Company 社は、鉄スクラップの高度なリサイクルが可能な最先端の鉄鋼所を保有・運営する企業です。同社はその技術力と運営理念を基に、電気炉製鋼法の発展に貢献するとともに、環境目標の達成に向けた革新的なプロジェクトをスタートさせました。その一環として、資源の消費量を削減し、副産物の価値を高めることを目的としたＳＴＡＲプロジェクト（Systems and Technology for Advanced Recycling）[27]では、年間６００万ドルを超える新たな収益を創出し、年間２９０万ドルのコスト削減に成功しました[28]。

第8章で述べた通り、カーペットメーカーのデッソ社は、カーペットの裏地から紡績糸とその他の繊維を選別し、リサイクル可能な2種類の主要素材を製造する革新技術Refinity*を開発しており、これにもスマートリサイクルが活用されています。選別後の精製過程を経た紡績糸は、製糸メーカーに戻され、新たな紡績糸の原料として使われます[29]。

テクノロジー産業では、スマートリサイクルが事業を支える基幹技術となっています。英国のDataservグループは、製品寿命を終えたＡＴＭ、プリンター、コピー機、コンピュータに加え、消費者や企業から排出された電子廃棄物を処理するリサイクル施設の運営にこのテクノロジーを用いています。再販可能な機器は、洗浄や補修が施された上で保管されます。再販不能な機器は、同社の処理施設に送られ、破砕・選別され、環境基準に則ったリサイクル材へと分解されます。Dataserv社の技術インフラは、シリアルナンバーや部品番号により、製品を管理・報告する資産追跡システム、ウェブ上でロジスティクスや静脈物流を管理する管理・報告システム、エンドユーザ

ーが所有する製品や廃棄物の引き取りを申し込むことのできるオンライン・ソリューションなどで構成されています。(30)

ライフ&マテリアルサイエンス

バイオサイエンスは、大規模な資源の代替において重要な役割を果たします。この分野におけるイノベーションは現在も活発に起きており、今後、サーキュラー型の資源の選択肢が一層拡大すると見込まれます。また本技術は、資源（インプット）のみならず、それによって作られる成果物（アウトプット）にも変化をもたらし、アウトプットは再びインプットとして利用することができます。例を挙げると、炭素を再生メタノール（RM）に転換する技術がこれに当たります。スマートリサイクルにより、原材料の回収、加工、再利用の機会が生まれ、業界横断でアウトプットが再びインプットとして利用されるよう、市場間の関与が一層強化されると予測されます。

サーキュラー・エコノミーに関わる資金を融通するために、企業の間で産業共生を構築する動きが見られます。企業が業界の垣根を越えて協力し、情報や原材料を共有することで連鎖の輪を構築しています。スコットランドに拠点を置き、バイオ産業の副産物から次世代の良質バイオ燃料や、その他付加価値の高い製品を製造するスタートアップ企業ケルティック・リニューアブルズ社がその一例です。同社がまず目を付けたのが40億ポンドの市場規模を持つスコットランド産モルトウイスキー業界で、次世代バイオ燃料であるバイオブタノールの開発に最適な資源を獲得できると考えました。同社は、現在使われていない発酵技術を再開発し、銅を含む、液体の蒸留かす「ポットエール」や使用済み大麦粒「ドラフ」といった、ウイスキー製造で生まれる主要副産物2つを組み合わせ、付加価値の高い再生可能な製品を生産しています(31)。

鉄鋼業界では「ゴミ」とされるスラグをセメント製造に利用することにより、天然資源への依存を減らしているセメント製造業者のケースを紹介します。鉄鋼生産で生じる溶解スラグを乾燥および細粒化させ、ポルトランドセメントの代わりとしてコンクリートに配合することで、より耐久性の高い安定した品質のセメントを製造することができます。セメント製造業者の中には、スラグセメントを利用することで天然資源の利用をゼロにした(100%削減)ほか、CO_2排出量を98%、電力コストを86%削減した企業もあります(32)。

バイオサイエンスの進化は、「自己回復」機能を持つ製品の開発にも役立つとされ、これによって、より簡単に製品寿命を延長することができます。SFの世界のように聞こえるかもしれませんが、そうではありません。実際に、自ら亀裂を塞ぐことで崩壊を防止する「免疫システム」が内蔵された、自己回復機能付きのコンクリートの研究が進んでいます。コンクリートに配合されたバクテリアが、水分の浸入をうけて成長し、石灰成分を生成することで、亀裂を塞ぎ、危険が生じないようにする仕組みです。この機能により、そのライフサイクルでの寿命延長が図れるほか、構造維持にかかるライフサイクルでのコストを最大50％削減できると見込まれています[33]。タイヤ製品にも同様の機能が採用されつつあることから、パンクが過去のものとなる日も近いと期待されています[34]。

ハイブリッドテクノロジー

ハイブリッドテクノロジーにより、デジタルおよびエンジニアリング技術の双方のメリットを様々な形で活用し、資産および原材料の流れを管理する独自の手法を確立することができます。これにより、企業は原材料や製品の履歴、位置情報、状態、利用状況をデジタルで把握できると同時に、物理的な管理、回収、修理、再加工もできます。私たちの調査により、最も有望視されるハイブリッドテクノロジーは、トレース＆リターンシステムと3Dプリンターです。

ハイブリッドテクノロジーの定義

トレース＆リターンシステム

エンドユーザーからメーカーまたは第三者へ製品を引き渡し、追跡することを可能にする、デジタル的かつ物理的な技術です。このシステムは通常、製品の検査・分析、顧客対応、支払いシステムとの統合が可能なため、高いコスト効率かつ大規模な中古品の回収には不可欠です。私たちの調査では、回収とリサイクル、製品寿命の延長、シェアリング・プラットフォームのビジネスモデルにおいて、トレース&リターンシステムが最もよく使われていたという結果が出ています。

3Dプリンター

ポリマー素材を何層にも重ね合わせることで時間をかけて立体模型を製造する技術です。コンピュータ支援設計（CAD）やその他の3D画像のファイル形式を用いて、素材を移動させながら実際の形を作り上げます。正確な模型技術、半自動印刷、様々な材料が最終製品の完成には不可欠です。いまだ発展途上の技術ですが、サーキュラー型のサプライチェーンや製品寿命の延長に基づくビジネスモデルでの活用が増えています。

トレース&リターンシステム

トレース&リターンシステムは、様々な形でサーキュラー・エコノミーのビジネスモデルの実践に役立っています。使用済み製品を補修、修理、再生、リユース、改修、リサイクルのために回収する際、効率的かつ効果的な選別機を用いることなどにより、コスト効率を高めることができます。また、製品の遠隔評価により、リバース・ロジスティクスが拡大しやすくなります。セキュリティ機能も充実しており、コンピュータのハードドライブなど、機密情報を含む製品の再利用も可能になります。さらに電気電子機器廃棄物の基準に則っているかを明らかにするため、資産の位置確認、追跡、管理を実施することができます。

最新のトレース&リターンシステムにより、中古品の回収、処理施設への返送、再生が可能となります。これを実践しているのが廃棄物管理の新規企業g2revolution社です。同社は、Recyclogistics と呼ばれる、導入しやすく、コスト効率の高い5つのロジスティクス・ソリューションを、米国内の大小様々な企業に提供しています。レポート・システムのeco*trak®を用いてデータを収集し、リサイクルされるすべての原材料を、地理別、顧客別、原材料種別、重量別に追跡しています[35]。このアプローチは大きな成果を上げており、2014年、同社は560万ドルの収益を上げ、過去3年では238%の成長を遂げています[36]。同じくイノベーションの先進企業である3M社も、RFID、GPS、高周波、電磁気、センサー、ワイヤレス通信、モバイルデバイスを用いた追跡、位置確認、資産管理を可能にする幅広いソリューションを提供しています[37]。

3Dプリンター

近年、最も話題を集めた技術の1つ、3Dプリンターは、製造業において重要な役割を担う存在として着実に進化をしています。この技術がサーキュラー・エコノミーのビジネスモデルを推進する大きなきっかけとなった背景には、いくつかの理由があります。まず1つ目は、この技術により必要な部品を正確な形状で容易に出力できるという点です。また生物分解が可能な、あるいは半永久的にリサイクル可能な素材の利用可能性を拡大できるというのも大きな要素です。例えばMakerBot社では、生物分解可能なPLA樹脂を原材料に用いているため、3Dプリンターで製作したものを再利用することが可能です[38]。

この技術により新たな製法が可能となり、製品の耐久性を大きく向上できるという点に着目したゼネラル・エレクトリック社では、20種類の部品を使用した従来品に比べ、25%軽く、5倍の耐久性を持つジェット・エンジンの燃料ノズルを、3Dプリンターを用いて製造しました[39]。3Dプリンターは正確な量の原材料を無駄なく使用するため、製造工程における資源の利用量を大幅に節約することができます。

3Dプリンターがサーキュラー・エコノミーにもたらす大きなメリットの1つに、製品が現地で容易に製造できるという点が挙げられます。3Dプリンターを各地域のバリューチェーンで用いることにより、製品設計、開発、市場への流通に要する時間を短縮することができます。また輸送、設計、開発にかかる費用を削減することもできます。あるプラスチック射出成形機メーカーでは、製造コストを1万ドルから600ドルに削減し、製造期間を4週間からわずか24時間まで短縮しました。[40] 3Dプリンターにより、企業はオンデマンドのマスカスタマイゼーションが可能となり、これにより大量の在庫を倉庫に保管する必要も無くなります。[41] さらに、より資源効率の高いデザインに加え、これまで製造が困難であったデザインまでもが実現可能になります。3Dプリンターは各地域で資源を再利用するため、世界市場の価格変動に影響されにくいという特徴もあります。

3D Hubsでは、3Dプリンターの保有者が他の消費者の代わりに製造したり、3Dプリンターを共有したりすることで、所有者は資産の利用率を向上できます。さらに、オンラインコミュニティの発展により、コミュニティメンバーが3Dプリンターの使用経験を共有することで、全く新しい利用方法が発見される可能性もあります。

新たなテクノロジーから新たな能力へ

新たなテクノロジーにより、企業はサーキュラー・エコノミーへの取り組みを大きく前進させてきました。これまでの章で触れてきたような、ビジネスモデルに大きな影響を与えるサポートツールは、近年まで存在しませんでした。デジタル、エンジニアリング、ハイブリッドテクノロジーが同時に活用できる今、技術の発展とともに新たなサーキュラー・エコノミー型のビジネスの波が到来しようとしています。

しかし、各社が選択したサーキュラー・エコノミーのビジネスモデルで優れた成果を上げるには、テクノロジーを導入するだけでは不十分です。新たなビジネスを発展させ、体系化させるために、組織の持つあらゆる能力を組み合わせることが求められます。

第11章

サーキュラー・エコノミーによる価値向上に必要な5つの機能

サーキュラー・エコノミーのビジネスモデル導入を成功させるために、テクノロジーと同じくらい重要な要素は、新たな業務スタイルを後押しするケイパビリティ（組織的能力）の整備です。そういった後押しがなければ、新たなモデルを実践してもメリットが得られないばかりか、余計なコストを負担する危険性にさらされることになります。

適切なケイパビリティが備えられなければ、中古製品の再生や再加工において、本来必要ではない高いコストが発生するだけでなく、社内外のネットワークへのガバナンスが利かず製品の発売が遅れてしまうといった恐れもあります。よくある失敗例としては、サーキュラー型の製品を設計したものの、廃棄製品を管理する機能やパートナーを確保していないため、設計改良のメリットが得られない結果に終わるというケースです。2つ目の失敗例は、機能や技術が生み出す付加価値が、継続的な顧客エンゲージメントにつながるかどうか不明瞭なままライフサイクルサービスを提供することで、顧客獲得のペースが落ち、顧客満足や購買意欲が低下するというケースです。

さらに、十分な検討をせずに代替製品を提供してしまうことで、カニバリゼーション（共食い）を起こし、かえって売上を減少させてしまう危険性もあります。より耐久性の高い製品を提供することで製品の購入頻度は減るため、新たな収益源となる関連サービスの提供ができなければ、当然のことながら企業（と営業担当者）の収益は減少します。同様に、製品へのアクセスを提供するサービスでも、顧客は製品自体を保有する必要がないため、製品の売上減少分を補うような付加サービスを提供できなければ収益低下は避けられません。

サーキュラー・エコノミーのビジネスモデルに移行するには、企業の運営体制を大きく変える必要があるため、組織全体に相当な波及効果があります。とりわけ影響を受けるのが次に述べる5つの領域で、深刻なリスクを回避しつつ移行を成功裏に成し遂げるには、これらの領域に新たなケイパビリティを備えることが必要です。

戦略：複合的なサーキュラー・ネットワークの管理

サーキュラー・エコノミーを進化させるには、最上段の戦略にその理念を浸透させる必要があります。製品や原材料のスループットで捉えた一方通行型の経済モデルでは、特定のコアビジネスに注力すれば利益が最大化されます[1]。一方、サーキュラー・エコノミーでは、スループットの最大化ではなく、製品や原材料の継続的な再生に重点を置くことが求められます。返品・回収チェーンからの調達、中古市場でのシェア拡大、バリューチェーン上で排出される副産物からの価値創出、利用中の製品に対するサービス提供などが、サーキュラー型のビジネスモデルへと進化させるために必要な戦略の転換例です。企業は従来のコアビジネスの枠を超えて、製品ライフサイクル全体を運営し、収益化しているパートナーとエコシステムを構築すべきです。

『The Blue Economy』[2]の著者グンター・パウリ氏は、企業がコアビジネスの枠を超えて事業展開すること、とりわけ本書では廃棄物を有効活用するための新たな手段を発見することの重要性について説いています。パウリ氏は要点を明確にするに当たり、コーヒーなどの消費財を製造する世界的企業の幹部との会話を紹介しています。

パウリ氏：毎年どのくらいのコーヒー残さが出ていますか。
幹部：350万トンです。
パウリ氏：それに対しどのような措置を講じる予定ですか。キノコ栽培などはいかがでしょう。
幹部：我が社はキノコ栽培ビジネスを展開していません。現在取っているソリューションは焼却処分です。

パウリ氏は次のように解説します。「エネルギーコストの削減は、廃棄物の削減と全く関係ありません。廃棄物から新たな価値を創造する機会を見出すことが、我々には必要なのです。世界の農家や起業家は、コーヒー残さを活用して利益を出しながら健康的な食品を製造できるということを実証しています。しかし、多くの企業はコアビジネスに注力するあまり、このような機会を見落としているのです[3]」

新戦略の必要性についての理論的根拠

サーキュラー・エコノミーの理念から十分なメリットを得るためには、新たな戦略が必要となる多くの理由があります。運営コストの削減もその1つですが、それよりも重要なのは新たな収入源の確保、よりバランスの取れた（限られたバージン材や製品そのものの販売に依存しない）収益ポートフォリオの構築、顧客との関係強化です。成功企業はその確立された地位を背景に、新製品の発売時には高い市場シェアを占めることができますが、初回販売以降はその存在感が薄れてしまうのが現状です。価格競争力が高い、新たなリサイクル材を見出すために使用済み製品の管理を強化することも重要ですが、最も多くの顧客価値が創出される初回販売から廃棄までの間の管理についても考える必要があります。

サーキュラー・エコノミーのビジネスモデルを市場で用いるためには、製品設計から回収までのバリューチェーン全体を変える必要があります。すべての取り組みを企業が単独で行うには、新たなケイパビリティの獲得が必要となる場合が多く、複雑さやコストの増加を招きがちです。そのため、他社と連携し、新製品の開発や、それに伴う革新的な収益モデルの構築、顧客エンゲージメントの向上、リバース・ロジスティクスの整備をした方が賢明です。その際、主要事業を疎かにせず、市場での地位を堅持することが重要です。

サーキュラー・エコノミーの戦略は、より強固な（そして管理が複雑な）イノベーションを可能にするケイパビリティをもたらします。製品開発や研究開発プロセス、販売や物流、アフターサービスと、あらゆる場面に障害や非効率性、そしてチャンスが潜んでいます。ネットワークの一員となるだけで不慮の事態への対応力はある程度確保されますが、他社との連携をさらに強化し、情報の開示や成果の共有に努める必要があります。バリューチェーンの重要なプロセスに対する管理体制を維持し、クリティカルなデータや専門知識を確実に入手できるようにすることで、ネットワーク内でのイノベーションが実現します。

転換を進めるために重要な取り組みとスキル

戦略転換に当たり企業には次の2つのステップが求められます。

ステップ1
サーキュラー・エコノミーが自社のエコシステムに与える影響について次の3点をもとに明確化

1　資源制約

物理的、環境的、その他の制約をもとに、現在の資源利用について評価します。物価の変動、規制改正、顧客ニーズの変化、代替製品の発売、資源不足などに、収益基盤のどの部分がどのように影響を受けるのかを把握します。また、組織、製品構成、バリューチェーンのどの部分が最も脆弱であるのかを明らかにします。

2 顧客への訴求価値

製品、サービス、ビジネスモデルのイノベーションを業界に当てはめ、消費と限りある資源とを切り離すサーキュラー・エコノミーのアプローチが、顧客価値をどの程度高め、変化させるのかを予測します。サーキュラー・エコノミーによる競争優位性を築く上で、パートナー企業とのネットワークが功を奏すのはこの段階です。顧客への訴求価値を破壊的に変化させる例として、脱物質化（例：エンターテインメントの購入に代わるストリーミングサービスの利用）、モジュール化（例：部品単位でのハードウェア・アップグレード）、分散化した再生可能エネルギー（例：化石燃料ベースの電力購入に代わるソーラーエネルギー設備のリース）、サービスモデル（例：車の保有に代わるカーシェア）などが挙げられます。

3 技術革新

顧客価値と資源利用を切り離すために最も重要な技術を明確化します。サーキュラー・エコノミーのビジネスモデルを導入するために活用可能な、組み合わせ可能な技術は何か（新たなシェアリング・プラットフォーム構築に必要なモバイルやソーシャルテクノロジーなど）。これらの主要技術のコントロールを担保するためにパートナー企業との連携が有効かについても明らかにすることが重要です。

ステップ2
一方通行型経済モデルにおける4つの「無駄」を減らすことで得られるメリットを精査

1　無駄となっている資源

現在利用されている、再生不可能かつリサイクルも難しいエネルギーや原材料を把握します。代替の可能性が最も高い資源は何か、代替資源を安定調達するためには、製造は自社で行うべきか、パートナー企業に委ねるべきか、また、その再生可能な代替資源を他社に供給することで利益は得られるのか等について検討します。

2　無駄となっているライフサイクル

想定した製品ライフサイクルと現実との違いを明らかにします。製品が故障や型落ちの心配もなく、より長期にわたり顧客価値を生むには製品設計をどう見直すべきか、また、製品寿命を延長しても新たなサービスや収益モデルによって販売済みの製品を収益化することで、新製品の販売を上回る収益性を確保できるか、を判断します。

3　無駄となっているキャパシティ

製品の現状の稼働率を知り、市場や顧客セグメントごとの差異を把握します。非稼働時間が長く、利用増により収益化する機会が最も多いのはどこかを特定します。

4　無駄となっている潜在価値

製品を廃棄する際の処理方法について、リサイクル、焼却処分、埋め立て処理など、どのような手段がとられているのかを把握します。再び生産プロセスに戻せる素材は何か、価値を最大限に回収するには、自社・業界・他の複数の業界など、どのレベルに戻すべきか。そして複数のパートナー企業とオープンに取り組むべきか、特定のパートナー企業とクローズに取り組むべきか、自社単独で行うべきかについて検討します。

このような初期評価は、サーキュラー・エコノミーが企業に与える影響を理解するのに有効です。どのように理念を採り入れれば対処できるかが明確になり、サーキュラー型の製品やサービスがもたらすビジネスチャンスを明確化することで、導入に向けたアクションの優先順位付けを最適化することができます。

評価結果は、回収チェーンの構築・運用に長けた廃棄物分野の専門家、顧客エンゲージメントを高めることに長けた専門家、製品やサービスの転換に長けた製品設計の専門家など、新戦略を後押しするパートナーの必要性を判断するのにも役立ちます。

サーキュラー・ネットワーク構築の好例が、アウトドア用品の製造・小売販売を手掛けるティンバーランド社と、タイヤ製品の製造・卸売業を手掛けるオムニ・ユナイテッド社のパートナーシップを締結するケースです。両社は共同でサーキュラー・エコノミーの可能性を評価し、収益化できる「無駄」を明確化しました。その結果、オムニ・ユナイテッド社は、使用済みのタイヤを靴のアウトソールに再利用できる新製品の開発に成功しました。再利用に適したゴム素材を使用することで、これまで埋め立てや燃料に回されていた従来品に比べ、高い価値を創出することができたのです。このサーキュラー・ネットワークにはタイヤ小売業者も参画しており、ティンバーランド社専用のタイヤ回収フローだけでなく、リサイクル業者との連携体制も確立しています。注目すべきはこれがニッチな取り組みではなく、製品種類は90にも及び、北米の乗用車市場の75%をカバーできる供給量を有する点です[4]。

社内での協力体制ならびにサーキュラー・ネットワークの重要性を過小評価してはなりません。一般的に、サーキュラー・エコノミーのビジネスモデルを導入するには、バリューチェーン全体にわたり、社内外の数多くの組織や人の関与を必要とします。これはつまり、従来関わることのなかった組織や人との関わりを意味します。例えば、製品開発、サプライチェーン、小売、ロジスティクスなどは本取り組みにおいて重要な役割を果たしますが、それには複数の製品ラインを必要とし、複数の事業部が関わることになります。社内で注力分野、責任者、権限移譲、予算などについて、戦略的に一貫性を持たせ合意形成を得ることは容易ではありません。しかし、このような社内連携を実現することにより、サーキュラー・エコノミーのビジネスモデル導入を前進させるだけでなく、イノベーションや能力開発といったプラスの効果が期待できます。

このような戦略的転換には新たなスキルも必要とします。サーキュラー・エコノミーのどのモデルも、どの取り組みを自社で実施し、どの取り組みを外部委託するのかを決定するスキルが求められます。また、多様なパートナー企業を管理するケイパビリティも必要です。私たちの調査と経験によると、パートナーシップ締結に関わる交渉やプロジェクト管理、基準やデータの共有、一貫性を持った顧客対応において、新たなスキルがとりわけ重要だということが分かっています。

ルノー社のケース

フランスの自動車メーカーであるルノー社は、サーキュラー・エコノミーのビジネスモデルに戦略的転換を図り、新戦略に必要な連携体制を築いた代表例です。ルノー社がサーキュラー・エコノミーの理念を実践するに当たり、補完的な関係にある3社を選定しました。ルノー社自身、自動車リサイクルの草分けであるＩＮＤＲＡ社、廃棄物処理およびリサイクルの世界的専門企業スエズ・

エンバイロメント／SITA社の3社です。(5)

ルノー社のジャン‐フィリップ・エルミーネ（Jean-Philippe Hermine）氏(6)は、自動車業界がサーキュラー・エコノミーのビジネスモデルに適しているのには2つの理由があると述べています。1つは投資コストが高いということ、もう1つは原材料費が高騰中でありボラティリティが極めて高いということです。ルノー社の戦略的環境計画担当副社長兼ルノー・エンバイロメント社のCEOを務める同氏は、ルノー社と系列企業が回収チェーンを通じて取引する金属量は、ルノー社が生産活動のために直接購入する金属量に相当すると語っています。ジャン‐フィリップ・エルミーネ氏は、ルノー社のサーキュラー・エコノミーの実現に向けた取り組みを振り返り、金属加工とプラスチック加工に関わる新たなケイパビリティの構築と競争力の強化がとりわけ重要なステップだったと述べています。同社は再利用や再製造部品を活用した修理などの新サービスも展開し始めており、それにはINDRA社とスエズ・エンバイロメント社／SITA社との合弁企業が重量な役割を果たしています。3社のスキルとリソースを合わせることで、使用済み車両と生産副産物を一層効果的に処理できているのです。

同社は2015年までに中古車両の95％（重量ベース）を回収するという高い目標に向け準備を進めています。目標達成のために、EUのLIFE＋補助プロジェクトであるICARRE 95*（Innovative Car Recycling 95%）の一環として、既存プロセスにおける製品・原材料の再利用率の向上、中古車両の原材料リサイクルなど、新たなプロセスの開発、自動車業界全体における協力体制の強化など、様々な取り組みを他社と共同で実施しています。

このような企業努力はすでに実を結びつつあります。回収チェーンを利用した金属取引によって物価変動リスクを効果的に回避、全体がサーキュラー・エコノミーに向かって一丸となっています。サーキュラー・エコノミーへの転換に世界で最も成功した自動車メーカーといえるかもしれません。また同取り組みの中で最も大きい再生事業は1億3000万ユーロ規模にまで成長し、大きな利益を上げています(7)。

ジャン＝フィリップ・エルミーネ氏は、ルノー社の取り組みを契機に将来世界中で同様の連携が行われ、他の環境関連活動の発展に波及すると予測しています。

イノベーションと製品開発：多様なライフサイクルとユーザーに対応したデザイン

一方通行型経済モデルにおける従来の製品設計には、2つの課題が併存します。ターゲット市場を最大化するために先行コストを低く抑えながら、新製品に対する消費者ニーズを満たすにはどうしたら良いか、ということです。この課題に対処するために企業は、運用コストよりも製造コストに多くを投じ、高速化する製品サイクルの中に新製品を投じることで市場を勝ち抜くことを念頭にイノベーションと製品開発を行います。しかし、サーキュラー・エコノミーの理念を実践するには、

より複合的で長期的な視点に立った方針に転換する必要があります。新製品で顧客を獲得し、利益を上げることに加え、2人以上のユーザーが製品を使用し、2回以上のライフサイクルがあることを前提に製品を設計し、何年にもわたって価値が存続し、廃棄物や環境負荷を生むことのない製品を実現すべきです。

新たなイノベーション・製品開発力の必要性についての理論的根拠

サーキュラー・エコノミーは、2つのアプローチを中核に据えています。1つは製品を可能な限り長く利用すること、もう1つはその潜在的価値を常に最大化することです。生産活動に必要な資源が枯渇しつつある現在、このアプローチが合理的であることは言うまでもありません。企業は製品寿命を長期化し、製品の有用性を高めるためにアップグレード、部品交換、修理、引き取りなどのサービスを提供し、使用中の製品を最大限に機能させる必要があります。

重工業の世界的大手アルファ・ラバル社は、アフターサービスの市場規模が新品販売市場の最大7倍に上る可能性があるということに気付きました[8]。つまり、機器の売上1ドルにつき、無駄となっているキャパシティやライフサイクルを減らすことで7倍の収益が得られるということです。さらに、その使用済み部品や原材料をリサイクルすれば、破壊的な新ビジネスモデルが実現できるのです。資源企業に与えられた課題は、一度使うことを前提としたコスト効率の良い再生など意図したことのないエネルギーと原材料の供給を止め、代わりに再生可能なものを供給するということです。

これを実践するには、全く新しい方法で価値を定義し、測定・追跡し把握する必要があり、それには製品開発、調達、販売、アフターサービス間での協力拡大が必要不可欠です。そのためには社内の行動を適正化するために、ガバナンスモデルの見直しを迫られるかもしれません。しかし、これまで製品を販売していた営業部門を、ライフサイクル関連ソリューションやサービスの販売に転換させることなどは容易ではありません。それらのサービスがコストセンターに過ぎない、または独立した売上を持つ部署ではなく、新製品販売のサポートシステムに過ぎないと捉えられている場合はとりわけ困難です。

製品に第2の人生を与え、顧客間を移動させるのにはコストが発生するため、新たな価値創出につながるのかと心配になるのは当然です。意図的に複数のライフサイクルとユーザーに対応した製品を設計することで、企業は移動コストを低く抑えることができ、利益を手にすることができるのに加え、この取り組みによりイノベーションと新たなビジネスモデルを発展させることができます。構成材や部品が安く手軽に交換できれば、それらのアップグレード事業が発展するのは当たり前のことなのです。

さらに、製品の追跡、トレース、メンテナンス、アップグレード、再生、リサイクルにより、顧客行動や嗜好に関する有効なデータを入手することができます。データから得たインサイトを製品開発やイノベーションに活かし、(顧客から言葉で要望されたのではなく)行動から読み取られた嗜好に応じて、新たなサービスを展開することができるのです。

転換を進めるために重要な取り組みとスキル

英国に本部を置くRSA（英国王立芸術・製造・商業振興協会）[9]は、サーキュラー型の設計を4つのモデルで分類しています[10]。

1. 長寿命を意図した設計
アップグレードや修理によりユーザーが長期間利用できるよう、長いライフスパンを前提とした設計

2. リースやサービス提供を前提とした設計
製品をサービスとして提供するビジネスモデル用に、高度な設計仕様と高品質な原材料を採用し、製品の寿命と耐久性を向上した設計

3. 製造工程での再利用を前提とした設計
製品や構成材を回収し、再利用または再販のために再組み立てすることを前提とした設計

4. 原材料の再生を前提とした設計
回収した製品を迅速に原材料フローに戻した後、新たなリサイクル材として取り出せるような原材料回収のための新たなシステム設計

4つのモデルをすべて念頭に置くことで、企業はサーキュラー・エコノミーの実践に当たり需要と供給双方の側面に目を向けるようになります。つまり、回収や再生に向けて資源利用と製品設計を最適化すると同時に、製品そのものについても高い利用頻度と長いライフサイクルを前提とした設計を採用するということです。ライフサイクル全体での総収益も重要な要素です。それと同時に、環境負荷や毒性に関する分析や、混合素材の再生可能性を最適化すること（リサイクル・プラスチックと、バイオポリマー、従来のプラスチック、その他の適切な代替品との重量比較など）も重要です。

ライフサイクル全体を勘案したイノベーションと製品開発は、一般的に以下の流れで行われます。

1. 前述のサーキュラー型設計に関する4モデルを念頭に置いた、新たなコンセプトを開発
2. 再生・リサイクル可能な原材料やリサイクル材の利用を拡大。環境負荷の少ない資源を選択
3. 重量や容量（包装材を含む）を減らし、輸送や保管にかかる電力消費を抑えることで資源の総使用量を削減
4. 廃棄物をゼロに減らし、サーキュラー型の生産を進めることで、エネルギーと廃棄物関連の製造技術を最適化（例えば、サーキュラー型の製造技術を採り入れた繊維工場では、廃水を上水よりもきれいに浄化することに成功[11]）

5. 運用コストを引き下げ、再利用度を高めるために、ユーザーの資源需要を引き下げ
6. 廃棄された製品を別のユーザーまたは製造プロセスに移すコストを低く抑えるための、使用済み製品管理と物流業務の統合

マッドジーンズ社のケース

オランダのデニムブランド、マッドジーンズ社は、製品設計に革新的な理念を採り入れることで、サーキュラー・エコノミーの視点から製品を捉えることに成功した代表的な例です。同社のユニークな点は、ジーンズを顧客に販売するのではなく、リースするという点です。つまり、ジーンズは複数のライフサイクルにわたって利用されるため、それに対応した作りでなければなりません。

同社の製品設計における重要な検討事項の1つは、リサイクル材の利用です。同社は天然の綿を製造することによる環境負荷とコストの面から、リサイクル綿の利用に移行しました。現在では原材料の30%をリサイクル綿が占めており、これを50%まで増やすことを目標にしています。リサイクル綿が使えるような製品設計を展開しなければなりませんが、リサイクル綿は天然資源に比べ供給が不安定なため、大きな課題となりました。

そこで同社は、製品寿命を長期化するために、リース期間内のジーンズ無料修理サービスを始めました。修理の必要性を極力減らし、コストを抑えるために、ジーンズは破れにくく傷みにくい作りにしなければなりません。また、再利用性も重要な要素で、製品を返却した顧客には預り金を即

時に払い戻すシステムとなっています。ジーンズの再利用性（修理・修繕して再販売するか、素材をリサイクルしバージン材の代替とすること）を高めることが、同社の収益を左右するのです[12]。

一般的に衣類の製品寿命は3年未満とされています。これを設計や利用法を変えることにより3分の1延ばすだけで、衣料品販売、クリーニング、廃棄における資源消費量を20％も削減できます[13]。

マッドジーンズ社は２００８年の創業時、環境負荷の少ない素材とフェアトレード素材だけを用いた製品を提供する企業として事業を開始しました。しかしオーガニックコットンは市場での流通量が少ないため、その調達は困難を極めました。そこで同社は、製品のコントロールを維持し、製品が寿命を迎えた時は確実にオーガニックコットンを回収し、新しいジーンズの製造に利用できるジーンズのリースという新たなコンセプトに着目することになったのです。原材料が循環し続けるクローズドループを築き、ゆりかごからゆりかごの理念に基づいた製造を作るとともに、ファッション産業を販売業からサービス業へ転換させることが同社の狙いです。

オーガニックコットンやフェアトレード製品が一定の顧客層に評価されていることは事実ですが、購入に比べ安価なリース料金に魅かれる顧客も少なくありません。同等の品質のジーンズの小売価格はおよそ１３０ユーロです。しかし、12カ月のリース契約をオンラインで申し込んだ場合に必要な費用は、20ユーロの預り金とジーンズ1本当たりの月々の使用料6ユーロのみです。リース期間満了後は、ジーンズを返却すれば新しいジーンズに（10ユーロで）交換できます。また4カ月の期間延長も可能で、延長期間終了後はそのジーンズを所有することができます[14]。

２０１４年７月時点でマッドジーンズ社のリース契約者は１５００人を超えており、同社はこれを１００万人まで増やしたいと考えています。そのためには、リースすることが一般的でなかった製品分野の既成概念を変える必要があります。CEOのバート・ヴァン・ソン（Bert van Son）氏は同社の目標について、人々に「マッドジーンズ社のジーンズをリースするのは格好いい」と言ってもらうことだと語っています。ジーンズをリースする顧客は起業家のようなものだとしたうえで、「これは新しい取り組みです。顧客は従来のやり方から抜け出すために、これまでの考え方を刷新する必要があるのです」と述べています。[15]

消費者ファッション業界に新風をもたらした存在として、同社はメディアの注目を集めており、それがジーンズのリースという新たなコンセプトの普及と、マッドジーンズ社のブランド構築、経営に大きく役立っています。

調達と製造：サーキュラー型の原材料

サーキュラー・エコノミーのビジネスモデルでは、完全に再生、生物分解、リサイクルが可能な、高品質かつ天然で毒性のない原材料を安定供給できることが必要です。２０２０年までに再生またはリサイクル可能プラスチックの使用率を１００％にすることを公約に掲げるイケア社では[16]、品質が安定した大量のサーキュラー型資源を調達できなければなりません。これを実現するには、調達

と製造における重要機能の転換が必要です。

グンター・パウリ氏は、サーキュラー・エコノミーに転換するに当たり、資源調達が中心的役割を果たすと強調しています。企業は半永久的に利用できるよう最適化された製品のみを購入するよう努力すべきです。採掘工程で排出された副産物を製紙原料として活用することで、コスト削減や環境保全につながるだけでなく、木の繊維から作られた紙製品よりもリサイクル性の高い製品が実現できます。

製造面でいえば、資源の価値や品質を守りつつ幅広い原材料に対応できるような製造工程を整備しなければなりません。また、鉄鋼業界ではゴミであるスラグがセメントの製造に用いられているように、製造業者は副産物を利用して高付加価値の製品を製造するための方策を早急に練る必要があります。

資源の調達と製造に成功すれば、将来的に枯渇の恐れがない廃棄物由来の原材料や再生資源などが、企業の資源利用において大きなシェアを占めることになるでしょう。これにより物価変動のリスクが回避できるほか、選別や利用に手間のかかる不均一でばらつきのある資源利用も減らせます。企業最も重要なポイントは、廃棄された資源をアップグレードまたはアップサイクルする機能です。企業は価値の低い廃棄物から得た資源を、高付加価値の生産に戻すことでビジネスチャンスをつかむことができるのです。この方法で原材料の価値を10倍まで増加させた企業の例を、私たちは多数見てきました。

新たな調達・製造能力の必要性に対する理論的根拠

サーキュラー型の資源フローを明確化し、資本化すべき背景に、次のようなものがあります。

- バージン材の需要を減らすことで、資源制約と物価変動にさらされる危険性を回避。またバージン材由来か廃棄物由来かにかかわらず、異なるタイプの資源を柔軟に利用することで供給不足のリスクを軽減
- 完全に再生、生物分解、リサイクル可能なサーキュラー型で、有毒物質を含まない原材料を用いることで、市場で差別化
- 一方通行型の経済モデルで使用していた資源を、廃棄物由来または再生可能なサーキュラー型資源で代替することによりコストを削減
- これまで廃棄されていたゴミや副産物を価値ある製品の製造に利用することで、新たな収益源を確保

転換を進めるために重要な取り組みとスキル

サーキュラー・エコノミーのビジネスモデルを実践したいと考える企業は、現在用いている原材料と代替資源の環境負荷を算定する必要があります。サプライチェーンの上流においては、どうい

った代替資源が供給可能かを踏まえ、サプライヤー（リサイクル業者を含む）を判断する必要があります。また、下流においては、現在の廃棄物フローを分析し、排出削減余地や、価値を高めるように再利用する可能性を探ることが必要です。さらに監視システムを設置して、廃棄物や副産物をリアルタイムで追跡することも求められます。

アウトプットは価値のない廃棄物ではなく、別の手段を使えば有効利用できるものと従業員側の視点も新たにし、リーン生産方式の理念に基づく既存の無駄削減スキルをさらに増強する必要があります。ヨーロッパの電力会社バッテンフォール社は、デンマークの焼却施設で発生するフライアッシュ（訳注：石炭の燃焼時に生じる灰）を建設資材の原料として利用する方法を見出しました。廃棄物に対する見方を革新的に変えたことにより、年間の廃棄物処理コスト約３３００万ドルを年間４００万ドルの収益源へと転換させました[17]。

バージン材のみならず廃棄物由来を含む幅広い資源を利用する革新的な方法を見出すためには、調達と製造のプロが社内外を問わず、広範な協力体制を築くことが重要です。

スターバックス社、SUPERVALU社、キンバリークラーク社のケース

スターバックス社は、革新的な調達アプローチが実を結ぶということを実証した代表的な企業です。コーヒー大手である同社は、課題となっていたコーヒー抽出後の豆かすの処理に対し、日本企業のメニコン社と協力してソリューションを確立しました。両社はコーヒー豆かすを単に堆肥とし

て利用するのではなく、発酵させ、乳牛の飼料として給餌しており、乳の品質向上につながっています。この飼料を用いて育てられた牛のミルクをスターバックス社が購入し、日本国内の店舗で使用することによって、資源の輪が完結しているのです[18]。

資源の流れを資本化する新しい手段についてのクリエイティブなアイデアは、米国の食料品チェーンSUPERVALU社に利益をもたらしています。同社は「ゼロ・ウェイスト・プログラム」に取り組み、最終的には同社全体の廃棄物をゼロにするという目標を掲げました。わずか1年間で、埋め立てに回していたゴミを前年比2万8000トン以上削減し、廃棄コストを340万ドル削減するとともにリサイクルにより3600万ドル以上の収入を得ました[19]。

南米の消費財メーカー、キンバリークラーク社も、「ゴミを最終製品と交換する」取り組みを実施しており、他社が製造したリサイクル可能な二次繊維を回収し、自社製品と交換しています。同社は廃棄物の発生を防ぎ、二次材料の価値を最大限に活用するために幅広い取り組みを行っていますが、本プログラムはその1つとしてリサイクル繊維の調達を安定化させ、製品製造に活用するのに役立っています。このプログラムを通じて同社は、27の協力企業から年間360トン以上の二次繊維を回収しました。現在、中央アメリカ、カリブ諸国、アンデス地方にも本プログラムを拡大しようとしています[20]。

販売と製品利用：継続的な顧客エンゲージメント

ここまでサーキュラー・エコノミーのビジネスモデルを導入するのに必要なケイパビリティについて述べてきましたが、当然のことながら、重要なケイパビリティは外部にもあります。企業にとって最大の変化は、「継続的な顧客エンゲージメント」というコンセプトを実践するところにあります。サーキュラー・エコノミーの理念を実践するには、一度製品を販売して終わる関係ではなく、サービスを提供し製品のライフサイクルを通じて利用率を最大化できるよう支援し、息の長い関係を築くことが必要です。信頼の構築、顧客に責任ある製品を提供すること、寿命を迎えた製品の回収または廃棄を促すことは欠かせない要素です。

アフターサービスも、製品ライフサイクルを管理するうえで大きな役割を果たします。企業は資産を追跡して製品の性能を最適化し、回収後に、使用期間中の製品のインパクトを知るためのケイパビリティが必要となります。

製品販売・利用における新たなケイパビリティの必要性についての理論的根拠

継続的な顧客エンゲージメントは、あらゆる面で企業に大きなメリットをもたらします。まず、企業は顧客ニーズと実際の嗜好について理解を深めることができます。このインサイトを活かし、長寿命化した製品やサービスから新たな収益を得ることができます。また、製品を所有することよりもサービス利用による利便性を重視する顧客層にアピールすることなどで、ブランドイメージの向上を図り、マーケットシェアを拡大することも可能です。顧客との緊密な関係を保つことができれば、使用済み製品の返却を促すこともできます。これにより企業は、品質の良い中古製品を回収し、有用な部品や貴重な素材を取り出すことができるのです。最終的には、リサイクル部品を利用することで製造コストを削減し、スペア部品の最適な管理によりサービスコストも引き下げることができます。

転換を進めるために重要な取り組みとスキル

顧客との関係は、企業の成功や成長を左右します。サーキュラー・エコノミーのビジネスモデルに移行することで、顧客との関係にネガティブな影響を与えることを避け、逆に関係を向上させなければなりません。それには企業は、次の5つの顧客を中心とした取り組みを巧みに行う必要があります。

1．要求事項の理解

企業は調査、顧客フィードバック、ソーシャルメディア、市場データなどを用い、製品の利用段階および使用済み製品の回収における障害や機会を明確にするとともに、真の顧客ニーズや使用状況を特定する必要があります。

2.使用段階におけるイノベーション
製品寿命の延長と回収・リサイクルのビジネスモデルにとりわけ重要なのが、新たな製品・サービスを開発し市場に出すための取り組みです。製品利用に付加価値をプラスする新製品やサービスのコンセプト設定がこれに当たります。企業は適切なガバナンス、KPI、組織の担当を定義し、アライアンスやパートナーを特定することが求められます。顧客への提供価値に注意を払い、効果的な方法で関係性を保つとともに、利用段階で収益化するサービスを見出すことが重要です。

3.コネクションとデータアクセスの強化
顧客コミュニティと協業体制の構築は、企業が製品ライフサイクルを通して顧客との密接な関係を維持する上で必要不可欠です。これによりデータやユーザー行動のフィードバックが入手できるため、今後の製品・サービス開発に活かすことができます。

4.部品管理の最適化
企業は、新たなサービス展開に当たり、どの新品あるいは改良部品を提供するか、どのように欠陥の検知やフィールドサービスのコストを削減するかを決める部品管理戦略を確立する必要があります。

5．チャネル・パートナーの効果的管理

アフターサービスを効果的に提供するとともに、新たなビジネスモデルと回収チェーンに参画してもらうために、チャネル・パートナー（小売業者、販売業者、卸業者）との連携を強化する必要があります。また流通センターへのリバース・ロジスティクスや、シェアリング・サービスによるユーザー間での製品のやり取りなど、顧客が一部のタスクを積極的に行うよう促す方法を見つけることもこれに含まれ、イーベイが取引管理と製品の配送を顧客の手に委ねているのが代表的な例です。

以上の取り組みと併せて、セールス、マーケティング、サービスのプロが持つスキルを向上させることも大切です。例えばセールスおよびマーケティングの担当者は、1回きりの販売から継続的なサービスに移行するに当たり、顧客の信頼性向上に努めなければなりません。またチャネル・パートナーと連携し、顧客や市場にある製品へのアクセスを強化する必要もあります。さらに、資産ライフサイクル管理のコンセプトを理解することも重要で、そのためには顧客の行動やその背景についてより深く関わり、知ることが求められます。利用段階のデータ分析を行い、最適なエンゲージメント戦略やサービス開発についての結論を導き出すために、ITスキルも欠かせません。

SKFのケース

産業機器メーカーのSKFグループでは、資源効率化と製品寿命の延長に基づくサーキュラー・エコノミーの理念を実践するに当たり、製品中心から顧客中心のビジネススタイルに転換を図りました。SKF社は100年以上にわたり、軸受、シール、潤滑ソリューション、直動装置、アクチュエーションシステム、メカトロニクス・ソリューションを各主要産業に提供しています。これまでに得た産業資産に関する知識を基に、同社は製品寿命全体を通したメンテナンス、監視、リペア、最適化の高度なサービスやテクノロジーを展開しています。

そうすることでSKF社は単なる部品業者の域を超え、顧客が所有する機器の生産性を最大化しながら総所有コストを最小化しているのです。顧客のサービス利用から得られた知識を製品開発に活かし、次世代機器の設計に役立てていることで、資産管理の流れを完結させています[21]。同社は現在4万6000人の従業員を擁しており、およそ90億ドルの純売上高のうち39％が、「資産効率最適化」サービスを担当する「産業市場リージョナルセールス＆サービス（Industrial Market, Regional Sales and Service）部門」で生まれています[22]。

部門を統括するVartan Vartanian氏は、「コモディティ化の罠」に陥らないようソリューション企業になることを選択したのは自然な流れだったと述べています。「過去20～30年間における財政的なプレッシャー、世界的な競争激化、考え方の変化を見ると、単に優れた製品を販売し利益を得るモデルはいずれ立ち行かなくなることを示しています。重要なのは顧客の生産性とサステナビリティをいかに向上するかであり、それをＳＫＦ社にとっても有益なやり方で成し遂げなければなりません。製品の誕生から廃棄までライフサイクルを通したアプローチを実践することにより、すべての段階で価値を創出できるのです。製品の販売だけでなく、顧客システム全体の効率化を図ることで関係性を強化すると同時に、競合他社に先駆けて先行者利益を得ることができます。現在私たちは、製品の総所有コスト、予期しないダウンタイム、重要部品の評価といった指標を用いて、〈資産効率最適化〉の開発・実行を進めています」と氏は語っています[23]。

回収チェーン：機会主導型の製品回収

新たな機能の整備を必要とする5つ目の分野であり、サーキュラーのループを完結させるのがリバース・ロジスティクスと回収チェーンです。また、「廃棄・回収」としても知られており、適切な量と品質の使用済み製品・部品・原材料を市場から回収することを目的としています。

サーキュラー・エコノミーにおける効果的なリバース・ロジスティクスは、むろん政府の規制に則ることが前提ですが、最も付加価値の高い資源の買取や地域での再利用には、顧客との直接取引が必要になります。さらに、リバース・ロジスティクスには、回収資源の品質を正確に判断し、有用性を見極める機能が求められます。

新たな回収機能の必要性についての理論的根拠

電子機器メーカーに電子廃棄物の回収及び廃棄が義務付けられているように、これまで回収チェーンは規制遵守のためのものでした。一方サーキュラー・エコノミーではその目的が変わり、コンプライアンスからコスト削減および収益拡大を目指します。使用済み製品にも何かしらの残存価値があります。それを回収チェーンで見出し、抽出することで、次のライフサイクルが実現されるのです。この理念により、ウォルマート社、ジョンソン・エンド・ジョンソン社、プロクター・アンド・ギャンブル社、ユニリーバ社は、その他の企業とともに1億ドルを投じ2014年にClosed Loop Fundを発足させました。発案者はウォルマート社で、副産物の活用により企業が低価格で高品質なリサイクル材を確保できるようにすることで、米国内のリサイクル率を向上させることを目指していました。現在では市と協力し、リサイクルおよび回収チェーンのインフラ整備にかかる資金を提供しています。

ファンドによると、回収チェーンのインフラ整備が遅れているため、米国内では毎年110億ドル相当の包装材が埋め立て処分されています。現在、参画企業は自治体にゼロ金利融資を提供しており、回収チェーンのインフラ整備にかかる費用からみると、1億ドルはさほど大きな額ではありませんが、機会主導型アプローチを用いて市場から資源を回収する第一歩となりました。[24][25]

強固な回収チェーンを築くことができれば、バージン材を調達するよりも安価に資源回収や再加工ができるようになるため、リサイクル材の活用が進み、全体的なコスト削減を実現します。一般的に加工コストが引き下がるにつれ、回収チェーンの有用性が向上します。つまり、再利用・リサイクル・部品回収に適した製品を作り、使用済み製品の返却を顧客に促すことができれば、回収チェーン由来の資源の方がバージン材よりもコストメリットが高くなるのです。

最終的な目標は、資源の価値を常に最大限に保つことです。例えば、スマートフォンを再利用することで元の価値の48%が維持できますが、リサイクルをすることで維持される価値はわずか0・24%です[26]。しかし、リサイクルをより効果的に用いることは可能で、私たちが協力した消費財企業では、製品の引き取りおよびリサイクルの仕組みを整えたことで、材料コストの10～15%削減に成功しています。

資源をリサイクルするに当たり念頭に置かなければならないことは高い価値の実現です。リサイクル材がバージン材と同等の品質を達成しバージン材の代替資源として使われるか、より価値の高い製品に使われるレベルにアップサイクルされなければなりません。さもなければダウンサイクルされてしまいます。これはリサイクルおよび回収に限った問題ではなく、製品開発にも関わってきます。

製品回収により別の製品・サービスの発売につなげたり、廃棄製品を修理し再販することで異なる顧客層を開拓し、付随サービス（保険など）を提供するなど、回収チェーンを関連サービスと組み合わせることで収益拡大を図ることもできます。

転換を進めるために重要な取り組みとスキル

サーキュラー型の回収チェーンを効果的に開発・運用するには、目指す価値の明確化から始まります。各使用済み製品の残存価値をマッピングし、どの市場・顧客・製品セグメントで最も多くの価値が無駄になっているかを特定します。潜在価値が明らかになったら、お客様相談センター、回収スポット、回収ロジスティクス、集約および再加工センターなど、価値の再取得に必要なリバース・ロジスティクス網を整備します。

このネットワークで最も重要とされるのが、回収製品を再加工および再生産する施設です。当該施設を自社で建設し運営する企業もありますが、他社と連携することも可能です。最も革新的なケースでは、回収チェーンを持つ企業とサプライヤーが手を結び、廃棄物処理・リサイクル事業者を一切関与させずに、直接資源を回収するケースがあります。また3Dプリンターを用いて、回収製品をその場で新たな製品に再加工するという、店舗内リサイクルの試みを実施している企業もあります。

回収チェーンを円滑に運用するために、企業はアナリティクスとITシステムを適切に活用した新たなプロセスを構築する必要があります。これにより買取や引き取り業務を追跡し、回収チェーンの規模や状態を監視するとともに品質管理やテストを実施できます。需給計画の立案に当たり、優れたデータ管理能力を備えることも重要です。顧客行動は新製品の発売、インフラ整備、季節的な購買意欲の変化などに左右されるため、回収量のコントロールは極めて困難です。その結果、バージン材に比べ、回収材の供給量が不安定となり、供給過剰を招くことにつながります。

新たなスキルの獲得も重要です。一方通行型のサプライチェーンでは、ロジスティクス業務の担当者は、一方向にただ顧客の方へ製品を移動させていればよかったのです。サーキュラー型のサプライチェーンでは、双方向に移動させなければならず、そのためのケイパビリティを身に付ける必要があります。製造に携わる従業員は、高付加価値の使用済み製品や部品を見極め、効果的に利用するために、小売業者および市場との連携が求められます。IT担当者には、顧客エンゲージメント向上のためのプラットフォームを構築し、取引コストを引き下げ、製品返却のプロセスを簡略化するスキルが求められます。セールスおよびマーケティング担当者は、使用済み製品を可能な限り低コストで企業に返却するよう顧客に促すための、交渉力とサービス開発力が必要です。

このようなスキルを最大限に活用することで、回収チェーンを円滑に運用できるだけでなく、コスト効率の向上が図れます。サーキュラー・エコノミーを実践するに当たり、回収チェーンにかかるコストは最も大きな課題の1つです。オペレーション規模が小さくスキルに欠けていては、引き取り、ハンドリング、ロジスティクス、加工にかかる費用が、回収資源の価値を上回ってしまいます。

コスト削減余地は大きい場合が多く、最も印象的な例としてゼネラル・モーターズ社を紹介します。同社は、回収チェーンにおいて2011年から2014年の間に資源1トン当たりのコストを90％削減したほか、廃棄物排出量を合計62％カットしました。成功の背景にあるのがデータの活用で、同社は資源データ管理システムを用いて、コモディティ価格に照らし合わせ、一連の廃棄物処理プロセスを定常的に最適化しました。廃棄に関するデータは、製造、再利用、リサイクルされるすべての資源を追跡するのに役立つとともに、改善点を明確化するのにも有用です。[27]

リサイクルバンク社とシスコ社のケース

シスコ社は、強固な回収チェーンにより長年にわたり大きな利益を獲得している代表的な企業です。テクノロジー製品の世界大手である同社は、不要となった機器の回収を可能にする9つのリバース・ロジスティクス・プログラムを構築しました。回収された製品は新品同様の状態まで再生され、新製品と同様の保証およびサポートが付きます。

これにより2012年は、1万3000トンもの資源が埋め立て処理されるのを回避したほか、新製品よりも8割も安い3500種以上の再生品が中古製品から製造され、顧客のコスト削減にも成功しました。[28][29] 2012年単年では、回収製品の25％（前年比47％増）が修理、再販、再利用され、2014年には、3億6000万ドル以上のシスコ社製品が再利用されました。[30][31] 2001年以来、2万8000名以上の顧客が80カ国で「Cisco 認定再生品」を利用しています。[32]

顧客に回収チェーンへの参画を促している企業の1つがリサイクルバンク社です。同社は、地方自治体や廃棄物処理業者と提携し、各地域のリサイクル活性化に努めています。

「消費者にとっての価値を創り出すために、関連性を見出さなければなりませんが、サステナビリティは顧客にとって最大の関心事ではなく、一般家庭では健康や家計など、他の問題や優先事項があるのが実情です。いかにしてサステナビリティをすべての人々の生活に関連付けるかが重要で、より持続可能な未来へ向けて正しい選択ができるような刺激とメリットを与えることが必要なのです」とリサイクルバンク社CEOのハビエル・フレイム氏は述べています[33]。

消費者が企業から割引サービスを受けたり、特典と引き換えたりできるようなメリットを提供することが解決策の1つです。ハビエル・フレイム氏はリサイクルバンク社の特典システムにより、消費者のリサイクルに対する意識が向上したと語っています。また「消費者は環境に優しいグリーンな行動を取ることでメリットを獲得し、顧客行動の変化により環境へもプラスの効果がもたらされるのです」と述べています[34]。

第12章 政策がサーキュラー・エコノミーにもたらす影響力

サーキュラー・エコノミーへの支持が拡大する一方で、変革の足かせとなる障壁があることにも目を向けなければなりません。問題となるのは、ばらつきのあるリサイクル材の品質、サーキュラー型の思考でない製品設計、型落ちした製品のバリューチェーン、一方通行型の経済成長の指標や促進策、バリューチェーン全体で製品を追跡し、管理するためのツールの不足、市場から資源を効果的に回収するためのインフラの欠如などです。サーキュラー・エコノミーの普及を加速するには、政策、テクノロジー、投資、消費者などに対するシステム思考的なアプローチが必要です。

このような障壁を考えると、地球規模の課題に対する業界の取り組みの進捗状況に、ビジネスリーダーが満足していないことも理解できます。私たちが実施した、アクセンチュアと国連グローバル・コンパクトによる2013年の共同調査では、増大する人口による需要を世界経済が満たしていると答えたのは、世界100カ国、25を超える業界のCEO1000人のうち、わずか32%に過ぎず、世界が直面するサステナビリティに関する課題に経済界が十分に取り組んでいると答えたのもわずか33％でした。問題なのは、調査に参加したCEOのうち、サステナビリティを改善することによる便益を正確に定量把握できていると答えたのが38％に過ぎないことです。私たちの経験では、今日の産業界はより早く前に進もうとしているものの、顧客、投資家、政策立案者からそれほど強いシグナルを受け取っておらず、変化を加速することができていません。サーキュラー・エコノミーは、長期的な資源管理と短期的な事業収益とをつなぐものですが、地球や社会のための最善策が最終損益につながると政策立案者が認識しなければ、早期に実現することはないでしょう(1)。

政策による介入の必要性

政策介入は、障壁を取り除き、サーキュラー・エコノミーのビジネスモデルを実践するのに重要な役割を果たします。このため、企業のCEOは、政府による積極的な関与と行動に期待しています。

私たちが調査したCEOの83％が、サステナビリティの取り組みを進めるために、政府および政策立案者は、民間セクターの能力を今よりも強化する必要があると答えています。約85％がグリーンな成長を後押しする明確な政策やマーケットのシグナルが必要であると訴え、81％が「環境および資源的な制約であるプラネタリー・バウンダリー内での経済発展」を実現する政策枠組みを政府が策定すべきと感じています。さらに、84％が、気候変動に関する明確な国際合意と規制は、民間企業による努力を加速させるだろうと答えています。つまり、ビジネスリーダーらは、世界、国家、地域レベルのより大きな政治的介入がなければ、大規模な変革の実現はできないと考えているのです[2]。

ブラスケム社のCEOカルロス・ファディガス氏は、現状を次のようにうまく整理しています。「ビジネス界では常にルールの遵守が求められるため、ルールが良い方向に変われば、ビジネスも変革するでしょう。しかし、社会全体でその決断ができていないため、我々にできること、あるいは、やるべきことができていないのです[3]」

サーキュラー・エコノミー型の市場の成長には、政策が重要な役割を果たします。多くの場合、政策は必須のイネイブラー（実現手段）です。政策により、企業が資源生産性の優先度を高めるための財政支援、廃棄物を減らすための規制、サーキュラー型の資源フローを促進する情報および物理的インフラ、といった3つの要素をつなぐ市場フレームワークを作ることで、必要なマインドセットや取り組み方法を活性化することができます。生産者責任、廃棄物課税、製品ラベリングなどが一般的な例ですが、これ以外にも多くの事例があります。本章では、最も期待できる政策をいくつかご紹介します。

シェアリングエコノミーは、政策がサーキュラー・エコノミーの原則をいかに進めていくことができるのかを示しています。人間社会が始まってから、物や資産のシェアリングは非公式に行われていましたが、モバイルおよびソーシャルテクノロジーによりシェアリングがより効率化し、消費者はより幅広い製品をずっと大規模にシェアできるようになりました[4]。ネットワーク接続が改善されるにつれて、高額な資産だけでなく、日用品にまでシェアリングの機会が広がっています。稼働率の低い資産で収入を得たいオーナーと、購入価格に比べてかなり安いコストで製品やサービスを利用したい消費者とにより、このモデルは成り立っています[5]。

シェアリング型の経済には、利便性、価格、環境負荷の削減などの多くのメリットがあり、資産をより効率的かつ効果的に利用できます。地域社会の利点としては、生活環境の改善、社会的な孤立の防止、経済的な便益などが挙げられます。米国国立建築博物館が行った調査では、ライド・シェアの効果として、自家用車1万5000台の削減によって、1億2700万ドルの利益が地域経済にもたらされるとされています。これは、人々が必要な買い物などを地元で行うようになるためです[6]。

しかし、小さなアイデアからシェアリング・ビジネスが生まれたので、国際的な法律上の問題が発生しました。問題となっているのは税金の問題です。誰が、いつ、どこで支払うのかという問題です[7]。シェアを行う人たちは、事業者として登録されておらず、そのため、非課税所得が発生し[8]、政府が税収入を失うことになりました。また、シェアする資産が保険約款に則っていなかったため、保険の問題も複雑になっています[9]。

ウーバー社なども（納税義務のある）規制業界で事業を開始したとき、同じ条件を求められることはありませんでした。[10]しかし、自動車事故の発生を機に、ライド・シェアリングのモデルに対し、民間、政府当局、保険会社の厳しい目が注がれるようになったのです。

新しいシェアリングのソリューションが既存の政策枠組みと衝突するとき、疑問が生じます。顧客の権利を守るために、シェアリング・サービスのどの部分を規制すべきでしょうか。イノベーションを阻む余分なコストや管理上の負担をかけずに、これをいかに実施できるのでしょうか。シェアリング・サービスにより、税収入が影響を受けるのなら、どのようにその税収を回収するのが望ましいでしょうか。企業が成長し、ニッチ市場で支配的になったとき、いかに企業が独占するのを防ぐことができるのでしょうか。

本書に掲載されている5つのすべてのビジネスモデルを機能させる政策枠組みを策定し、非政策的な障壁を取り除き、新しい支援策を導入し、政策そのものが障壁となっている場合には、その解決策を見つけ出していく必要があります。

政府の新たな対応

政府はそうした課題に目をつぶっているわけではありません。世界の地域、国、地方レベルの公的機関では、様々な手段で、しばしばパッチワークのようですが、サーキュラー・エコノミーを実現するための取り組みを始めているところがたくさんあります。政策および規制の構築へ向けての機運が高まりつつあります。

例えば、ヨーロッパでは、ＥＵが「欧州資源効率性ロードマップ[11]」を策定するとともに、欧州委員会、加盟国、民間団体がより資源効率のよい経済に移行するためのハイレベルの指針を示すための委員会である「資源効率性プラットフォーム」を発足させました。このプラットフォームは、環境に害のある補助金を廃止し、サーキュラー・エコノミーを推進し、とりわけ、製品パスポート（後述）および産業共生イニシアティブを通じた企業間での資源効率性を改善する取り組みに重点を置いています[12]。

欧州委員会の環境担当委員で、サーキュラー・エコノミーの推進を担当するJanez Potočnik氏は、インタビューでその戦略について詳しく説明しています[13]。

「欧州委員会は、スマートかつ持続可能で包括的な経済を実現する『欧州２０２０年戦略』における構造的経済政策の柱として、資源効率性を厳格に設定しました。我々は、政策が効力を発揮する分野に重点を置き、政策および市場の失敗で生じている不整合といった具体的な課題に対処しています。本来の資源利用のコストが反映されていない価格設定に対処し、より長期的で革新的な思考や、現在の政策についてライフサイクルおよびバリューチェーンに関する視点の必要性に対応するなど、分野横断的なテーマに取り組んでいます。

例えば２０１３年に、我々は11の加盟国に対して、所得税から資源消費または汚染に対して課税するよう提言しました。２０１４年には、ロードマップにサーキュラー・エコノミー・パッケージを追加しました。この目的は、リサイクルの取り組み水準を高め、リサイクル可能な廃棄物を焼却しないように促し、埋め立て処理を減らすことです。特に廃棄物枠組み指令、埋め立て指令、包装指令の目標を更新するよう提案しています。また食品廃棄物、建設および解体廃棄物、海洋堆積物など特定の廃棄物問題にも対処しています。しかし、廃棄物問題は、消費および生産のループの一部にしか過ぎません。そのため、この政策パッケージでは、サーキュラー型システムの幅広い観点で、廃棄物法制の見直しを行います。

エコデザインを通じて、我々は、欧州市場で販売される製品の満たすべき、最低限の環境基準を設定しています。その基準をエネルギーラベルと結びつけることで、消費者は購入する機器のエネルギー効率を把握することができます。我々は、単にエネルギー効率だけでなく、耐久性、リサイクル性、再利用性、水効率、排気ガスなど、その他の重要な目標を統合することで、さらに先を行こうとしています。我々は、実際の環境影響と資源効率の向上に重点を置いています。

これは多数の調査で実証されています。ＥＵで資源消費量を１％削減すると、産業界にとっておよそ２３０億ユーロの価値に匹敵するほか、10万〜20万の新規雇用が生まれることになります」

（２０１４年12月に実施されたこのインタビューの後、ＥＵのサーキュラー・エコノミー・パッケージは、それに続く２０１５年版への改定に向けて取り下げられました）

ＥＵの廃棄物の政策枠組みは、「廃棄物の階層化」に着想を得ています。まず、廃棄物の抑制に努力し、次に、リユース、リサイクル、エネルギー回収を行い、最後の手段として、廃棄が行われることになっています。しかし、実際のところ、私たちの経験では、防止努力と再利用はほとんど優先して実施されておらず、リサイクルとエネルギー回収がよく行われています。リサイクルのインフラ整備、研究開発、目標設定といった取り組みが、再生産、修理、リユース、シェアリングを促進する政策に比べて、より広く普及しています。しかし、政府が修理業などの労働集約型サービスに対して減税することで雇用の創出に取り組んでいるので、修理業などへの関心も高まっています。

これは重要なポイントで、再利用および再製造ビジネスは、製品加工１０００トン当たり、8～20人の雇用を生みますが、リサイクル事業は5～10人、埋め立て事業はわずか０・１人にとどまるからです。[14] 主要な廃棄業者もここに注目しており、ＳＩＴＡ社は、英国の環境監査委員会での質問で、「過去の廃棄物戦略は、地方自治体の廃棄物管理を過剰に優遇するものであった。埋立地から資源を取り出す政策は、その取り出した資源を製造業に使用する政策でバランスを図る必要があります。[15]

英国下院による２０１４年の報告では、サーキュラー・エコノミーの導入に当たり、税制改正、再利用を推奨する生産者責任の規制、原材料の回収を促進する企業への財政支援拡大などが必要であるとの提言が示されています。原材料フローを分析および改善する際、データへのアクセスが課題とされてきました。下院の報告書は、回収・リサイクルした原材料の所在地と数量に関する情報を拡大して収集する取り組みの推進を提案しています。また、より適切な代替資源が存在する場合は、リサイクルできない原材料の使用を控えることや、政府の調達基準を用いてサーキュラー・エコノミーを推進することを提言しています。[16] 政府は提案の一部を後に退けましたが、リサイクル材の含有率が高い製品をより安くしたり、生産者責任制度を新たな業種で導入することで回収とリサイクルを促進したりするための助言を検討することで合意しました。[17]

デンマークは「廃棄物ゼロの国、デンマーク」という戦略を打ち立て、新しい官民連携を通じて、資源が持つ本来の価値を有効利用し、廃棄物の環境負荷を減らし、リサイクルを改善する取り組みに注力しています。家庭ゴミのリサイクルを促進することが主な目的で、これまでの2倍に当たる82万トンのゴミが2022年までに、焼却処分ではなくリサイクルされるようになると推定されています。この戦略には、廃棄物の選別および処理の施設の開発と実証に対する資金援助、より効果的な回収およびデータシステムの開発のための連携、廃棄された製品を直接回収する仕組みの導入の簡略化などが含まれます。[18]

スコットランド政府によるスコットランド資源保全活動の取り組みは、原材料の消費ならびに一次資源および新しい資源の利用を減らすことを目的とした国家プログラムで、(a)再利用またはリサイクル材を代替資源として利用し、(b)バージン資源の責任ある調達と効率的かつ生産的な利用を確実にすることを求めています。このプログラムは、20のアクションを設定し、2011年から2017年までに廃棄物を7%削減し、最終的にはゼロにすることを目指しています。資源効率化を進めることにより、スコットランド産業界に年間29億ポンドのコスト削減をもたらすと期待されています[19]。

同様に、ヨーロッパでは、NGOサークル・エコノミー、CSRオランダ、アムステルダム経済委員会およびオランダ政府が、オランダ国内にサーキュラー・エコノミーの導入を加速するための「グリーンディール」を締結しました。水、エネルギー、農業、養分の閉じたループに着目し、2013年から2016年までの間に50のサーキュラー型プロジェクトを開始する計画です。また、2016年までに、調達プロセス、政策、戦略に、サーキュラー・エコノミーの原則を統合したいと考えています[20]。

中国は、サーキュラー・エコノミー推進法の取り組みを進めており、アジアでは先進的な存在です。この取り組みは、サーキュラー・エコノミーの導入を促進し、資源利用を改善し、環境を保全および改善することで国家の発展に役立つことを目指して実施されています。地域と自治体の中には、サーキュラー型の活動を後押しするための基金の設立を予定しているところもあります。重点分野は、サーキュラー・エコノミーに関する科学技術分野の研究開発支援や、重要プロジェクトおよび情報サービスの実施です[21]。中国の李克強首相は、2014年9月に、現状の取り組みを支持しながら、国際社会へ向けて次のように述べています。「我々には、グリーンで、サーキュラー型で、低炭素型の開発を進めるための解決策、意志、能力があります[22]」

重要な点として、中国の政策アプローチは、環境管理とリサイクルだけにとどまっていないことです。資源の採掘および製造から小売、使用に至るまで、バリューチェーン全体にわたる、資源フローの循環ループを閉じるための新たな開発モデルを構築しようとしています。この法律では、資源リサイクルに加えて、再利用や製品サービスシステムも支援されています。地域レベルでの変革を経験し、促進するためのパイロットプロジェクトも開始しました。これには、戦略的な企業との連携（ミクロレベル）、サーキュラー型の工業団地の建設（メソレベル）、先進的な都市および地域選定（マクロレベル）が含まれます[23]。

中国サーキュラー・エコノミー協会（CACE）は、政府関係者に加えて起業家や学術関係者で構成されていますが、2013年の設立以降、サーキュラー・エコノミーの促進のために取り組みを続けています。CACEは、サーキュラー型の工業生産が、2015年には1兆8000億元（2930億ドル）まで増加し、2010年比で1兆元増に達すると予想しています[24]。

「サーキュラー・エコノミーは大きな可能性を秘めており、これを発展させることで資源のリサイクルおよび持続可能な経済成長を推進するだろう」と、政府の主要な経済政策立案を担う、国家発展改革委員会の副主任の解振華氏は述べています[25]。

日本では、天然資源が乏しく、政府は、競争力を維持し、廃棄物の埋立地不足に対処するため、資源生産性の向上への努力が長く続けられてきました。2001年以降、資源の利用効率を促進させるための政策パッケージである「循環型社会形成推進基本法」が導入されました。この政策パッケージは、廃棄物の削減、部品および資源の再利用促進、リサイクルの向上を目的としています。包装、家電製品、食品、建設、自動車など、幅広い経済セクターに規制が導入されています。進捗を測るために、資源生産性（トン当たり円）、リサイクル率（パーセンテージ）、ならびに廃棄物（トン）という3つの指標が用いられています。時間をかけて、3つ目の指標を減らしながら、残り2つを引き上げることを狙っています。[26] 政策の中には、国外にも目が向けられ、輸出や他国との連携も含まれます。地域によって、改善の余地は大きく、資源消費1トン当たりの経済活動についてみると、日本は、中国の7倍、韓国の2倍大きくなっています。[27]

サーキュラー・エコノミーの中核拠点となる取り組みを実施し、イノベーションおよび雇用創出につなげている都市や地域も数多くあります。ソウル市は「シェアリング・シティ」としての地位を確立すべく戦略を実施するとともに、旧態依然とした法律の改正、シェアリングを提供する企業の支援、市民参加の促進という3つの領域の取り組みに着手しました。これにより、同市では、他者が行動を起こすのを支援するだけでなく、自らの資源を有効に活用しています。例えば、およそ800の公共施設が、利用されていない時間帯に当該施設を他の利用者に開放し、これまで2万2000人以上の市民がこれを利用しました。このほか、30万回以上利用されたカー・シェアリングのサービスや、2万回を超える取引が実施された中古製品のオンライン・プラットフォーム、イノベーターが新たなシェアリング・ソリューションを開発するための1300のデータセットの公開など、数多くが実践されています。[28]

シンガポールでも、消費財およびサプライチェーンから出る包装廃棄物の削減を目指すシンガポール包装協定（SPA）を政府、民間セクター、NGOが共同で実施し、過去5年間で国内で4400万シンガポールドル（2014年11月時点の為替レートでおよそ3500万ドル）の費用が削減されました。[29]

カリフォルニア州では、毒性のある有害物質を安全なバイオ素材の代替品に置き換える取り組みを推進する「グリーンケミストリー法」を導入しています。[30] 国家レベルでは、オバマ大統領がサーキュラー型のサプライチェーンを創り出す業界の発展を促すための「バイオエコノミー計画」を発表し、研究開発の促進、ベンチャー企業への財政支援、ならびに研究段階から市場段階への移行促進などを進めています。[31]

導入を促進する政策イニシアティブ

こうした一連の取り組みにより、政策立案者の間で、サーキュラー・エコノミーの原則が支持され、ますます高い関心が寄せられていることが分かります。しかし、真の体系的な変革を実現するための道のりは長く、具体的な政策を実施すべきです。サーキュラー・エコノミーへの大規模な移行を促進するために、政府にはさらなる努力が求められています。

CEO、政策立案者、専門家、NGO、学識経験者へのインタビューを通じて、私たちは、政府が取り組むべき重要な政策措置として、公平な条件の整備、廃棄物ゼロの追求、資産の生産性向上の促進、という3つのカテゴリーが重要であると特定しました。

サーキュラー型と一方通行型経済モデルを対等に扱うための公平な条件

サーキュラー・エコノミーと政策について議論する際、まず公平な条件設定に言及すべきです。現在の規制下では、資源利用を増やすことによってより財政的に成長しやすくなるため、一方通行型経済成長モデルは不当に優遇されています。公平な条件を提供し、サーキュラー型と一方通行型経済モデル双方が真の実力で成長するためには規制の改革が必要です。

こうした規制改革の1つに、課税対象を労働力から資源に転換することが考えられます（370ページ参照）。現在、労働者には、天然資源よりもはるかに高額の税金がかけられています。これにより、企業に対して、人材やプロセスに投資してすでに利用している資源よりも大きな生産性を得るのではなく、資源の採掘を継続することを促すことになります。欧州では、例えば、労働税が税収全体の52％を占めるのに対し、天然資源への課税は0・3％未満となっています。[32] また、化石燃料など、一方通行型経済モデルにおける資源利用の一部では、依然として補助金が充当されていることも事実です。労働税を引き下げるとともに、資源利用への税を増大することで、製造事業者は、より制約の少ない、リサイクルされた原材料を利用するようになるでしょう。労働税が下がれば、企業が人材を確保するのが容易になるため、雇用の拡大にもつながります。同時に、「汚染者負担原則」に基づき、資源を浪費する企業に対する課税を増やすことになります。消費者へのマイナス影響を避けるためには、課税の転換は財政上中立的に進めるべきでしょう。

公平な条件を整備するためのその他の税制措置として、埋め立て税、原材料のリサイクルを促進するエネルギー回収税、付加価値税（VAT）の細分化などが考えられます。インターフェイス・カーペット社のラモン・アラティア氏とのインタビューでは、次のコメントが掲載されています。「リサイクルナイロンを100％使い、CO_2排出量が5キロの製品でも、バージン材を大量に使い、CO_2排出量が20キロの製品でも、同じ付加価値税がかかります。我々が市場に対して送っているシグナルは、いったい何でしょうか[33]」

多くの慈善団体やNGOが、中古品の販売など、サーキュラー・エコノミーの理念を採り入れた事業を行っていることに配慮が必要です。活動を支援し、促進するため、彼らには特別な課税ルールが適用されることが多く見られます。こうした組織の取り組みは、サーキュラー型のモデルを拡大しようとする営利企業の活動と重なることがありますが、同じ減税措置が適用されることはありません。双方が独自の価値貢献を主張するので、両者の間で双方にとって公平な条件を整備することは容易ではありません。税制によってサーキュラー・エコノミーのビジネスを促進していく必要がありますが、税制が複雑になり過ぎると、膨大な数の免税措置で管理できなくなってしまいます。

環境負荷のコストを製品価格に上乗せするという方法もあります。顧客が製品を購入する際の価格には、製品を製造し、流通させる時に環境に与える影響のコストは反映されていません。このような環境コストを製品価格に組み込む仕組みが整備されれば、政策立案者は、製品の価格競争力を維持するために、製造事業者に対して環境負荷を最小限に抑えるように促すでしょう。現在の好例が炭素税で、使用する化石燃料に含まれる炭素量に応じて課される消費税です。バリューチェーン全体の環境コストを測るための、より高度な手法もビジネス界および学術界の両方で開発が進んでおり、プーマ社の環境損益計算やデルフト工科大学で開発されたエコ・コスト法などが発表されています。[34][35]このような開発によって、政策立案者は、様々な業界における環境損益を測ることができます。つまり、私たちは、炭素価格だけでなく、経済全体の価格設定を見直す、総合的なアプローチを考える時期に来ているといえます。

廃棄物ゼロへ向けた取り組み

廃棄物量が世界中で主要な課題となる中、政府が埋め立て処理に注目するのは理解できることです。しかし、最初から廃棄物を出さないよう努力することが、より長期的展望に立った解決策です。廃棄物ゼロを前提とする経済を実現するには、廃棄された製品や原材料に対する需要が必要となります。それ自体の持つ価値に対する需要がなくなった時に初めて廃棄物となるのです。

廃棄物への需要を高めるには、廃棄物がどんな品質で、どの程度の量が、どこで利用できるかを知ることから始めます。廃棄物質のフローに関する情報は、とても得られにくいのが現状です。廃棄物の定義が各国で異なることも、さらに状況を複雑にしています。廃棄物フローの特徴および内容を企業に知らせる、国際規格や公的なオープン・データベースがあれば、どのように廃棄物フローが形成されているのか、より簡単に理解することができるでしょう。優れたデータや定義が整備されれば、政府は廃棄物フローに関する知見や知識を改善していくことに注力できます。

イングランド、スコットランド、ウェールズ、北アイルランドで活動する英国発祥のWRAPは、廃棄物を削減し、革新的な製品を開発し、資源効率を向上することで、企業、地方自治体、地域社会、そして個人が便益を享受できるように支援しています。WRAPは、英国環境食糧農林省（DEFRA）、スコットランド政府、ウェールズ政府、北アイルランド政府、EUの資金援助を受けて、非営利組織として2000年に設立されました[36]。WRAPが提供するデータや知見は、廃棄物戦略を策定する際の基準として世界中で活用されています。WRAPに匹敵する国際機関が設立されれば、廃棄物への理解が深まり、廃棄物に対する真の市場の需要が高まるでしょう。

国際基準、データ、知見などが整備されても、規制が旧態依然としているので、廃棄物は多くの国で問題となり続けると予想されます。法律は、一般に、廃棄物投棄を取り締まるものであることが多く、廃棄物への需要を高めるためのものになっていません。多くの政策において、廃棄物の国際取引や製品の二次利用は意図せずに禁止されています。廃棄物の国際取引や新たな製品に廃棄物を利用しやすくなるように法律を改善することによって、廃棄物のリサイクルやリユースが複雑で高リスクだという企業の認識を変えることにつながるでしょう。規制が常に問題となっているわけではありません。執行能力の低さ、制度監督機関の不足、知識不足、訓練不足、継続実施及び法執行に必要なリソースの不足などが問題となっています。

拡大生産者責任（ＥＰＲ）の政策により、廃棄物フローにおける品質および性能の維持に加え、より生産的な利用に対する廃棄物の需要を高めることができます（３７２ページ参照）。ＥＰＲは、使用済み製品に対する責任を生産者に負わせ、当該製品によってもたらされるあらゆる害もこの中に含まれます。これにより、バリューチェーンにおける「無駄」を省けるだけでなく、無害で再利用しやすい原材料の使用をメーカーに促すことができます。また、製品が出荷されるときに企業の責任が完了するのではなく、製品のライフサイクル全体に配慮するよう企業に働きかけます。ＥＰＲを活用した好例として、欧州委員会の「電気電子廃棄物指令（ＷＥＥＥ）」が挙げられます[37]。フランスでは２０１２年に家具業界で導入されました。完全施行されると、年間２００万トンの資源が回収およびリサイクルされました。これは、パリ全体で排出される総廃棄物量を上回ります。２０１３年５月現在、国内で販売されるすべての家具にリサイクル料金の表示が義務付けられ、サーキュラー・エコノミーの基盤作りやリサイクル対策を共同出資で開発していることを消費者に分かるようにしています[38][39]。

「プリサイクリング・プレミアム」という市場ベースのアプローチを用いることで、ＥＰＲの仕組みを経済全体に拡大することができます。これは、ジェイムス・グレイソン氏により提唱され、同氏は、サーキュラー・エコノミーを含む、制度変革のための政策および実践に携わる、ブラインドスポット・シンクタンクの創業者兼代表です。「プリサイクリング」とは、将来の「無駄」を防ぐことで、廃棄物の管理から資源の管理へと意識の転換を図り、「無駄」を省くという取り組みです。「プレミアム」とは寿命を迎え、廃棄される製品が大気、土壌、水質に与える環境リスクに応じて生産者に課される義務的な支払い額のことです。廃棄物となる恐れの高い製品には高額な料金が課され、生産者は、サーキュラー型の製品設計やビジネスモデルへの移行を迫られます。

これにより、製品の廃棄リスクが軽減され、コスト削減や資源効率性の向上を通して企業競争力を高めることができるのです。企業が保険会社に支払う料金は、(従来の保険料と異なり)社会全体の廃棄リスク軽減のために直接用いられます。サーキュラー・エコノミーを実践的で有意義な仕組みとして導入する際に直ちに必要となるシステム変革を財政的に支援することができます。また、プレミアムは、資源関連の外部性を防ぐための価格シグナルと、サーキュラー型のビジネスモデルに向かう取り組みを進めるためのシグナルを提供することができます。ジェイムス・グレイソン氏は次のように述べています。「廃棄物や気候変動などの体系的な問題は、小さな努力を積み重ねることで解決できるという、古い考え方が障害となっています。複雑な世界的サプライチェーンにおける廃棄リスクを追跡するには、ビッグデータという課題が残っていましたが、最新のテクノロジーにより解決されました(40)」

廃棄物市場の開発を阻む要素としては、製品の原材料に関する情報の不足があります。これは、顧客がサーキュラー型の製品を探しにくくなるだけでなく、メーカーもまたリサイクル品を探すのが困難なのです。グローバル製品パスポートは、原産地、特性、毒性などを含む原材料および資源の含有物に加え、回収およびリサイクルの方法に関する詳細情報を提供します（374ページ参照）。これにより顧客はより多くの情報に基づいて購入を判断することができます。さらに重要なことは、製品パスポートを通じて、企業がより再利用しやすい原材料や部品を用いて製品設計を行うようになることです。

製品パスポートを補完するのに、政府がリサイクル材の使用率を規格として義務付けることができます。国によっては、地域で使用率の基準を設けている場合もあります。製品パスポートの在り方を厳密に規定する必要はありませんが、共通の基準を設定する必要があります。これにより「環境製品宣言（EPD）」などの既存の自主的な取り組みを後押しすることにもつながります。製品の原材料や環境負荷を提示することは、食品に栄養表示をすることと大きく変わりません。製品ラベルで提供する指標には、原材料やエネルギー消費量、大気および水質の汚染物質などがあります[41]。

これまで述べてきた活動には、実現が遠く、困難なものもありますが、政府が国内で実現できるものもあります。それは、リサイクルの促進です。自ら排出する廃棄物の一定割合をリサイクルするように企業に義務付けることは、政府の権限で実施できます。現実的なリサイクル目標を設定し、これを遵守させることで、各国政府はリサイクル率を大幅に向上できます。リサイクル要件の設置により、リサイクル材の新しい市場開拓も期待できます。

注意しなければならないのは、適切な条件に欠けるリサイクル目標では、望ましい取り組みにはつながらないという点です。よくある失敗例は、同じ原材料フローの中で、様々なタイプごとにリサイクル目標を設定できていないケースです。消費者がまだ使用していない原材料は、廃棄物フローの中でも高品質で純度も高いため、一般にリサイクルが容易です。しかし、大部分を占めるのは使用済みの原材料です。リサイクル目標は、未使用材のリサイクル率が高いことによって達成されることが多く、使用済み材の割合が低いか、全くない、という場合があります。このため、政策は目標を達成できないリスクにさらされ、規模を拡大するための対策を打つ機会を失っています。

ほとんどの環境に関する取り組みは、誘導的な政策だけでは実現できず、野心的な法的目標を設定し、個人と企業が目標達成のために十分に準備できるようにすることが必要です。「モントリオール議定書」がその好例です。予期せぬ事態を想定して、目標達成を広く公にすることも重要です。感情的な抵抗が強く、変革が遅々として進まない場合には、活動を推進するNGOがソフトローを策定し、オンライン・キャンペーンやソーシャルメディアにより、企業に実施を迫ることもあるかもしれません。

経済的資産を最大限利用するための努力

リサイクルが唯一のソリューションではないということは言うまでもありません。原材料を廃棄物フローに追いやらないようにするために重要なことは、製品を長く利用することです。これこそがシェアリング・プラットフォーム、製品寿命の延長、サービスとしての製品に基づくビジネスモデルが目指すゴールです。残念ながら、これらのモデルが提供するサービスには、必ずしも規制が整っているとは言えません。

旧態依然とした政策の多くは、元々リサイクルを支援するために策定されました。こうした政策が見直されなければ、たとえ環境負荷が少なく、経済効果が高くても、製品ライフサイクルの延長がリサイクルより高い競争力を持つことはできません。自動車メーカーに対して、使用済み車両のリサイクルを義務付けるELV指令のような政策が再製造プロセスには存在しないというのが一例です。また、別の政策では、燃料またはエネルギー効率性基準のような革新的技術の効率化と利用を促進するための政策が策定されました。再利用される原材料の一部が効率基準を満たさず、課税や販売禁止となってしまうこともあるため、再製造プロセスには通常これらの政策は機能しません。

このような政策は有用な場合もありますが、製品のライフサイクルを延長する方が新製品の性能を向上させるよりも大きな便益が得られるのです。政府は、製品の製造時だけでなく、ライフサイクル全体を考慮した基準やルール作りを行う必要があります。特定の化学薬品や物質の使用に関する情報開示を求めることで、製品に対する透明性やインサイトを高める政策もあります。しかし、最初の製造事業者だけしか原材料を把握していないような場合は、再製造、修理、改修などの活動には用いることはできません。繰り返しになりますが、分野に特化した基準や認証が必要なのです。

複雑な設計により、修理や再製造が困難となっていることも、資源の有効利用を妨げる要因になります。米国で試行された提案で、情報公開法（ＦＯＩＡ）の適応範囲を広げ、再製造事業者の要望に応じて設計者が製品の部品に関する情報を開示するように求める、というものがあります。[42]これにより、再製造時にリバース・エンジニアリングへ費用を投じる必要がなくなり、製品寿命の延長のようなビジネスモデルによる機会を損ねることもありません。

安全と安心は、資産のシェアリング、つまり、個人が小規模な起業家となり、サービスを他者に提供するときの基盤的な要素となります。しかし、シェアリング・サービスを利用する顧客は、多くの場合、支払うものに見合った価値を得られると信じ込んでいます。ホテル業と同様の基準に準拠するよう民泊業者に求めるなど、共通の安全基準を設けることで、顧客はより安心してシェアリング・サービスを利用することができます。

他人を待つのをやめよう

過去10年において、サーキュラー・エコノミーのビジネスモデルの導入は大きな進展がありましたが、必要とされる取り組みはまだ山積しています。サーキュラー・エコノミーでは、これまで250年間続いてきた生産と消費のモデルからの脱却が求められるため、産業界の行動を大きく変える、大規模かつ広範囲にわたる変化が予想されます。政府は次世代の経済モデルでの投資を促進するような、政策的枠組みを立ち上げる必要があります。企業と政府はともに、サーキュラー・エコノミーを推し進める役割を担っているのです。

企業はサーキュラー・エコノミーのビジネスモデルを独自に採り入れることができます。製品の環境負荷を削減し、「無駄」を省いた設計をし、資源利用の最適化を図り、自社にとっても、顧客にとっても成り立つように実施することができます。変革が進まない場合は、企業は政策立案者と協力し、サーキュラー・エコノミーを妨げる障害を取り除く、規制の枠組みを策定する必要があります。

政府はその役割を十分に発揮することが求められます。地方自治体には市場を立ち上げるために取り組むべきことが多数あります。とりわけ、都市部は自ら優先順位を設定し、サーキュラー・エコノミーの独自戦略を策定する権限と責任を有しています。天然資源の75%を消費し、世界の廃棄物の50%と温室効果ガスの60~80%を排出しているのが都市部であることを考慮すると、これは特に重要です[43]。また、資源効率の良い都市に必要な、物理的かつデジタル基盤の構築に、革新的な手法を活用することも大切です。

政府は、自らの活動を通じて先例を示すことができます。米国農務省（USDA）がBioPreferred®プログラムで実施したように、サーキュラー・エコノミーの原則を政府調達で活用することができます。本プログラムでは米国の連邦当局が購買判断を行う際に、バイオ製品が優遇されます。政府およびその契約業者は、法律によりバイオ製品の購入が義務付けられます。このプログラムでは、優遇措置を受ける調達製品の種類と、バイオ材料の最低含有量が予め特定されています。新たな製品の適用とイノベーションを促すために、1972年時点で大きな市場シェアを占めていたバイオ製品については、政府調達の優遇措置または認定およびラベリングの対象から除外されました[44]。

サーキュラー・エコノミーを拡大するには、企業と政府による一致団結した取り組みが必要です。どちらかが欠けても、計画が遅れるだけでなく、机上の空論で終わる恐れもあります。サーキュラー・エコノミーがすべての課題への解決策ではないことを認識するのも大切です。サーキュラー・エコノミーに基づく政策を正しく実施すれば、環境負荷を下げ、資源利用を削減し、リサイクル率を改善し、資産全体の生産性を向上し、雇用を創出し、地方経済を活性化し、資源の輸入依存度を低下させることができます。しかし、すべての環境問題を解決し、社会情勢を改善できるわけではありません。例えば、課税対象が労働力から資源利用に転換した場合などは、すべての産業界に便益がもたらされるわけではありません。

サーキュラー・エコノミーの政策を始めるための5つのステップ

政治的ビジョンの構築

規制と法律は変革をもたらしますが、それを前進させるために必要な支援、イノベーション、権限を生み出すのは、理念とビジョンです。サーキュラー・エコノミーは、大規模なシステム改革であり、ビジネス体系が変わり、消費者の役割も進化します。変革を進めるに当たり、人々に活力を与えるビジョンは、国、都市、コミュニティによって異なり、地域環境、産業構造、開発水準に依存します。デンマークの前環境相で、世界経済フォーラムのサーキュラー・エコノミーに関するYGLタスクフォースにおいて、ピーター・レイシーとともに議長を務めるIda Auken氏は、次のように述べています。「アイデアで社会を変革する必要があります。大臣として在任中に〈廃棄物戦略〉から〈資源戦略〉へと名称を変更しました。その結果、廃棄物ではなく、資源について語るようになりました。テレビに出演しているときは、可能な限り具体例を挙げて説明をしました」

サーキュラー・エコノミーへの最初の一歩は、市民と産業界が同時に参加でき、地域社会でも受け入れられる政治的ビジョンを構築することです。

サーキュラー・エコノミーの機会に向けた規制の見直し

ビジョンの設定後は、現在の規制を見直し、新たな基準を確立する必要があります。本章で述べてきた、公平な条件の整備、廃棄物ゼロへの取り組み、生産性の向上という、3つの領域から議論を開始するのが適切です。規制を評価するには、フレームワークを用いるのが有効です。ここでは、Nesta and Collaborative LABによって開発されたフレームワークを紹介します。(45)

政策および規制の課題を評価するためのフレームワーク

資産　当該活動および業界はどの資産を重視しているか？
ビジネスモデル　当該活動を推進するのはどのビジネスモデルか？
公的な便益　問題となっている当該活動および企業は、どのような経済的、環境的、社会的（マクロおよびミクロ）な便益か？
公的なリスク　問題となっている当該活動および企業によって生じるのはどのようなリスクか？
既存政策　当該活動および企業を直接規制する政策はあるか？
現状の政策が起草されたのはいつか？
当該政策によって保護対象とするのはどのようなリスクか？
誰を保護の対象としているのか？
その理由は何か？
改善点　問題となっている当初のリスクは現在もまだ残っているのか？
追加点　政策や規制の対象となっていない、新しい公共リスクが生じているか？

税制優遇と財政支援の確保

価格シグナルを適正化することは、環境政策ならびにサーキュラー・エコノミーで主要な課題となっています。労働者と資源に関する税制の不均衡を是正し、雇用を減らすよりも資源効率性を向上させることでコストを削減するように、企業を促す必要があります。多くの資源および製品が、複数のライフサイクルで使用されるようになった場合、安定した税制基盤についての疑問を抱きつつ、これにあった税制が必要になります。政府はまた、公共調達やプロジェクトの資金支援を通じて、動機付けを与える必要があります。

まず、政策ビジョンに基づく主要な指標と目標の設定から始め、次に、その指標を改善するのに役立つのはどの税制や支援策なのかを評価します。単純にリサイクルを重視するのではなく、5つのビジネスモデルすべてに取り組み、資源生産性の指標（例：資源利用量1トン当たりのGDP）を向上する活動を支援することが重要です。

研究、教育、情報分析の促進

国家レベルでのスキルおよび能力の支援を行うに当たり、政府が重要な役割を担っているのは明らかです。サーキュラー・エコノミーへの転換は長期間となるため、大学のプログラム、設計者・事業者・研究者間の連携、学校向けの教材、情報キャンペーンなどの取り組みによる支援が必要となります。

数多くの領域を関連させていく必要があり、特に、行動科学およびデータサイエンスが重要です。行動科学によって消費者を引き付け、顧客にとっての製品およびサービスの位置付けや表現の仕方を少し変えることで、サーキュラー・エコノミーを定着させることができます。データサイエンスによって、サーキュラー・エコノミーにおける製品および資源のフローが複雑にならないような対応が可能になり、市場と関わるサプライチェーン上での安全かつ確実な流れを実現します。

新たなパートナーシップの確立

もう1つ重要な点として、新たなパートナーシップが、とりわけ、先駆的なリーダー企業と革新的なスタートアップ企業との間での協力が必要です。サーキュラー・エコノミーのバリューチェーンにおいては、様々な関係者が協力する必要があるため、パートナーシップの果たす役割がとても大きくなります。メーカーは小売業者と連携し、消費者は回収業者や、製品、部品、原材料を市場に戻す企業と協力する必要があります。最終的にサーキュラー・エコノミーが標準となれば、業界と消費者の能力が高まり、独自にパートナーシップを形成するようになるでしょう。しかし、初期段階では、政府が重要な役割を果たします。

スポットライト　労働力から資源への課税転換

天然資源の枯渇が進む一方で、労働力に関してはこの限りではありません。世界の失業者数は2013年に2億人を超え、2018年までに2億1500万人を上回ると予想されており、世界には人材があふれています[46]。しかし、多くの国では、既存税制により、企業に希少資源の利用を促し、豊富な資源が利用しにくくなっています。

ソリューションの1つは、天然資源と労働力への課税方法で政策転換を図ることです。資源利用に対して増税し、労働力に対して減税することで、政府は、企業による雇用を拡大しつつ、天然資源の利用を減らすことができます。

そのような税制改正では「二重配当」を生み出します。つまり、より雇用がしやすくなると、企業の創造性やイノベーションが促進され、製造、修理、サービス、メンテナンスの能力も向上します。また、バージン材や再生不可能な資源の費用対効果がずっと低くなることで、企業は生産性の高い資源利用を心掛けるようになります。国際労働機関（ＩＬＯ）の研究では、例えばＣＯ２排出量に国際税を課し、その税収により労働税を軽減すれば、最大で1400万人の雇用が新たに生まれるとしています[47]。

税制改正により、望ましい効果が得られることを証明したのがドイツです。1999年に環境税制改革を施行し、燃料およびエネルギーに対する段階的な増税を導入しました。増税分は公的年金制度に用いられ、人件費の削減につながりました。エネルギー価格の上昇により、企業が省エネおよび効率化を進めるようになり、人件費の削減により、雇用が活性化されました。この改正により、ドイツでは、25万人の雇用拡大につながったと考えられています[48]。最近では、2007年から2013年の間に欧州議会では環境関連の税制改正案が数多く提出されました。労働税など反福祉的な税負担から、資源消費、環境汚染、その他の環境破壊に対する課税にシフトすることが提案され、これにより、二重配当が期待されています[49]。欧州委員会は、税制改正により環境および雇用両方の問題解決が図れるだろうと考えています。しかし、助言が出ているにもかかわらず、実質的な改革を後押しする動きはまだ広がっていません。

このような税制改正を支持するNGO団体であるエクスタックス（Ex'tax）は、改正が実行に移されるのは時間の問題であり、企業経営者や政治家の危機感をどの程度たき付けられるかにかかっているものの、向こう5～20年で実現されると見ています[50]。正確な時期がいつになるかにかかわらず、これは根本的な変革です。政府は、企業に新たなコスト構造に適応するための十分な猶予期間を与える必要があります。このような課税制度の転換は（ドイツの例のように）国内で機能しますが、最大限の成果を上げ、資源依存度の高い経済における競争上の不利益を回避するには、より高いレベルでの協調が必要です。

スポットライト　拡大生産者責任の導入

製品が販売されると、製造事業者は、製品の利用と廃棄についての管理責任を負えなくなってしまいます。残念ながら、責任を持って古くなった製品を利用し廃棄することができない、あるいは、そうしたくない消費者が一部にいるのも事実です。結果的に、貴重な資源が浪費され、その結果として生じた廃棄物が環境および社会的な問題を引き起こしています。

この問題に対する解決策としては、使用済み製品に対する責任を製造事業者に負わせる拡大生産者責任（EPR）があります。EPRは、通常、製造事業者に対して、製品の回収、リサイクル、廃棄だけでなく、環境関連の製品特性に関する十分な情報開示（例：製品パスポートの利用）にかかる費用の一部または全額を負担するよう義務付けています。また、製品によるものだと証明された環境被害について、通常、製造事業者に責任を課します。責任は、製品ライフサイクルの全体か、または、その一部（使用時および最終廃棄時を含む）が適用対象となっています。

EPR政策の種類に応じて、製造事業者には単独責任または連帯責任が課されます。単独責任の場合、生産者は、使用済みの自社製品に対してのみ管理責任を負いますが、連帯責任の場合、同じ製品カテゴリー（または業界）に属する製造事業者は、どのブランドかにかかわらず、使用済みのすべての製品に対する管理責任を負います。研究結果によれば、一社単独で毒性の高い原材料を排除したり、回収がより容易な部品を活用したりするなど、変更による便益を直接享受しやすいので、単独責任の方が、望ましい設計変更を促すのに効果的ということが分かっています。EPR政策の対象範囲は柔軟なため、比較的短期間で実行に移すことができ、いくつかの製品から開始して、時間をかけて拡大していくことができます。

EPRが単独責任または連帯責任で課せられるかにかかわらず、EPRは、廃棄物処理に必要な資金不足に苦しむ地方自治体の負担軽減にも役立ちます。また、この政策により、生産者は、製品設計の際、環境要因に配慮するようになり、廃棄コストを製品価格に組み込むようになります。

EPR政策は数十年にわたり、各地で用いられています。初期の頃、1970年代には、使用後の回収を促すため、飲料の缶やボトルに少額のデポジットを消費者に支払うように求める仕組みが採用されました。1990年に、ドイツでは、Duales System Deutschland（現在のGreen Dot®システム）を導入し、包装材の回収およびリサイクルにかかる費用を企業に支払わせました。この制度の開始以降、8000万トンを超える使用済みの包装材が回収され、年間リサイクルにより、2500万ユーロの節約となりました[51]。

最近では、前述の電気電子廃棄物（WEEE）指令が2003年に欧州法として制定されました。これは、製造事業者および販売事業者に、電気電子機器から出る廃棄物の廃棄責任を負わせるものです。この法律により、企業は廃棄物の回収インフラを構築する必要があり、この結果、消費者は無料で製品を返却することができます。2006年にデル社は、電子機器メーカーとして初めて、同社ブランドの製品をリサイクルするため、無料で回収する自主的な取り組みを始めました[52]。

製品回収や再販売の革新的なモデルは、テクノロジーおよびファッション等、様々な消費財の製品で起こっています。例えば、ガゼル社、Mazuma Mobile社、ポッシュマーク社、スレッドアップ社などが挙げられます。こうした取り組みにより、消費者は、製品の廃棄時に支払いを受けることができるようになっています。

こうしたモデルを採用することが、EPR政策に直面する企業にとって最善の戦略です。企業は革新を起こして、廃棄物回収自体を商業的に確立させ、政府が廃棄物回収を必要とする前に、自主的に生産者の責任を果たすことができます。政策立案者は、常にEPRが企業を支援し、法令遵守の枠を超えて活動できるようにすることが重要です。企業は回収プロセスで資金化する方法を見つけるので、EPR政策自体は長期的に必要性が薄れていくでしょう。

スポットライト　グローバル製品パスポートの導入

リサイクルおよび再利用を進めるのに重要になるのは、製品に本来備わっている価値を理解し、廃棄された時に危険をもたらす可能性のある有害物質の存在を把握することです。製造事業者が製品の原材料を明らかにしない、または、明らかにすることを求められていない場合、不可能ではないにしても、製品の中身を知ることは極めて困難です。

そこで「製品パスポート」が登場します。これには食品の栄養表示と同じように、製品の原材料の構成に関する詳細かつ完全な情報が掲載されています。これにより、寿命を迎えた製品の収集、回収、加工、リサイクルがより行いやすくなります。また製造事業者には、ライフサイクルの初期段階で、従来とは異なる考え方が求められます。もし製品パスポートにすべての原材料を明示しなければならないと分かっていれば、有害物質を含まない製品設計を重視するようになるでしょう。また、消費者が製品を購入する際も、情報に基づいた選択ができるようになります。

2000年には、世界の大手自動車メーカー各社が、製品パスポートの一種である国際マテリアルデータシステム（IMDS）を導入しました。IMDSは完成した自動車製品に含まれるすべての原材料情報を収集および維持するデータベースです。クラウドベースのオープンソースソフトウェア・アプリケーションで、低コストで簡単にアクセスできることから、自動車業界のほぼすべての企業によって急速に導入され、まもなく国際標準となりました[53]。

EU諸国では、2007年に、化学業界向けの同様のプログラムである、化学薬品の登録・評価・認可・制限に関する規定（REACH）が導入されました。これにより、化学薬品企業は、製品から生じるリスクを評価および管理する責任が課せられ、顧客に対して適切な安全に関する情報提供を行うよう求められています[54]。

当然ながら、導入には課題も伴います。すべての原材料の構成の明示を義務付ければ、企業に追加的な管理コストを課したり、企業秘密の情報開示を強いたりすることになるかもしれません。さらには、製品パスポートが国内だけで実施されている場合は、コストの増加や貿易フローの制限により、競争面で不利になる可能性があります。

ＩＭＤＳのような成功事例は、少数の企業が共通の目標に向けて取り組むことで、特定業界における原材料情報の透明性を比較的短期間に向上できることを示しています。しかし、製品パスポートがグローバルの業界横断的な基準、すなわち、サーキュラー・エコノミーの拡大に必要なものとなるためには、産業界と政府との連携を強化する必要があります。民間企業が協力して、意味のある製品パスポートを策定するとき、政府が支援策と規制措置を通じて製品パスポートの大規模な導入を推進するのに重要な役割を果たします。

第4部

初めの一歩

キャタピラー社、フィリップス社、ナイキ社、エアビーアンドビー社などの企業は、サーキュラー・エコノミーのビジネスモデルの開拓に成功しています。その行動や経験を見れば、一方通行型のモデルからサーキュラー・エコノミーのビジネスモデルへの移行がすでに起こっていることは疑う余地がありません。これは成功裏に進んでおり、かつ、必然的な事象です。そのため、市場、地域、産業に関係なく、あらゆる組織が、限りある資源の利用と経済成長とをデカップリング（分離）するための基盤を構築することが重要です。そうすることにより、新たなビジネスモデルに移行し、資源生産性を劇的に改善し、差別化を図り、コストとリスクを抑制し、新たに強固な収益源を生み出し、長期的視点で顧客満足度を向上することができます。

このプロセスを開始するには、経営陣は5つの重要な質問を確認しておく必要があります。

●　リスクとチャンス

一方通行型の経済成長モデルを継続すると、今後どのような事業リスクがあるか。自社のバリューチェーンにサーキュラー・エコノミーを適用すると、どのような機会があるか。自社の進むべき道を切り開くために、何ができるか。

- バリューエンジニアリング
顧客に提供している本当のコアバリューは何か。サーキュラー・エコノミーのビジネスモデルにより、価値をより高め、その提供方法を再考するのにどのくらい役立つか。
- デジタルと他のテクノロジー
サーキュラー・エコノミーについて考えるとき、自社の事業に本当に重要な技術――科学、工学、デジタル――のトレンドは何か。また、既存のバリューチェーンを破壊し、それを新しく創造する可能性はどのくらい見込めるのか。
- ケイパビリティ
サーキュラー・エコノミーのビジネスモデルを支えるには、現在の運用モデル、ビジネスのエコシステム、ケイパビリティを、どのように改善する必要があるか。
- タイミング
自社に選択肢と機動性を与えるポートフォリオを作成するために、サーキュラー・エコノミーの野心性だけでなく、アプローチの導入時期とその速度をどのように設定するのか。

これらの視点を入念に検討することにより、経営者は、組織の変革を始めるために必要な手順、その成果の規模、行動の緊急性を決めることができます。

リスクとチャンス

一方通行型の成長モデルが消滅するのはもはや時間の問題で、それに依存する企業も同様の状況にあります。一方通行型経済のリスクとサーキュラー・エコノミーのチャンスを理解するためには、次の2つの側面をよく検証しなければなりません。資源が残りわずかであるリスクと、現在の自社のバリューチェーン上における非効率性によってもたらされる改善のチャンスです。

一方通行型経済モデルのリスク

一方通行型経済におけるリスクを判断するには、脆弱性評価を実施し、自社が資源の枯渇や環境規制のリスクにどのくらいさらされているかを把握する必要があります。自社の資源に関連する費用の割合はどれくらいでしょうか。どの資源のリスクが、また、自社のどのプロセス（供給、生産、小売、各製品／地域／セグメント）のリスクが、最も大きいでしょうか。ある一定のコモディティ価格の上昇により、自社の利益率や、消費者への価格転嫁にどのような影響が生じるでしょうか。事業上の主要な要素について、価格、脆弱性、タイミングを経営陣はどのように考えていますか。また、その結果、組織のコスト構造はどんなリスクにさらされるでしょうか。

　これらの疑問については、短期的および長期的視点で考える必要があります。企業は、資源の需要と、それによる脆弱性についての理解について、通常の3～5年の期間だけでなく、10～15年の期間でも検討しておくべきです。

　企業が長期的な戦略を検討するとき、資源の代替品が十分に利用できるようになることで、需要または供給に破壊的な変革が生じる時期についても考慮する必要があります。枯渇に備えて、十分に確保できるのは、どのような資源でしょうか。また、業界や地域に破壊的な変革をもたらす可能性があるのは、どのような資源に競合が生じたときでしょうか。例えば、エネルギー業界は、薪として利用するため、木材の需要を急速に増やしています。将来的には燃料や化学製品などに活用しようとしています。その結果、紙・パルプ業界が影響を受けつつあり、資源の争奪が始まっています。また、繊維業界も樹木を将来の資源として注目しているので、供給に対する脅威を与え始めています。つまり、組織の戦略的課題は、長期的に必要になる資源は何か、また、その同じ資源を利用しようとする業界はどこかを把握しておくことです。

　DSM社のファイケ・シーベスマ氏も、長期的視点の重要性を強調し、「ビジネスの将来を見据える、ということだと思います。資源をどのように利用し、配分するかを考えるとき、現在の経済システムは持続的でなく、再構築は避けられないからです」と述べています。「DSM社は、長期的で、かつ、将来性のあるビジネスを行い、一方通行型からサーキュラー型のビジネスモデルへ移行することで、今後、数十年にわたって好調な業績を維持するつもりです」と語っています[1]。長期的な脆弱性を検討する際は、現在の資源の見通しが続くと想定してはいけません。再生不可能エネルギーの利用から脱却し、前述のプラネタリー・バウンダリーの問題に対処することは、企業だけでなく、政府にとっても対応すべき重要な課題です。そうすることで、企業が世界で最も難しい課題を解決するのに必要な技術的専門性やイノベーションを起こす力を習得することができます。

将来の政策や環境規制は現時点では明確ではないかもしれませんが、長期的な視点では強い影響力を持つ可能性があります。自動車、家電、包装、エネルギー、化学などの多くの業界がすでに影響を受けており、戦略的な対応を求められています。限りある資源を大量に使用し、環境問題を引き起こしている企業は、新たな政策によって想定外の影響を受けるリスクもあります。企業は、資源の利用に関する政策や環境規制がさらに強化されるという将来シナリオを検討しておくのが賢明でしょう。

この10年間、企業は不安定な供給に伴うリスクを重視して、企業リスクに対するマネジメントを強化してきました。しかしながら、リスクの予防も重要ですが、そもそも、一方通行型の思考には限界があります。多くの場合、ビジネスモデルを変革して、リスクを絶つという発想もありません。ある企業が、特定の資源のリスクが高く、その資源を使用することで多額の収益を得ている場合、その収益モデルはあまりレジリエンス（弾力性）が高くありません。しかし、サーキュラー・エコノミーのビジネスモデルを適用し、その資源からの収益を絶つことにより、その企業のレジリエンスは高まります。

企業は、最もリスクの高い資源からの分散を図り、その影響を最小限に抑え、日々のリスクを排除し、収益を確保することを狙っています。近年、その方法で成功しているのがルノー社です。ルノー・エンバイロメント社CEOで、副社長として戦略的環境計画を担当するフィリップ・ヘルミン氏によると、現在、原材料の調達量と同じだけ、耐用年数を経た製品や生産廃棄物から金属を取り出しています。[2] その結果、同社は、供給リスク、原料価格の高騰や大幅な変動を効果的に回避できています。

バリューチェーンの非効率性

サーキュラー・エコノミーに向けた基盤づくりに万能なアプローチは存在しません。チャンスを見つけ出すために重要なのは、既存のバリューチェーンにおける非効率性を特定し、サーキュラー型のアプローチによって、それを最小化あるいは改善できるものを見つけ出すことです。

産業によっては、生産プロセス、物流、販売において相当な量の「無駄」を生じているところもあるかもしれません。製品の利用率が低いことが非効率のより大きな要因になっている産業もあるかもしれません。最も効果的にするには、チャンスは重要で対応可能なものにすべきです。例えば、ある企業では、資産の稼働率と廃棄物の利用の両方に非効率性が生じているとしましょう。しかし、すべての廃棄物の90%は、消費者が製品を購入した後に生じ、その廃棄物にその企業が対処するのは困難であるため、資産の有効活用がより大きなチャンスだと判断することができます。

スウェーデンの家電大手エレクトロラックス社の事例を見てみましょう。同社のサステナビリティを担当する上級副社長のヘンリック・サンドシュトローム氏は、自社製品による環境負荷の80％が製品の使用段階に生じ、原材料や輸送段階の影響は20％に過ぎないと説明しています[3]。

こういったことは、各企業にとっての価値の源泉に依存するため、次に示すとおり、チャンスも大きく変わってくる可能性があります。

● アパレル業界におけるコットン離れ、包装業界における石油由来のプラスチック製品離れのように、特定の業界内で、特定の資源に対する代用品の使用が広がるだろうか。その場合、長期にあるいは永遠に再生産し続けることができる資源を作り出すことに大きなチャンスがあるかもしれない。

● 当該業界では、原材料の主な調達手段として、一次利用（バージン材）から二次利用（再利用）に移行するだろうか。その場合、リサイクルや資源効率を高めることにより、生産段階から廃棄段階までの廃棄物がなくなるように、バリューチェーンの連携を構築することにチャンスがあるかもしれない。

● 当該企業の製品の所有者や利用者は、自らの行動を変え、協力、シェアリング、個人間の取引によって、稼働率を向上させようとするだろうか。その場合、市場の流動性を創りだし、製品や資産を容易に使用でき、交換できるようにすることで稼働率を高めることにチャンスがあるかもしれない。

● 顧客は、定期的に製品一式を買い替えるよりも、所有するときの総費用に注目し、交換やアップグレードを要求するようになるだろうか。その場合、製品寿命を延ばし、そこから利益を得られるようにライフサイクルを構築することにチャンスがあるかもしれない。

第12章で取り上げたEUのサーキュラー・エコノミー・パッケージは、時代の一歩先を行く政策です。資源枯渇への対応のため、また、資源効率性の向上が必要になるため、リサイクルと埋立廃棄物の削減を重視しています(4)。しかし、一方通行型経済モデルにおける資源の需要と供給の不均衡は、リサイクルを推進するだけでは解決できません。実際のところ、資源の中には、リサイクルが最善策ではないものがあるかもしれません。サーキュラー的な価値を持つ可能性のある4つの項目(資源の無駄、キャパシティの無駄、ライフサイクル価値の無駄、本来の価値の無駄)のすべてを考慮しなければ、EUのパッケージは、サーキュラー・エコノミーに向けた最大のチャンスを見つけ出すことができないでしょう。欧州環境事務局の廃棄物政策担当官であるピョートル・バークザック氏も同意し、次のように述べています。「EUの政策パッケージは、期待できるものですが、まだ十分であるとは言えません。今のような生産や消費のパターンを続けながら、リサイクルを進めるだけでは、サーキュラー・エコノミーを構築することができないでしょう。自分たち自身が作り出している無駄も削減する必要があります(5)」

サーキュラー・エコノミーに向けた最適な選択肢としては、資源リスクが深刻な状況にある場合か、一方通行型経済の4つの無駄のうち、1つあるいは複数の無駄を取り除き、それによって回収される価値を顧客とシェアできる場合です。

バリューエンジニアリング

本書の主題であるサーキュラー・エコノミーの5種類のビジネスモデルを適用することにより、製品、部品、原材料、プロセスの持つ本来の価値を独自の方法で引き出すことができます。サーキュラー・エコノミーで最善策を見つけ出すには、1つあるいは複数のビジネスモデルをどのように利用し、価値を引き出し、確保していくのかを理解するかにかかっています。企業は、顧客に提供しているものの本当のコアバリューを評価し、どのようにサーキュラー・エコノミーのビジネスモデルによって、その価値を確保し、向上させ、価値の提供方法を変えることができるのかを評価する必要があります。

価値を引き出す新たな方法を見つけ出すのは、従来のオペレーションや企業文化との競合が生じるため、簡単ではないかもしれません。分かりやすい事例として、白熱電球からＬＥＤライトへの取り換えがあります。ＬＥＤの耐久性が非常に優れていたため、顧客による白熱電球のニーズが急激に低下し、メーカーは活力を失いました（売上も大幅に落ち込みました）。サーキュラー・エコノミーのビジネスモデルでは、「サービスとしての製品」モデルを適用することで、フィリップス社が行ったように、量（電球の数量）を販売するのではなく、性能（優れた室内照明）を提供することで、顧客との関係性を変え、この状況を打開することができます。

企業は、顧客が自社の製品やサービスをどのように使用しているのか、再考しなければなりません。顧客はドリルを求めているのでしょうか、それとも、穴を開けたいのでしょうか。車を所有することに関心があるのでしょうか、それとも、A地点からB地点まで最も便利な方法で移動したいのでしょうか。デスクトップコンピュータが欲しいのでしょうか、それとも、すぐに利用可能なソフトウエアサービスを求めているのでしょうか。音楽媒体や書籍を収集したいのでしょうか、それとも、素晴らしい娯楽を楽しみたいのでしょうか。実際の店舗を望んでいるのでしょうか、それとも、ワクワクする品揃えと効率的な支払いシステムを求めているのでしょうか。顧客を消費者ではなく、製品の利用者として捉えるには、意識改革が必要になるかもしれません。

企業によっては、サーキュラー型の手法を利用して希少資源への依存度を下げ、価値を引き出すことができる場合もあります。しかし、多くの場合、販売モデルや収益モデルについて、従来の視点を変更することが求められます。ある企業は、自社製品を顧客に提供する仕組みを抜本的に変える、あるいは製品そのものを完全に取り除くかもしれません。当該企業のバリューチェーンの特定の部分では価値を生み出さない、あるいは価値が顧客側で生じるため、自社で確保するのが難しいかもしれません。

その価値を最大限に引き出すことなく、単純にサーキュラー・エコノミー型の手法を取り入れるだけでは、結果的に投資利益率に落胆するかもしれません。例えば、消費財メーカーがリサイクルしやすい製品を設計しているとします。しかし、回収段階に関与していなければ、廃棄物処理業者にその収益を譲ることになります。同様に、電子機器メーカーが、何度も再利用できる素晴らしい製品や部品を設計しても、顧客への価値提供や販売モデルを変化させるわけではありません。多くの場合、顧客はその点を理解せず、製品価格が高すぎると考えます。こうした企業は、収益モデルや販売モデルを変え、消費者との関わり方を変えることができれば、より多くの利益を得ることができるかもしれません。企業がどのようなチャンスを探求するにしても、収益モデルや販売モデルは、バリューチェーンにおける自社の立場を保証し、売上を確保するものであるべきです。つまり、企業が価値を（自社および顧客のために）作り出す仕組みを再検証し、その価値を製品のライフサイクル全般で収益につなげていくことが重要になります。

テトラパック社は、B2Bの食品加工およびパッケージのソリューション企業として、その課題を実践しています。研究に投資し、顧客行動に関する理解を深め、素材を改良して耐用年数を経た製品のリサイクル率を高めています。なぜでしょうか。バリューチェーンの効率が良くなれば、サーキュラー型の原材料から作ったパッケージへの需要が増加することで、上流工程において収益を生み出すことができます。廃棄物処理業者、行政機関、小売店、顧客が、リサイクル可能なパッケージを好めば、テトラパック社のパッケージの需要も増加します。テトラパック社の環境パフォーマンスを統括するマリオ・アブレウ氏は、次のように説明しています。「リサイクル業者にとっての価値を高め、収益を改善するため、ポリマーやアルミのリサイクルソリューションを開発しています。そうすることで、競合するリサイクル業者がより高品質の素材を使用するようになり、業界トップを目指した争いを始めます。高品質の素材の需要が高まれば、価格も上昇し、その結果、バリューチェーン上のすべてで収益が向上し、最終的にはビジネス及びリサイクルの改善につながります[6]」

企業が価値を創造し、獲得し、確保するための仕組みだけでなく、そのために販売モデルをいかに変更すべきかについて検討することで、最大のチャンスを獲得するためにはサーキュラー・エコノミーのどのビジネスモデルを選択すべきか、どのように組み合わせるべきかを見抜けるようになります。それは革新的なプロセスであり、経営陣と現場の両方の幹部が参加することが大切です。サーキュラー・エコノミーのワークショップを開催するのも有効です。新たなビジネスモデルを適用するための多様なアイデアが生まれ、さらに考えを深めようとする活力や意欲が高まります。企業がこの段階に達すれば、サーキュラー・エコノミーを実践するために必要となるオペレーションモデル、特に、ケイパビリティやテクノロジーを具体的に把握することができます。

デジタルをはじめとするテクノロジー

テクノロジーの急速な発展は、サーキュラー・エコノミーのビジネスモデルを収益化する主な推進力になっています。バリューチェーンがサーキュラー型に変化していくと、アナリティクス、モバイル、先進的なリサイクル技術などの破壊的技術によって競争力や勢力の構造が変化します。新技術は資源フローの革新をもたらします。消費者との関わり方や製品やサービスを提供する方法も変わりつつあります。新技術によってバリューチェーンが束ねられたり、従来の上流工程と下流工程の活動が統合されたりする場合もあります。アクセンチュアの調査によると、経営者の64％は今後も既存業界内での成長を目指すと回答していますが、今後5年間に、他の業界での成長、あるいは他の業界との連携による成長を目指すと回答した経営者は60％に上っています(7)。

これは、新しいエコシステムが必要で、競合相手が変化することを意味します。電力会社が通信サービスを提供し、ＩＴ企業がホームオートメーションサービスを手掛け、自動車メーカーが移動体サービスに参入するなど、次々と具体的な事例が見られるようになっています。顧客は結びつきを持ちながら、より強い影響力を持ち、企業に対して、あらゆる販売チャネルでの対応と、自由度の高い顧客体験の提供を求めています。新しい技術により、かつてはつながっていなかったバリューチェーンをつなげているのです。そうなると当然、企業は自社のビジネスに重要なテクノロジー（科学、エンジニアリング、デジタル）のトレンドを熟知する必要があり、サーキュラー・エコノミーに関しては、そうしたトレンドがバリューチェーンに与える大きな変化について理解する必要があります。

テクノロジーは、特定のビジネスモデルとのつながりが明確です。例えば、「製品寿命の延長」「シェアリング・プラットフォーム」「サービスとしての製品」のビジネスモデルは、実際のところ、デジタル技術に成長を依存していて、「回収とリサイクル」「サーキュラー型のサプライチェーン」のビジネスモデルは、エンジニアリングやハイブリッド技術がなければ、おそらく成立しないでしょう。目指すビジネスモデルが明確な企業は、どのテクノロジーが必要なのか、それらのテクノロジーは、現在、社内に存在するのか、どのようなテクノロジーを構築あるいは獲得する必要があるのかを判断しなければなりません。

ケイパビリティと同様に、サーキュラー・エコノミーのビジネスモデルのための適切な技術基盤を構築するための戦略オプションは数多く存在します。例えば、買収や共同事業を通じて、あるいは、投資や提携企業からの借入などが考えられます。多くの場合、自前でのテクノロジー構築が検討されますが、多額の費用負担になる可能性があります。この場合、ソフトウェアのサービス化やクラウド・コンピューティングが魅力的な選択肢となるでしょう。いずれにしても、適切なデータマネジメントシステムを導入することは重要です。市場内外で資源を管理しようとする企業は、戦略を立案し、それを実行するために、膨大なデータを入手する必要があります。

最後に、変革を起こすためには、CTOが策定した技術ロードマップと、当該企業のサーキュラー・ビジネスモデルに必要な要件とがリンクしていることが重要になります。テクノロジー、サステナビリティ、マーケティングの担当部署が協調できなければ、適切なイノベーションを実現することができません。

ケイパビリティ

企業が選択するビジネスモデルに応じて、それが1種類であれ、複数であれ、ほとんどの場合、新たなケイパビリティ（組織的能力）が求められます。企業がサーキュラー・エコノミーのビジネスモデルを適用する際、バリューチェーンの対象範囲を現在のものから、上流工程と下流工程に広げる傾向があります。選択するビジネスモデルによっては、企業はサプライヤーと協力して、それまでとは異なる種類の原材料を調達するか、クローズドループのエコシステムで自社のバリューチェーンから調達しなければならないかもしれません。また、自社製品の使用段階でより積極的に取り組み、耐用年数を経た段階で消費者との関わりを持つことが必要になるかもしれません。いずれの場合も、長年かけて構築してきたケイパビリティにとらわれず、ケイパビリティを拡大していく必要があります。

新たなケイパビリティの獲得に加えて、既存の事業活動をサーキュラー・エコノミーのビジネスモデルに適応させることが求められます。例えば、製品開発、マーケティング、物流、調達などは、サーキュラー型の製品およびサービスの提供により、すべて影響を受けます。業務部門全般にわたり、従業員は、サーキュラー・エコノミーの原則や戦略を理解することが求められます。イケア社でサステナビリティを統括するスティーブ・ハワード氏はこう語ります。「我々は60年かけて、一方向にのみ効率的に機能するサプライチェーンを構築してきました。双方向のものにするには、6カ月以上かかるでしょう」と説明しています[8]。

どのビジネスモデルを選択するかによって、企業に求められるケイパビリティは大きく変わります。サーキュラー型のサプライチェーンのビジネスモデルでは、協力的なサーキュラーネットワークを管理する能力や、資源のフローやカスケード利用で革新的な調達を行う能力が必要になります。回収とリサイクルのビジネスモデルでも、資源のフローに関するイノベーションが求められます。また同時に、異なる調達能力も求められます。製品寿命の延長のビジネスモデルでは、製品開発のイノベーションによって、ライフサイクルを通じて価値を生み、多様なライフサイクルやユーザーのためのデザインを作りだすことが必要になります。シェアリング・プラットフォームを利用する企業は、製品の販売や使用を通じて、パートナー企業とのネットワークや顧客を管理する能力で優れていなければなりません。一方で、サービスとしての製品のビジネスモデルに重点を置く企業は、顧客中心の販売やマーケティングの能力、資産のライフサイクル管理の能力を強化する必要があります。

新たに必要な能力が明らかになれば、従来のギャップ分析を行い、企業が構築、貸借、獲得すべきものの優先順位付けを行います。そのときの基本的な判断は、新たなバリューチェーンのどの部分を組織内に残し、必要であれば、どの部分を外注するかを決定することです。例えば、ある企業が、回収の仕組みや、追跡と回収のシステムに関連する技術がない場合、第三者との共同事業にすれば、製品を製造事業者に返すのに必要なケイパビリティや技術を獲得できます。

このギャップ分析が終了すれば、新しいビジネスのアイデアを作り、そのアイデアを実現するために必要な、新たなケイパビリティのリストを作成します。設計から、生産、販売、リバース・ロジスティクスに至るまで、各バリューチェーンで新しいアプローチを試験的に取り入れて検証することが適している企業もあれば、ある限られたケイパビリティに集中し、習得することが効果的な企業もあります。いずれにしてもケイパビリティの構築には時間と資金が必要です。

新たなケイパビリティがより複雑で、より大きな変革が必要な場合、必然的に長い時間がかかります。一度にすべての先行投資ができなければ、短期的な収益源を見つけ出して利益を確保し、長期的な変革のために資金を投じるべきです。イケア社はその典型的な成功事例です。まず新たなコンセプトを試験的に導入し、次に顧客に最大の価値を提供し、量を増やす可能性が最も高いところで規模を拡大しています。同社のスティーブ・ハワード氏によると、「それぞれの国で自由かつ柔軟に新たなプロジェクトを取り入れています。フランスの場合、ある店舗で試験導入を開始し、そこから全国に拡大しました。そのような試験導入やベストプラクティスを基に、規模を拡大するチャンスを探っているのです(9)」

多くのプロジェクトを試したくなるかもしれませんが、結果的に各プロジェクトへの予算や関心が不足し、ビジネスモデルに必要なケイパビリティを効果的に獲得することができなくなるでしょう。プロジェクトで実際の資源（測定可能な、時間、人、資金）が必要になったとき、企業は、速やかな成長が期待でき、収益、コスト削減、コスト回避などの財源確保につながりそうなプロジェクトに資源を配分すべきです。最終的には、企業ならびに業界特有の様々な要因によって、ケイパビリティを構築あるいは取得するための方法が決められます。大切なことは、既存事業にとらわれず、他の優先事項や目標にも束縛されることのない環境の下で必要なケイパビリティを獲得できるようにすることです。

近年、多くの業界で取り入れられているのは、商品価格リスクマネジメント（CPRM）ツールの開発です[10]。現在の市場環境では、商品価格のリスクにより、企業が危機的状況に置かれることが少なくありません。食品会社、航空会社、自動車メーカー、建設会社など、多くの企業にとって、商品価格の動向は収益を最も大きく左右する要因になっています。長年、商品価格の動向は調達部門が管理してきました。ところが、市場で主導的な企業が、エネルギー業界などから学習し、高度な商品マネジメント手法を開発しています。また、CPRMの専門家を育成して価格リスクに率先して対応しています。そのような企業にとって、CPRMは、単なるリスク管理や必要資金を判断するための手段ではありません。将来の報酬を見極め、リスクとリターンの最適なトレードオフを決定するための手法なのです。

資源の需給バランスが崩れようとする中、高度なCPRMの能力を習得することは特に重要です。しかし、同時に、企業業績と商品価格の問題は、できる限り切り離すべきです。

最後に、業界内でサーキュラー・エコノミーの原則を浸透させたいと真に願う企業は、広報や政策アウトリーチのケイパビリティも改善する必要があります。適切なパートナーや組織と連携して活力あるエコシステムを作り、事業開発、投資、顧客との関係構築、政策の発展の中心となることが重要です。

タイミング

サーキュラー・エコノミーの魅力的なチャンスを実現するには、時間や資源が必要になるでしょう。しかし、サーキュラー・エコノミーへの移行は核心的なものであり、プラットフォームが盛り上がってから移行するのでは遅すぎるかもしれません。エアビーアンドビーの成長を考えてみましょう。2008年から2014年の6年間で、部屋数は創業95年の歴史を誇る業界大手ヒルトンホテルチェーンに並びました。[11] さらにその数を増やすため、創業者兼CEOのブライアン・チェスキー氏は、「マリオットが今年3万室増やしたいと言っています。当社は2週間でその数を達成する予定です」とツイートしています。[12] この成長は、キャパシティの増加、つまり、新たな住宅の建設によって達成されたのではなく、既存の建物で有効活用されていないものをうまく利用し、モバイル及びソーシャルテクノロジーを活用して達成されたものです。

エアビーアンドビーなどによって既存システムの破壊が進んでいく中、企業にとって、将来の可能性に向けた基盤づくりが急務になっています。しかし、企業はどのタイミングでサーキュラー・エコノミーを採用し、多様な選択肢や敏捷性を獲得するためのポートフォリオを構築すればよいのでしょうか。

これは難しい問題であり、簡単で確実な解答はありません。サーキュラー・エコノミーに向けてできることは数多くありますが、短期的な業績にはつながりません。しかし、長期的な成功には不可欠です。なぜなら、新たなビジネスモデルの規模を拡大するのに必要な、テクノロジー、ケイパビリティ、市場牽引力を構築するには時間がかかるからです。難しいのは、その期間中に資源の供給や価格がどのように変動するのかということです。さらに重要な点として、ビジネスモデルやテクノロジーにどのようなイノベーションが起こり、資源の見通しが一変してしまうのか、誰にも予測がつかないため、投資や市場参入のタイミングを正確に判断できないことです。

サーキュラー・エコノミーへの移行、つまり、新たなビジネスモデル、ケイパビリティ、テクノロジー、業界の変革、新たな政策などの導入に合わせて、企業には、調整しなければならない複雑な要素があります。変革の時期や方向性を決めるには、考慮すべき不確実性や、調整すべき事項がありきます。タイミングについて業界共通の助言は示せませんが、企業がどのくらい素早く、積極的に移行する必要があるのかを判断するのに役立つマトリクスはあります。縦軸に「無駄」となっている資源および本来の価値（高い／低い）を取り、「無駄」となっているケイパビリティおよび製品のライフサイクル価値（高い／低い）を横軸に取っています。その企業がマトリクスのどの位置に

◉マトリクス

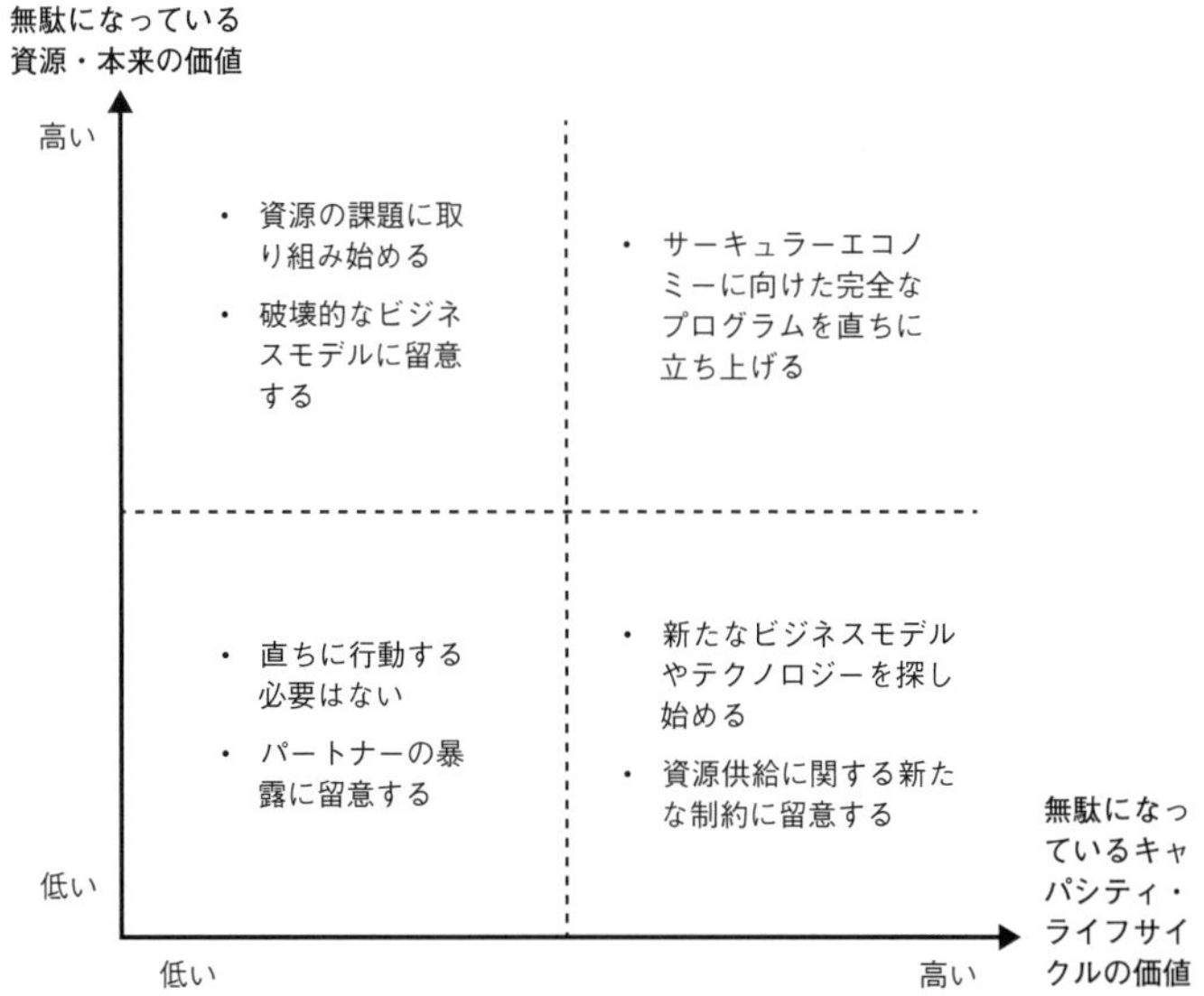

当てはまるかによって、対応すべき課題の緊急性が分かります。

例えば、金融サービス会社は、左下に分類され、サーキュラー・エコノミーに向けた早急な対応は不要かもしれません。ただし、一部のポートフォリオでは、サーキュラー・エコノミーへの動きが、金融資産を投資している企業や商品にとって、破壊的な脅威と考えられるかもしれません。対照的に、自動車メーカーなどの産業界は、資源、キャパシティ、製品のライフサイクル価値の無駄があるため、右上に分類されます。他の産業でも、例えば、日用品メーカーなどは、資源制約は低いものの、市場における無駄が多いので、右下に位置します。最後に、物流会社や航空会社は左上に分類され、どこか一社が新たなサーキュラー型のソリューションを導入すれば、業界が一新される可能性があります。課題の本質はそれぞれの状況によって異なり、適切な対応やタイミングも一様ではありません。

企業による行動のタイミングを大きく左右する要素は、先行者の利益（テクノロジーに関するリーダーシップの獲得、希少資源の供給量の確保、スイッチングバリアの構築、潜在的な顧客ニーズへの対応）と不利益（フリーライダー効果、間違ったテクノロジーへの投資、ケイパビリティの構築の失敗、不利な政策との軋轢）の間の微妙なバランスです。利益の方が大きければ、行動の遅れはリスクになります。シェアリング・プラットフォーム型のビジネスモデルは、インフラやテクノロジーを供給することでの先行者の利益が極めて大きく、市場を活性化しています。イーベイの成功が好例です。インフラを構築すれば、他社の参入を阻み、製品の使用に関するデータ収集でも極めて有利です。このような「勝者総取り」の市場では、早期の参入が理想的です。

これに対してサーキュラー型のサプライチェーンのビジネスモデルは、通常、膨大な研究開発や投資が必要になり、市場でのポジションは、多くの場合、成熟期に至ったときに維持するのが容易ではありません。市場をリードする大企業で、適切な提携関係を構築していれば、おそらく先行するのが得策です。しかし、そうでない企業は、急いで行動せず、他社にリスクを判断してもらうのが賢明かもしれません。自動車業界の具体的事例を紹介しましょう。一部のメーカーはエタノール車に「全力」を注ぎました。ところが、数年後にエタノール車への期待が失われた時には、市場で本当に求められていた製品――電気自動車やハイブリッド車――の開発で遅れをとることになりました。こうした企業は、早い段階で1つの分野に極端に集中したため、行動するタイミングを誤ってしまいました。素早く立ち回ることができず、ほかの選択肢への切り替えができなかったのです。そのような問題はサーキュラー・エコノミーへの移行に限ったものではありませんが、タイミングの判断はとても重要です。

最終的には、サーキュラー型で、顧客にもメリットのあるソリューションが主流になっていくでしょう。

行動するタイミングを検討するとき、サーキュラー・エコノミーのビジネスモデルを切り離して開始する企業もあれば（ダイムラー社のCar2goなど）、中核事業を変革する企業もあります（イケア社など）。多くの場合、企業は複数の選択肢を走らせ、どれくらいのスピードと規模で全力を注ぐかを選択的に試しつつ、徐々に既存ビジネスをサーキュラー型に改善していく必要があります。企業の顧客、パートナー、製品、組織文化に基づいて、適切な判断が下されます。

● 顧客

サーキュラー型の製品やサービスの提供を求めている顧客や市場が明確に特定できているのならば、既存顧客に変革を求めなくても新たな市場を獲得できるかもしれない。逆に、既存顧客がサーキュラー型の製品の提供に関心が高ければ、中核事業でサーキュラー・エコノミーを導入するのが賢明。

- 製品
サーキュラー型の製品が既存製品の価値を高めるものであれば、既存ビジネスを効果的に変化させるだろう。全く異なる製品であれば、別の種類の需要に対応することになるので、新規事業で実行するのが賢明。

- 企業カルチャー
既存組織において、変革に対する抵抗が強い企業は、慎重に計画し、別事業として開始するのが適切。

行動する適切なタイミングを判断するのは難しいですが、率直なところ、サーキュラー・エコノミーの適用そのものが難しいのです。経営陣は様々な業務、バリューチェーン、業界全体について検討する必要があります。ほとんどではないにしても、多くの経営陣はあまり頻繁に深く検討することはありません。中核事業の収益となる従来ビジネスの知見に異議を唱えることになり、組織のDNAを抜本的に変えることになるかもしれません。

ロイヤルDSM社のCEO、フェイケ・シーベスマ氏は、これらのことを理解し、企業に求められる意識改革について、次のように語っています。「社会、環境、経済、つまり、人々、地球、利益という3つの側面すべてを考慮しながら価値を生み出すことはDSMの目標にも合致します。ケイパビリティを構築して組織やバリューチェーンを変革し、サーキュラー・エコノミーに向けて競争力のあるソリューションを開発するのに時間がかかるのは明らかです。だからこそ、今こそスタートすべき時なのです[13]」

今こそスタートする時

サーキュラー・エコノミーに向かって移行することはほとんどの企業にとって難しいかもしれない、という表現は控えめな表現です。しかし、多くの企業の具体的な経験を通じて努力以上の価値があることも示してきました。実際、サーキュラー・エコノミーへの移行はグローバル経済の継続的な成長に必要不可欠です。グローバル経済は、世界中に、繁栄、仕事、成長をもたらしていますが、人々や環境の犠牲の上に成り立つものではありません。

サーキュラー・エコノミーへ舵を切ることで、すでに本当の競争優位性を獲得している企業は次第に増えています。資源効率性と顧客価値をともに変革することで、具体的には、戦略、テクノロジー、オペレーションで本質的な変化を起こすことで競合相手に先んじようとしています。この静かな改革は、大きな潮流になりつつあります。

地球は、過去250年続いてきた現在の成長モデルを継続することができません。大幅に増加した世界人口による需要の急増や、ビジネスの環境負荷を低減してほしいという消費者および政府による期待により、資源不足、ゴミの急増、気候変動による制約が厳しくなり、それらすべてが一方通行型経済モデルの終焉を告げようとしています。他方で、サーキュラー・エコノミーは明るい未来への道筋を示しています。

サーキュラー・エコノミーを取り入れることに関して、最適なタイミングはありません。先を見据えた戦略を構築する、つまり、一方通行型経済モデルから脱却する動機付けを明確に理解し、成功に必要なビジネスモデル、テクノロジー、ケイパビリティの獲得に取り組むことで、企業はイノベーションを起こし、優れた価値を創出し、今後10年、あるいは、その先もサーキュラー・エコノミーによる競争優位性を獲得することができます。みなさまの素晴らしい変革の旅をお祈りします。

第5部

日本企業とサーキュラー・アドバンテージ

第14章

日本企業にとっての新しい成長戦略論

本書が提示しているメッセージは、〝使われていない資産の価値を収益に変えるべし〟。これは従来の「供給視点の長くて遅い事業サイクル」から「利用視点の短くて速い事業サイクル」に転換すべきであることを意味しています（次頁図1）。本章ではまず、このような考え方の背景を整理するところから始めます。

消費者の視点

消費者の価値観や購買行動の観点から考えてみた場合、私たちは3つのポイントに着目しています。1つ目は、これまでの「新しい機能を持つ新製品を出すことによって買い替え需要を創造する」という事業モデルが終焉を迎えていることです。多くの製品においてこうした事象はかなり前から起きているにもかかわらず、いまだに多くの企業が従来のモデルとの明確な訣別を宣言していると

◉【図1】サーキュラー・エコノミー

従来の供給視点の長くて遅いサイクルから、利用視点での短くて速いサイクルに乗り換えることによって、新たな成長の道が開ける。

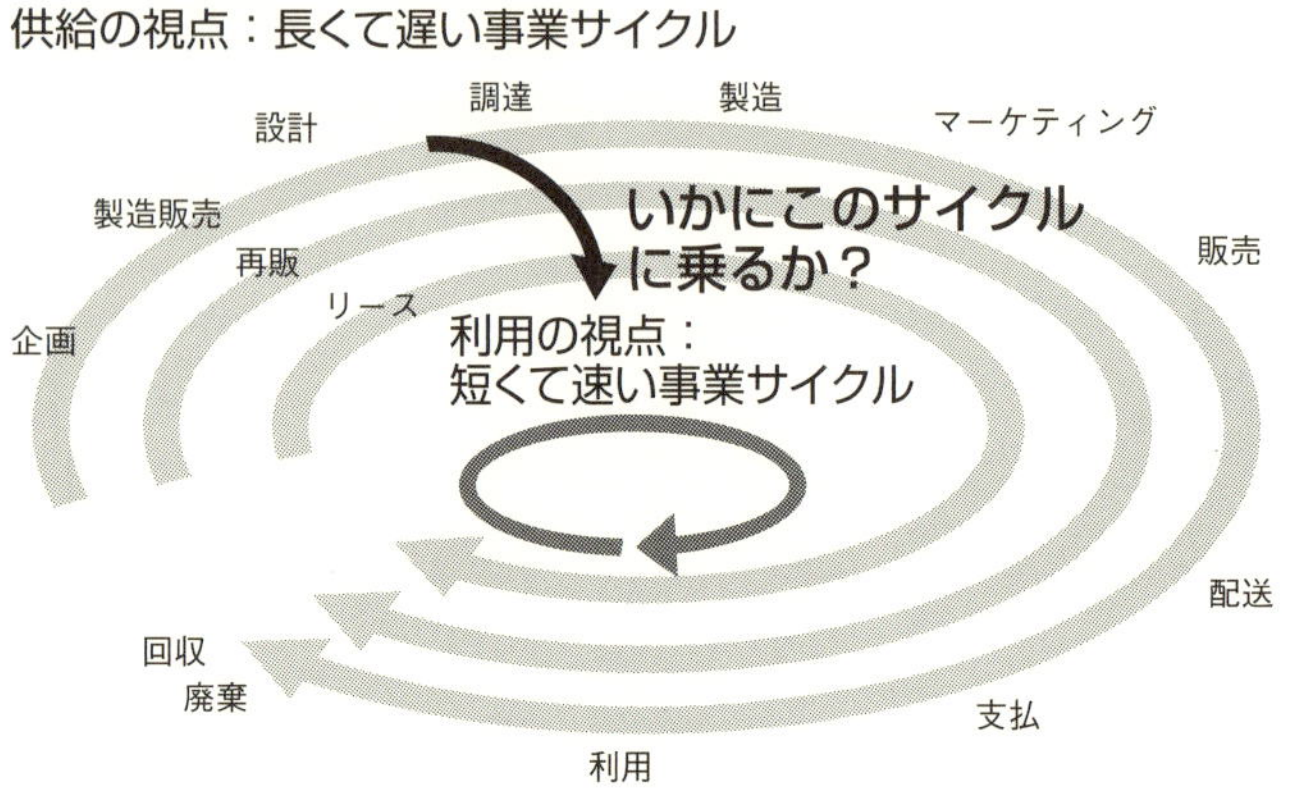

も言い切れない状況は、変化が漸次的であるためでしょうか（次頁図2）。

日本市場に限ってみれば、人口減や老齢化のインパクトよりも、このような「強制陳腐化モデル」の限界が露呈していること、および、それに目をそらしているかのように見える企業が多いことの方がもっと深刻ではないかと思います。本来であれば新しい事業モデルによる先行者利益を追求するべきですが、現状はその真逆で、残存者利益、すなわち自社より競合他社の方が先に窮地に陥るはずであるというメンタリティを、コンサルティング活動を通じて私たちは実際に感じているところです。

それでは、消費者は新製品を買わない代わりに既存の製品をフルに活用しているのでしょうか。日本版への前書きにも記しましたが、自家用車の稼働率は5％以下で、実はこれ以外の製

◉【図2】消費者の購買傾向（1／2）

所有期間が長期化。「上位品目」への切り替えによる新規購買は期待できない。

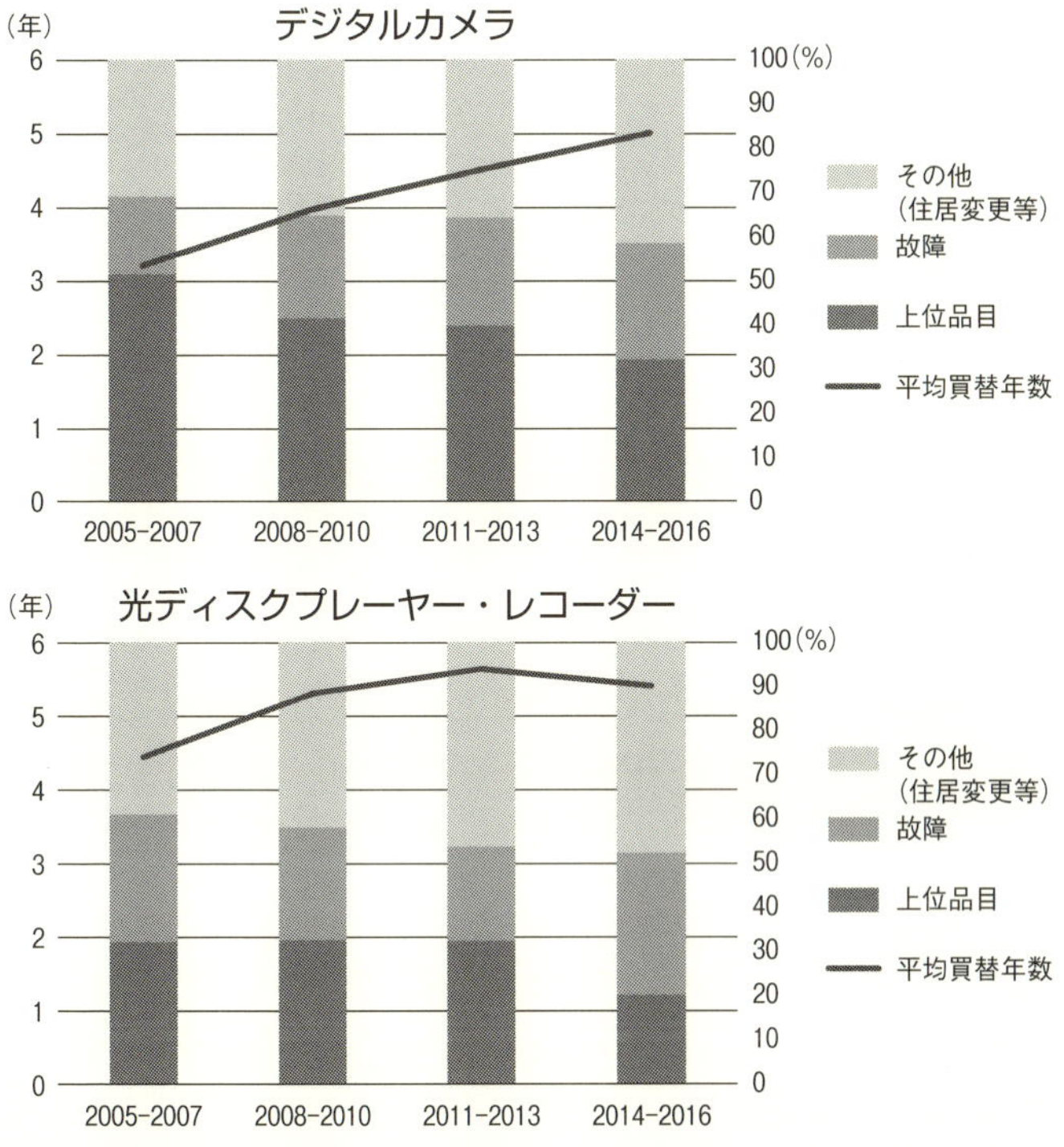

品についても「買ったはいいが、実はあまり使っていないもの」が極めて多いのが実態です（次頁図3）。これがポイントの2つ目です。古くから言われているように「顧客はドリルが欲しいのではなく、穴を開けたい」のです。すなわち購買価値や所有価値よりも利用価値が大事という定説は、強制陳腐化モデルが終焉しつつある今日の状

◉【図2】世界の資源利用量（2／2）

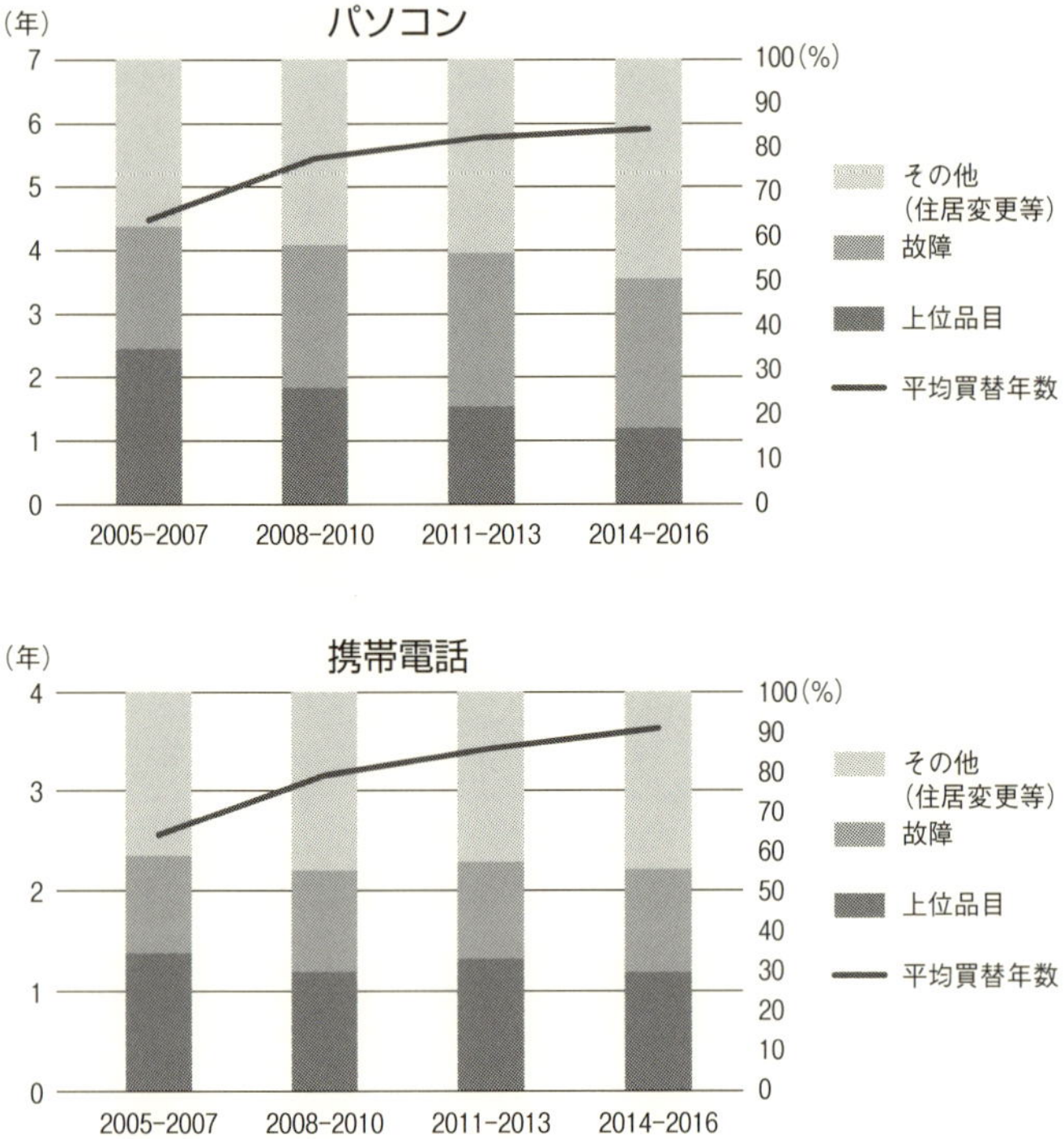

出所：内閣府「消費動向調査（主要耐久消費財の買替え状況の推移）」のデータを基に
アクセンチュア作成

況に最も当てはまるはずであるにもかかわらず、なぜ低稼働率の製品が多いのでしょうか。強制陳腐化モデルの名残に消費者が乗ってしまい、何となく買ってしまったことの影響もあるでしょうが、本質的な課題としてメーカー側が消費者の求める利用価値が何かを十分に意識したモノづくりや、消費者との関係の在り方をこれまで十分に追求

◉【図３】利用の状況

一方で、これまでの供給の視点のモデルでは、
モノの本来の価値はフルにキャッシュ化されていないのが現状。

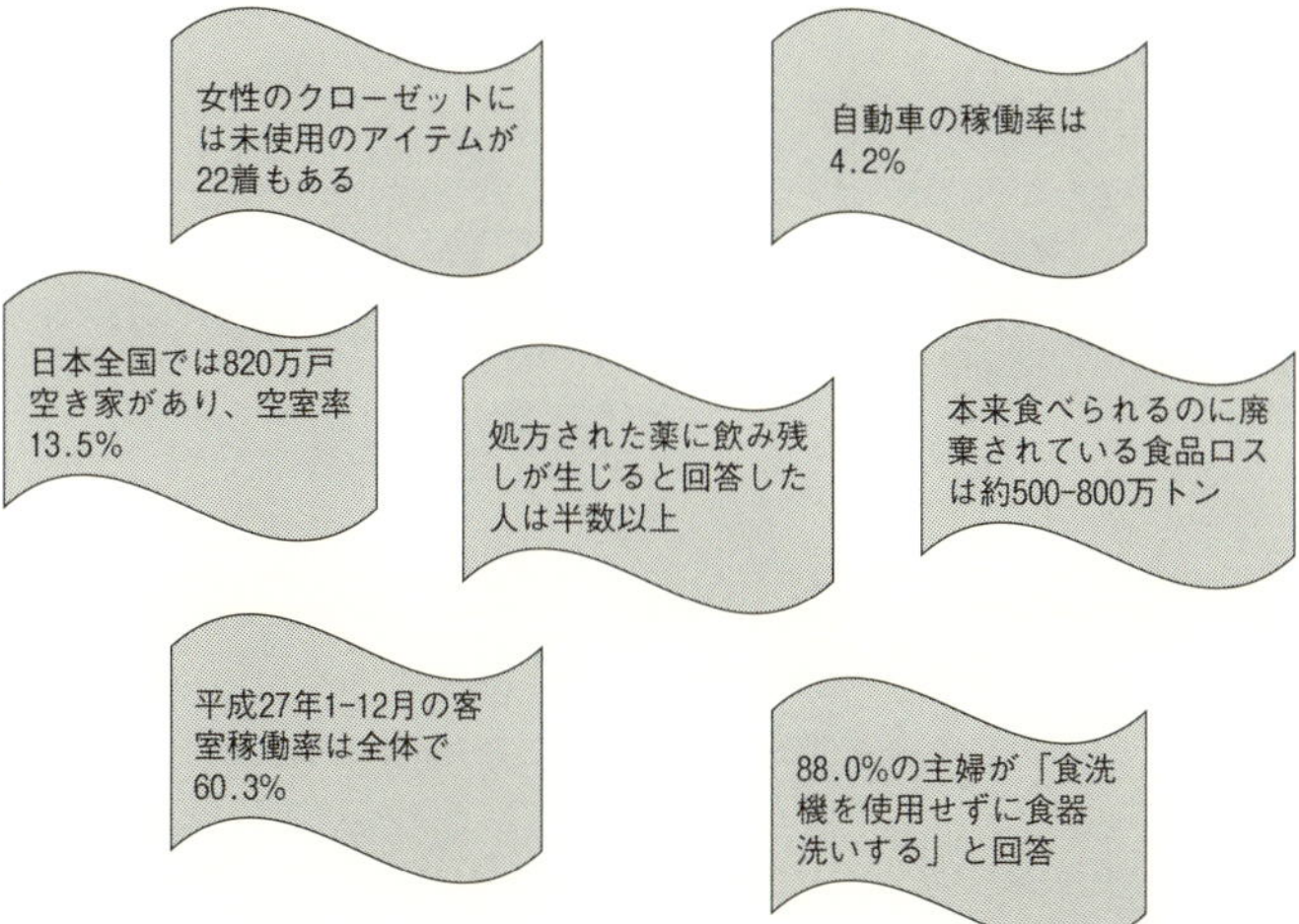

出所：アクセンチュア調べ

してこなかったことにも原因があると考えられます。消費者との関係は製品を売った時点で終了してしまい、その製品の利用価値の恩恵をどのように理解し、実際に利用して感じてもらうかについては、メーカー側はある意味遠い世界だったとも言えます。また、売り切りモデルにおいて、消費者は「特定多数」だったのに対し、利用者は「不特定多数」で、彼らには千差万別の利用シーンがあることも遠い世界であることに拍車をかけているのでしょう（次頁図４）。

３つ目のポイントは、消費者側の価値観に大きな変化が起きつつあることです。アクセンチュアでは毎年、グローバル各国の消費者に対して彼

◉【図４】利用価値から収益を取る事業モデル

従来の売り切り事業モデルは終息化しており、市場は「製造価値」から「利用価値」重視へと移りつつある。そうした価値観の中では、いかに「短く速く」事業モデルを回していくかが重要。

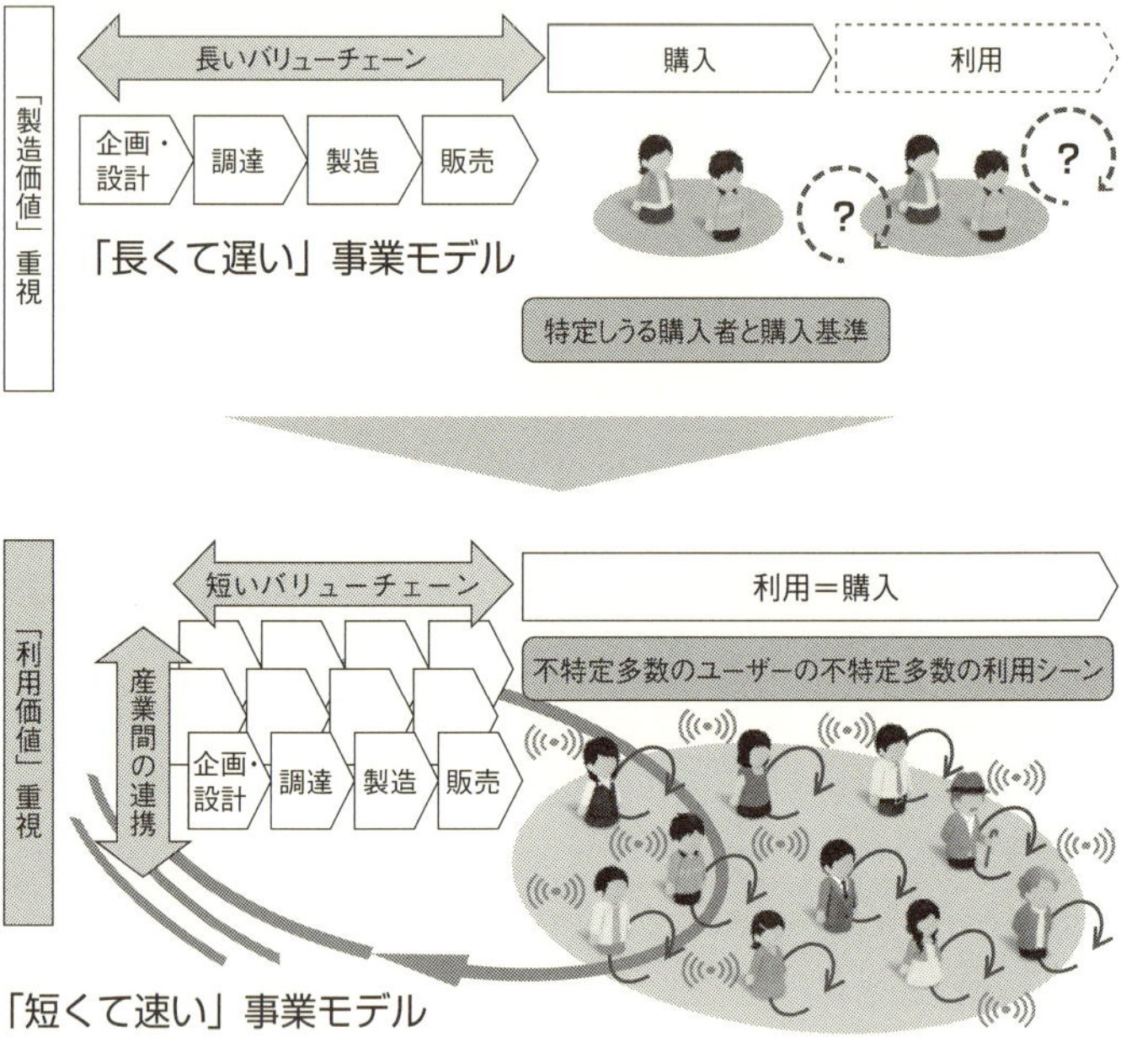

らの価値観や消費行動についてのサーベイを実施しています。最近の調査結果からは、いくつか特筆すべき事実が明らかになりました。

それはすなわち、先進国の消費者における「無関心化」の傾向が顕著になってきたことです。これまではインターネットの活用によって、収集可能な情報の質と量が向上することに伴って自分が欲しいものをしっかりと規定し、それに沿うものかどうかを十分に比較検

◉【図5】消費者の現在

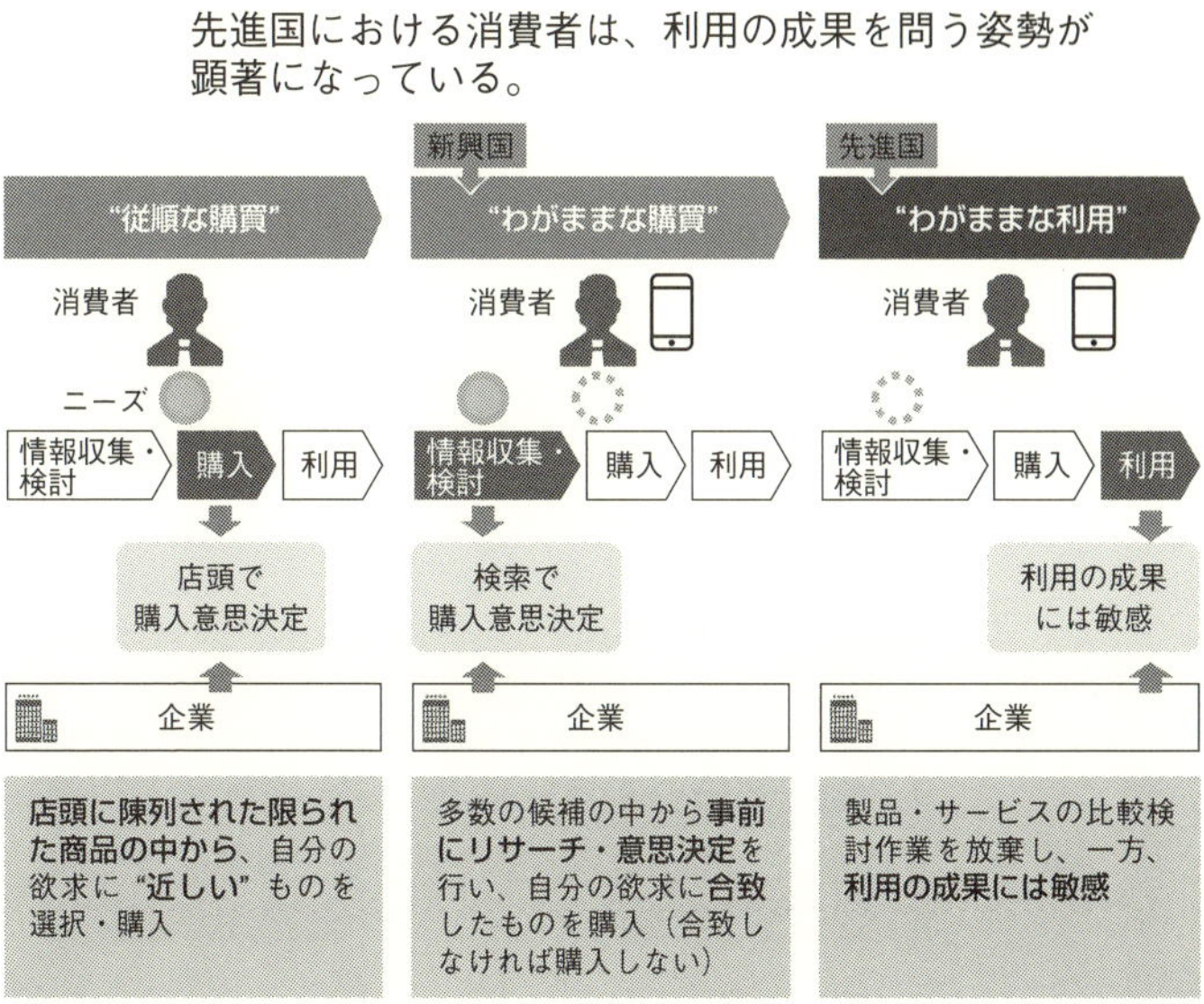

討。マッチしないものは徹底的に弾くような「わがままな購買消費者」という価値観を持つ消費者の増加が顕著でした。ところが昨今は情報過多に対する疲弊感もあり、自分から能動的に比較検討するのは嫌だ、自分が何を欲しいか、何が自分に最もフィットするかも他人に考えて欲しい、と考えるような、購買における「無関心な消費者」が増加しています。一方では、自分がどのような体験、価値を得るかということに大きなこだわりを持つ「わがまま化」という現象が台頭してきています（図5）。

　企業側から見れば何ともやっかいな話ですが、対処の方法としては、何が欲しいか分からない消費者にはムリに

◉【図６】「所有」から「利用」へ

モノを購買して所有することに執着している消費者は
４割以下となっている。

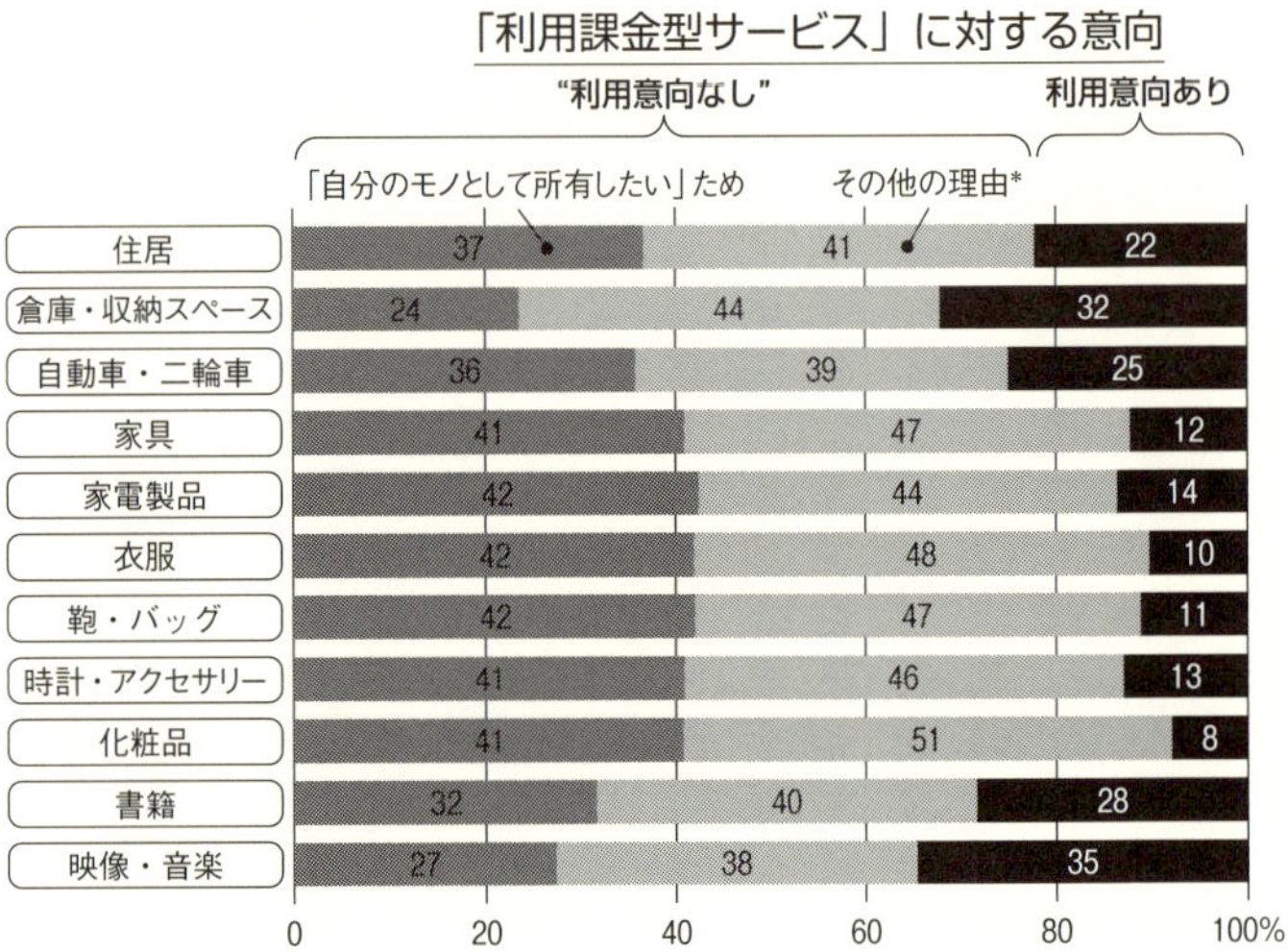

＊その他の理由詳細

「利用方法が分からない」
「手続きが複雑そう」
「利用料金が高い・割高に感じる」
「自分に合った商品が見つからなさそう」
「他人が使用したものを利用したくない（不衛生）」
「その他」

出所：アクセンチュアによる消費者サーベイ（全国20-60代男女2,000人に対して、2016年実施）

買わせるのではなく、利用してもらってその価値を体感してもらい、自分のニーズに気がつかせるというアプローチが有効です。２つ目のポイントとして述べた「不特定多数の消費者による、多様な利用シーン」の世界まで企業が足を延ばさなくてはいけないことの重要性、緊急性が増していると言ってもいいでしょう。

　このように消費者側の視点から見てみると、購買ではなく、利用時点で利用の価値に見合った金額を課金するモデル、すなわち「不

◉【図7】「利用価値」に対する意識の高まり

利用の価値に対して対価を支払う意向を示している消費者が存在する。

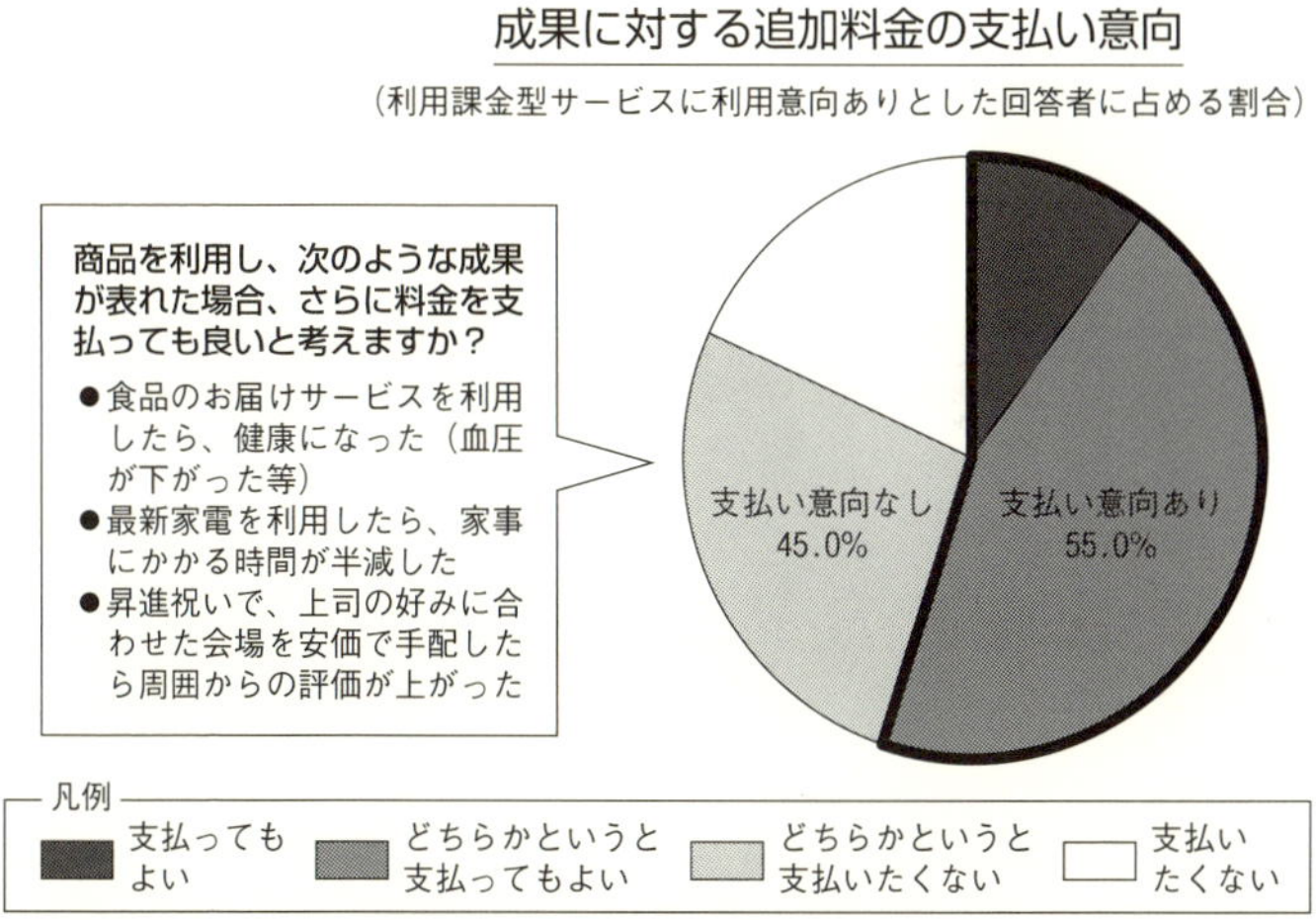
成果に対する追加料金の支払い意向
（利用課金型サービスに利用意向ありとした回答者に占める割合）
商品を利用し、次のような成果が表れた場合、さらに料金を支払っても良いと考えますか？
●食品のお届けサービスを利用したら、健康になった（血圧が下がった等）
●最新家電を利用したら、家事にかかる時間が半減した
●昇進祝いで、上司の好みに合わせた会場を安価で手配したら周囲からの評価が上がった
支払い意向なし 45.0%
支払い意向あり 55.0%
凡例
支払ってもよい
どちらかというと支払ってもよい
どちらかというと支払いたくない
支払いたくない

出所：アクセンチュアによる消費者サーベイ（全国20-60代男女2,000人に対して、2016年実施）

特定多数の利用者に多様な利用シーンで製品が持つ利用の価値をフルに享受してもらうこと」が、今の彼らのニーズや価値観にまさにフィットしています。実際のところ、アクセンチュアが日本の消費者を対象に行ったサーベイに基づくと、所有にこだわる消費者は4割以下となっており、かつ、利用価値に応じた対価を支払ってもよいとする消費者の意向が明らかとなっています（図6・図7）。

新たな成長への道

利用視点での「短くて速い事業モデル」は、果たして企業にとって収益成長の機会をもたらすでしょうか。ここでは、自社の製品に対する総需要量、総需要額

◉【図８】短くて速いサイクルの要件

短くて速い事業サイクルの構築にあたっては、これまでのモノづくり、提供のやり方、経営のスタイルを大きく変革する必要がある。

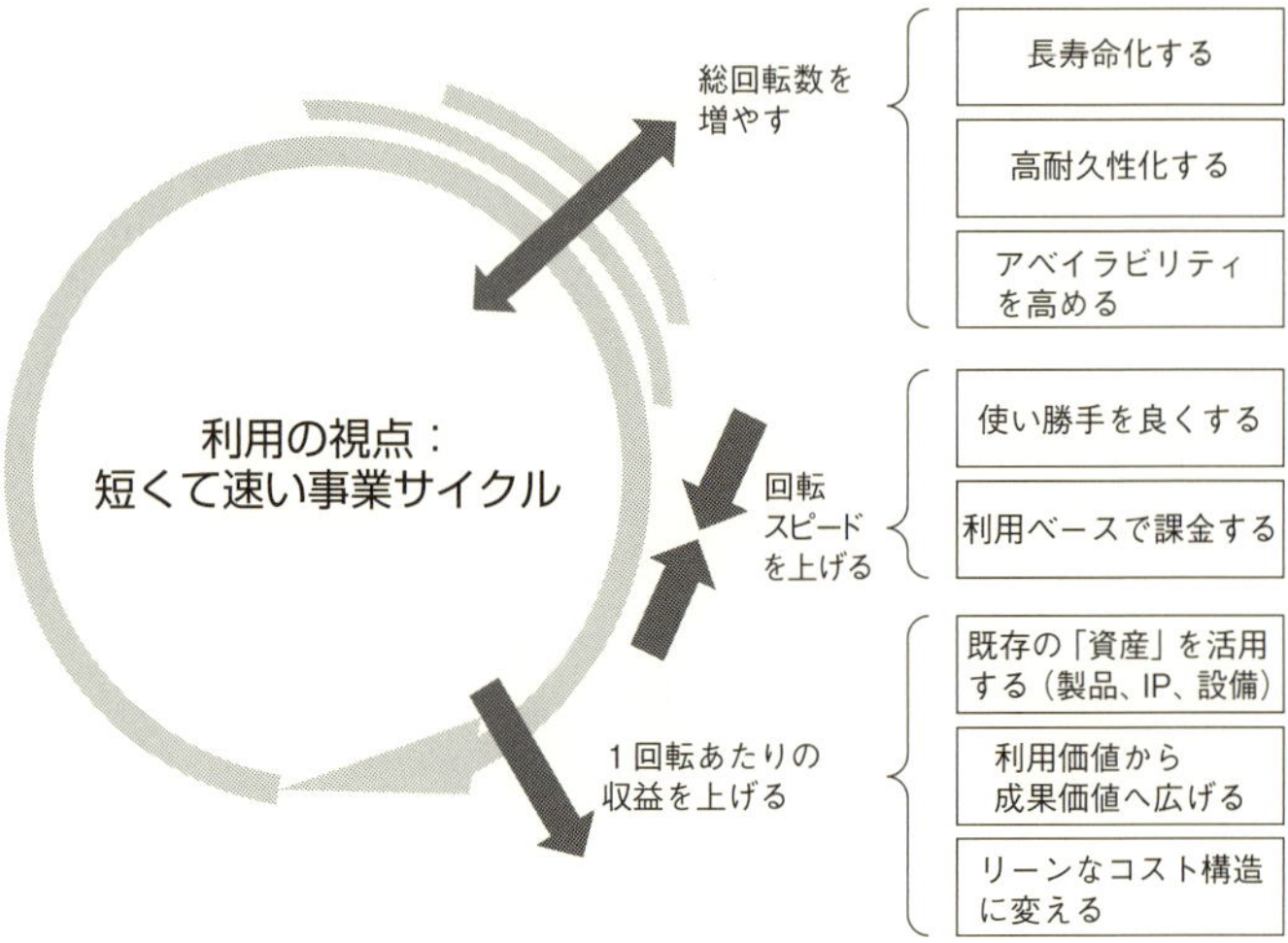

は増えるのか、そしてその結果、収益が増えるのかという点について考えてみたいと思います。

まず、利用視点での「短くて速い事業モデル」が具備すべき要件を考えてみましょう。この事業モデルの特色は、1回の売買取引で需要を消えさせるのでなく、不特定数多数の利用者が多様な利用シーンにおいて繰り返し発生する需要を継続的に収益化することです。そのためには①総回転可能数を増やすこと、②回転速度を上げること、③1回転あたりの収益を高めることが必要となります（図8）。総回転可能数を高めるためには、製品の長寿命化を図る、耐久性を高める、ダウンタイムを減らしてアベイラビリティを高めるなどの

◉【図9】短くて速い事業サイクルの事例

ミシュランは、デジタル技術を活用した利用ベースの課金モデルを導入、さらにそのデータを活用して顧客の燃料削減という成果に貢献するモデルに発展させている。

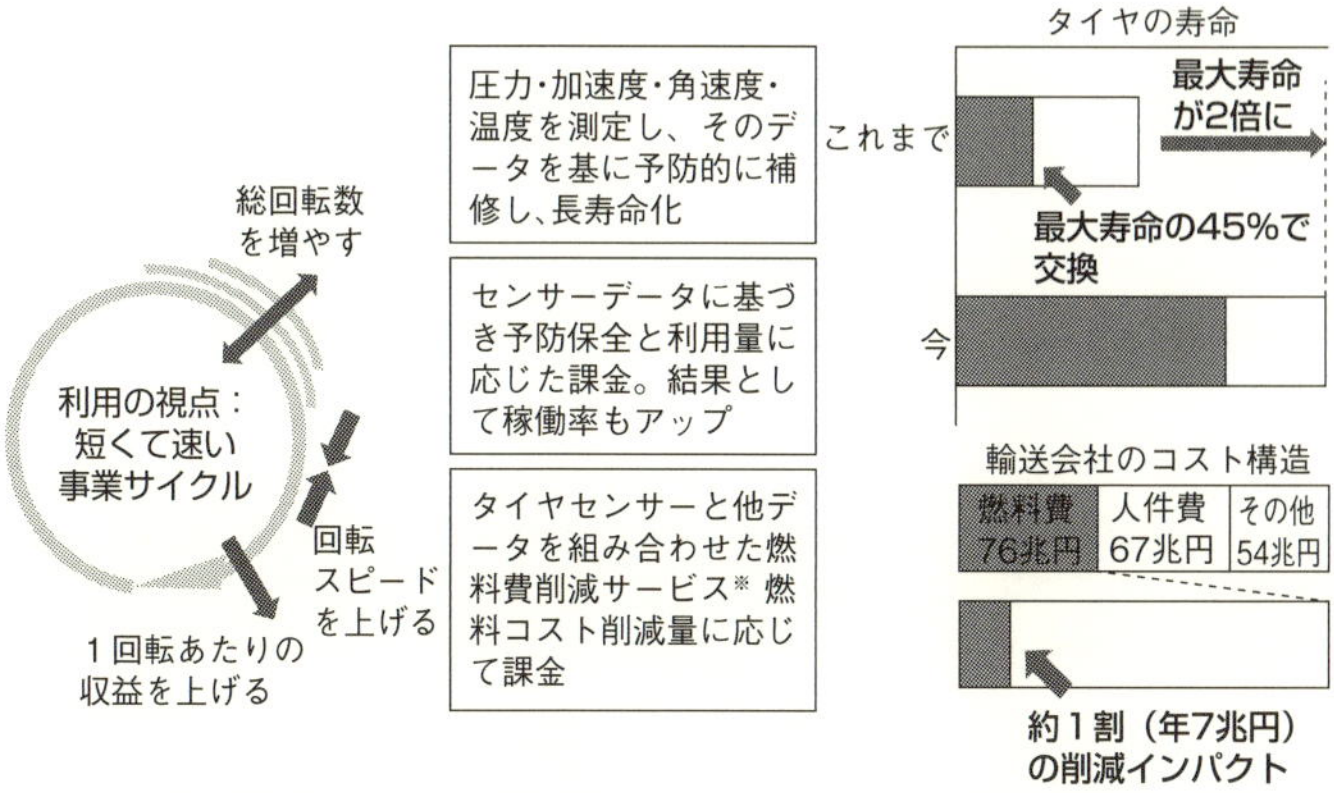

※2013年7月に欧州、トラック運送業者を対象にサービス開始し、50万台のトラックを管理。2015年までに南北アメリカ、中国で提供予定。また乗用車、バン、建設用トラックにも拡大予定

工夫の余地があります。回転速度を上げるためには、利用にあたってのユーザーインターフェースを改善することによって「使い勝手」を高める、利用ベースでの課金単位を細かくするなどの方法があります。

1回転あたりの収益額を高めるという観点では、これから出す新製品のみならず、「すでに野に放たれてしまった製品」が持つ価値をどう利用するか、さらには十分に使われていない製造設備などのハード資産、ノウハウなどのソフト資産、自社の人材・タレント資産をいかにキャッシュ化するか（この点においても短くて速いサイクルで資産をキャッシュ化することが必要であることに留意していただきたいと思い

◉【図10】Teatreneu 劇場 “PAY-PER-LAUGH”

バルセロナのTeatreneu劇場では、観客の笑顔を検知して笑った分だけ料金を支払う “PAY-PER-LAUGH” システムを導入し、ショーチケットではなく「笑い」という成果を観客に提供。

笑顔カウント

- 座席の背もたれにカメラ付きタブレットを設置
- 顔認証システムで**観客の「笑顔」をカウント**

笑いに応じて課金

- **入場料無料/1笑い0.3€**（上限は24€)
- 1度も笑わなければ料金は0€

笑い分析

- 観客が**どこで笑ったかを分析**
- 「笑える度」を数字でコメディアンにフィードバック可能

笑顔シェア

- 観客は自分の「笑顔」を後で確認可能
- Facebook や twitter で笑顔の画像がシェアされることで、**顧客の満足度や話題性向上**

出所：http://news.livedoor.com/article/detail/9410119/ を基にアクセンチュア作成

ます）が重要なポイントとなります。

さらに、1回転当たりの収益額を高める上で最も重要なことは、利用価値に見合った金額の次に、利用価値からさらに踏み込んで成果価値での課金に踏み込むことです。

本編でも触れた事例を再び紹介しましょう。ミシュランの事例の真の狙いは、彼らの顧客の「タイヤを無駄なく使いたい」というニーズに応えることから、「燃料費を削減したい」というニーズに応えることにスイッチすることにありました（前頁図9）。また、B2Cでの利用価値での課金の面白い取り組みとして、スペインのバルセロナにあるシアターのPay per Laugh（1回笑うごとに課金）という事例を紹介します。顧客に対して面白くなければ料金はいらないというハードルを自らに課すことによって、出演者にも高い水準が課される好循環のスパイラルにつながっている点は注目に値するものです（図10）。そして最後に重要となるのがコスト構造の徹底的なリーン化です。上記に述べた工夫をしていく上では、かなりの先行投資が必要となることに加えて、利用価値ベースの課金に移行したとしても、顧客が不特定多数の利用者である以上、価格競争力が常に問われることは言うまでもないことでしょう。これまで以上のレベル感でコストを圧縮し、スピーディな先行投資と価格競争力を担保するための原資を捻出し続けることが必要です。

前述のとおり、「短くて速い事業モデル」による収益の成長への道はクリアですが、そのフィージビリティはどうでしょうか。いくつかの論点を提示しましょう。まず、購買して所有することに対する金銭的、心理的なハードルが下がることによって、利用ベースでの課金に対する総需要額はこれまでの売り切りモデルでの総需要額よりも大きくなるでしょうか（次頁図11）。この論点の検証においては、以下の3つの重要ポイントがあります。

まず、利用価値ベースの課金をするということは、これまでのようにコストと利益を回収することを前提として価格を設定するようなやり方とは根本的に異なります。あるいは、これまでの課金レベルの設定においては、情報の非対称に依拠する価格プレミアムが享受できたような場合もあったでしょうが、そうした機会は放棄せざるを得ないということでもあります。

次に、「利用価値」というこれまでとは異なる価値基準のもとで、具体的にはどのようなやり方で

◉【図11】収益成長に向けた論点

新たな事業モデルの経済性については、綿密な分析と検証に基づくシナリオを構築することが必要。

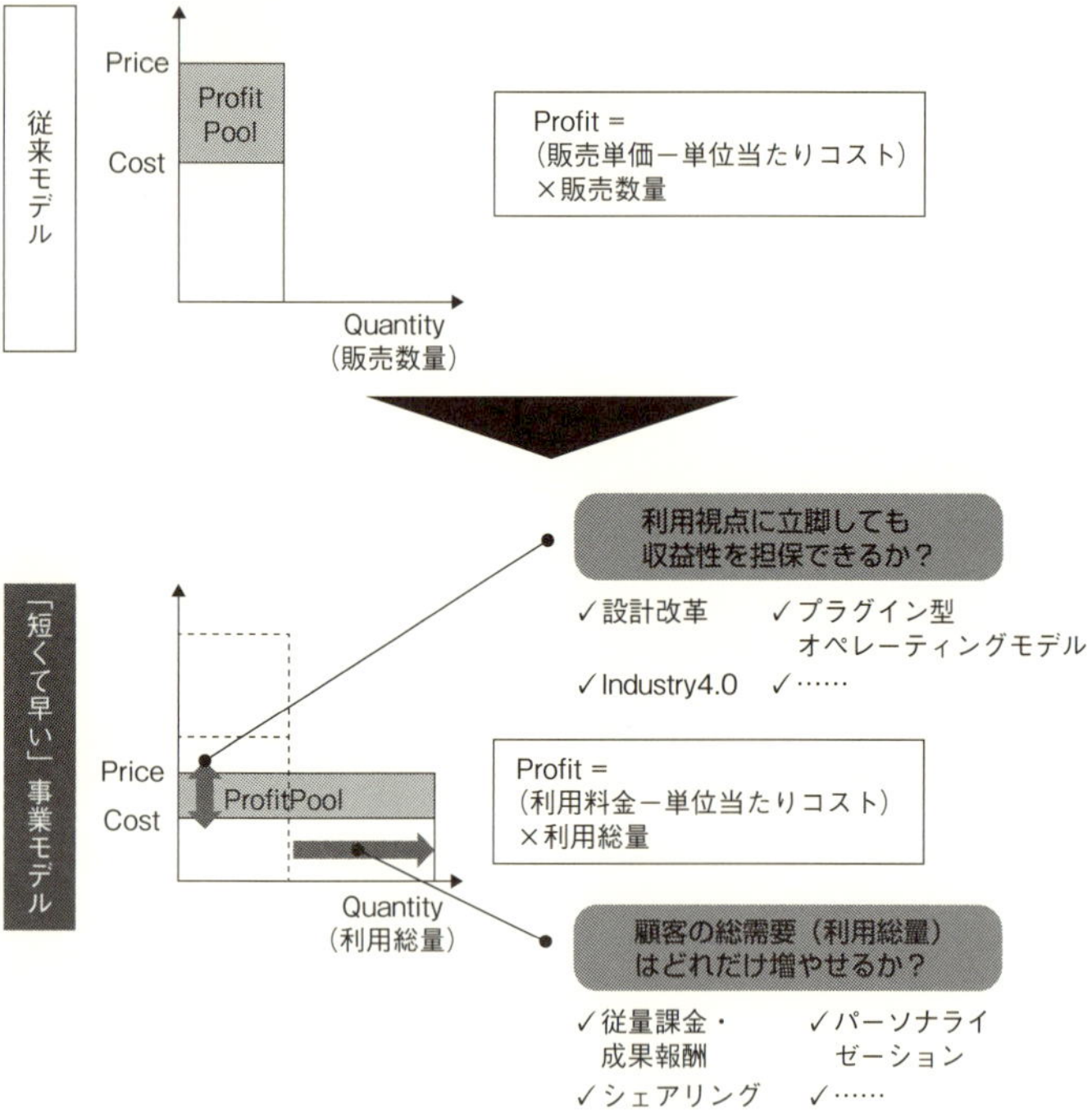

課金レベルを設定するべきでしょうか。前述したミシュランの事例のようにB2Cの場合は比較的、顧客にとっての利用価値を定量化することは容易で、あとはそうした価値に対してどれくらいを課金するのかという商売上の交渉マターとなるでしょう。これに対してB2Cの場合は、利用価値に対する価格感度を計測することは簡単ではないかもしれません。この点については

いまだ確固たる成功の公式がないというのが私たちの認識ですが、顧客のフィードバックを基に彼らにとっての利用価値を共想するという考え方に転換することが大事なポイントとなります。その上で高速で価格レベルも可変させる（場合によっては顧客のセグメントや利用シーンに応じても可変させる）ことが鍵になるのではないでしょうか。

3点目のポイントは、価格競争力という観点から、すでに世の中に放たれた製品の価値を利用するプレーヤーとの競争に勝つ必要があることです。こうした帰結として利用者に対して課金できる価格レベルが大幅に下がる可能性があることも視野に入れた上で、自社が属する業界全体での総需要と額がどう推移するのかのシナリオを綿密に描く必要があります。

実現のフィージビリティにおける次に重要な論点は、これまで、ある程度まで特定可能だった消費者と彼らの需要量が、不特定多数の消費者の多様な利用ニーズを前提とした場合、その需要量とタイミングを予測することの困難さが飛躍的に上がることです。アナリティクスを駆使して需要予測のケイパビリティを上げることに加えて、需要のボラティリティに対して高いスピードで追従できる高変動費化型のコストモデルへの転換が必須となるでしょう。

これらの論点を克服する上で、テクノロジーの活用のためのインフラやケイパビリティの獲得、スピーディなオペレーションプロセスの構築等はもちろん容易なことではないでしょうが、むしろ日本企業にとっての最大のチャレンジは、こうしたハードサイドよりもビジネスに対するこれまでの考え方をどう変えるかというソフトサイドにあるものと考えられます。

すなわち、コストに対して「適性な」利益を乗せた額を回収するという考え方を根底から変えない限りは、利用価値ベースでの課金には移行できません。それは単なる延払い・リースのバリエーションに過ぎないからです。一方、顧客の利用価値に貢献できるかどうかによって大きな利益を得ることもあれば、そうでない場合もあるというのが利用価値ベースでの課金が意味するところです。同一業界内で横並びで、同じような利益水準、あるいはシェアに応じた利益額レベルに収斂するというこれまでの世界から、顧客の利用価値に大きく貢献できる製品を提供し、価値に見合った課金を続けられる企業がシェアや歴史に関係なく圧倒的な利益レベルを享受できる世界に移行するという認識を持つことが重要です。

いずれにしても、こうした論点についてまずは綿密な分析と検証に基づくシナリオを構築することが第一歩です。繰り返しになりますが、従来の売り切り型の「長くて遅い事業サイクル」に基づくモデルの限界が見えている以上、こうしたシナリオを描いた上でいち早く次の一歩を踏み出すことができる企業には大きな先行者利益「サーキュラー・アドバンテージ」を獲得できるチャンスが待っているのです。

産業システムへの意味合い

これまで本章においては、短くて速い事業サイクルに基づく成長モデルへ転換することによる新しい収益成長の可能性を、個別の企業の取り組み、とりわけ消費者向けの最終製品を持つメーカーがどのように売り切り型から利用型に転換するかという視点で論じました。

実はこうしたモデルの転換はB2C向け製品を持つメーカーだけに関連する話ではありません。より広範囲の企業、ひいては産業の構造にも大きな影響を及ぼすというのが私たちの見方です。すなわち、自社が持つ「資産」を短くて速いサイクルで収益化するというポイントは、多くの企業にとっても重要な意味合いを持ちます。

例えば、バリューチェーンの上流を担う素材系の企業にとっては、自社が扱う素材がどのように利用されるのかについて、現在の顧客群が持つニーズだけでなく、これまでの境界線を越えた目線で理解する必要があります。素材のスペックや使い勝手をこれまでよりもスピーディに拡大・改善するサイクルを構築することで収益成長の道が広がる可能性があるからです。

その際に、素材の調達のソースやサプライチェーンの在り方も変革させる必要があることに疑いの余地はありません。特定の産業向けに開発されたノウハウ資産を有する企業にとっては、前述の例と同様に、自社のノウハウが活きるアプリケーションをこれまでとは異なる目線で探索し、不特定多数のアプリケーションのニーズからスピーディに収益化を図ることも短くて速いサイクルの一例です。従来の産業分類の垣根が壊れる、すなわち「コンバージェンスの時代」といわれて久しいですが、現状は実際に意味のある形でコンバージェンスが起きているとは言えません。

前述した目線での連携が広がることによって、従来の産業分類やバリューチェーンが有機的に統

◉【図12】産業構造へのインパクト

個社の事業モデルの転換は、産業全体の構造転換を誘発する可能性もある。

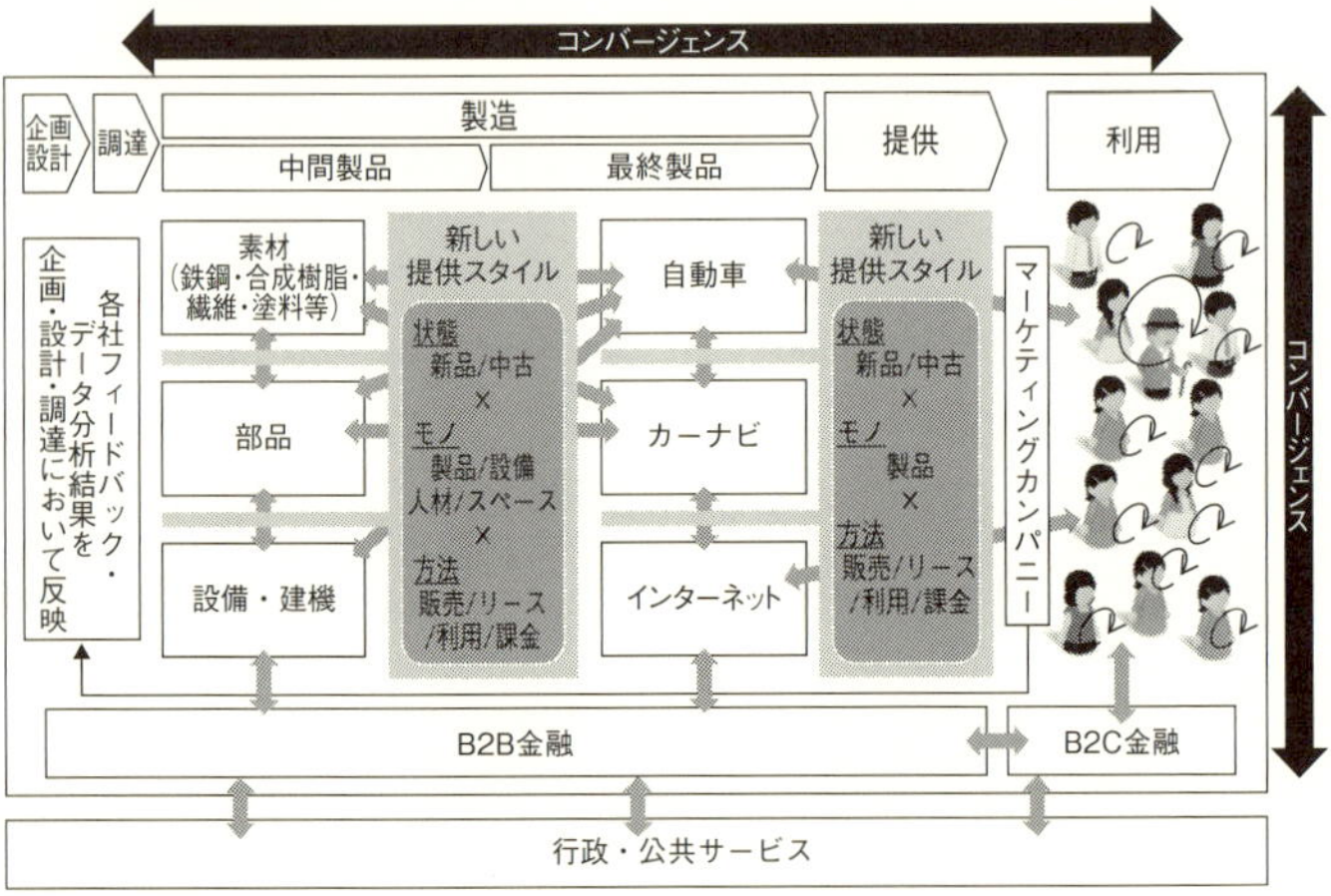

合された新たな産業システムが初めて出現していくのではないだろうかと考えています（図12）。

　また、こうした新しい産業システムと相まって、新たなインフラの役割も出現してくるでしょう。例えば金融機関の役割については、これまでの売り切り時点での資金回収見込みから、利用時点での資金回収見込みに基づく企業への与信が求められるでしょう。そうした観点から、利用者による利用料金支払いの可能性まで踏み込むという意味において、産業金融とリテール金融の融合も起きるかもしれません（図13）。

　また、国や地方政府についても、必要な規制改革やルールの整備だけでなく、デジタルプラットフォームのような新しい公共インフラの整備においても能動的な役割が

◉【図13】金融への意味合い

金融の役割も従来とは異なり、そうした結果、破壊的なプレーヤーが参入してくる可能性もある。

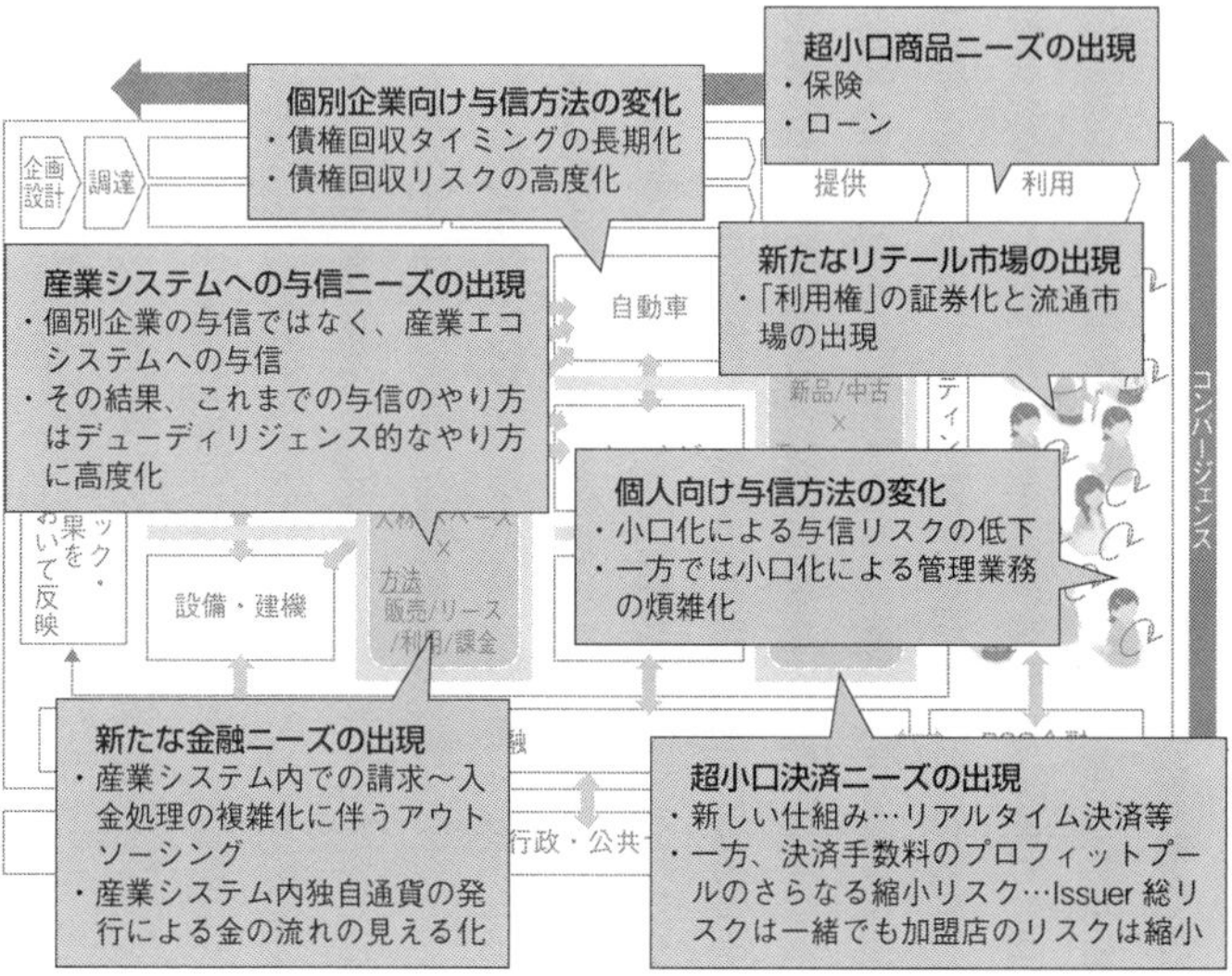

求められることになります（次頁図14）。

　さらに、前述したような新たな産業システムは、新たな社会経済モデル、特に地方活性化のモデルにも影響を及ぼす可能性があることも指摘しておきます。地域経済の活性化の重要性は言うまでもなく、官民学による多くの取り組みがなされているところです。

　しかしながら、地域経済の活性化のキモが自律的な地域GDPの成長モデルの設計と導入にあることに鑑みれば、これまでの取り組みにはそうしたグランドデザインが欠如していると言わざるを得ないでしょう。例えば、多くの地域においてオープ

◉【図14】行政・公共サービスの役割

サーキュラーシステムを支えるプラットフォームは必須。新しい公共投資ととらえて行政が一定の役割を果たすべきではないか？

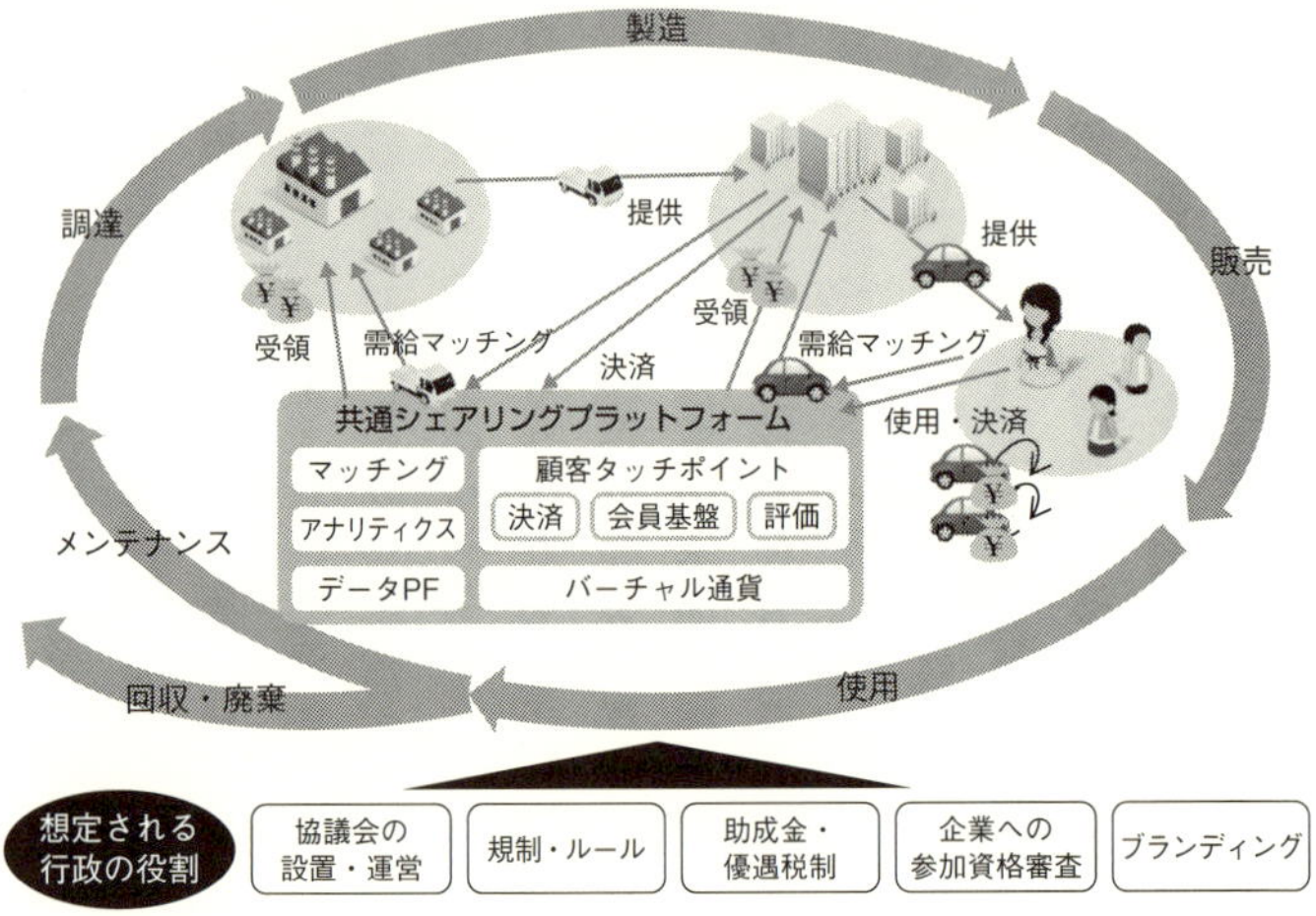

ンイノベーションを標榜されています。もちろん、オープンイノベーションの重要性を否定するものではありませんが、それよりも地域内に現存している「資産」を短くて速いサイクルで収益化する産業モデルを設計し、それを強力に推進する官民連合体を組成することが重要であると考えられます。

転換のロードマップ

本章の締めくくりとして、日本企業がどのように最初の一歩を踏み出すべきかについて触れたいと思います。

繰り返しになりますが「サーキュラー・エコノミー」すなわち、短くて速い事業サイクルへの転換をうまくやれば、日本企業は新たな成長機会が得られ、ひいては日本社会全体に自律的な経済成長スパイラルを引き起こせる可能性があります。そのためには、前述したような、複雑ではあるものの重要なシナリオを描くことが必要条件です。「うまくやる」ために次に重要なポイントは、多くの日本企業にとってこれまでやったことのない複数のチャレンジを統合的、かつスピーディに取り組むことです。こうした観点から、4つの重要なチャレンジについて述べていきましょう。

まず、真の顧客指向に転換することが必須です。ここでいう顧客指向とは、自社の製品が顧客にもたらす利用価値を最大化することを意味しています。そのためには顧客の多種多様な利用シーンを理解し、そこにおける自社製品の使われ度合と、そこで顧客が何を感じるかを綿密に理解しなければなりません。日本企業は従来、顧客指向であるとされてきましたが、実態は大きくかけ離れていると私たちは見ています。「お客様は神様です」と言いながら、実はそれを言い訳として顧客を理解する努力を怠っていたのではないでしょうか。ちなみに「お客様は神様です」と言った三波春夫氏の真意は、「最大限のパフォーマンスを発揮するためには、神様の前に立つような真摯な気持ちでお客様と向き合わなければいけない」ということだそうです。すなわち、神格化して何も理解しようとしないこととは全く異なります。

短くて速い事業サイクルにおいては、不特定多数の利用者の多様な利用シーンを相手にする必要があることを前述しました。ビッグデータの活用は不可欠になるでしょうし、言い換えれば、多くの企業がビッグデータを活用しきれていない現状を甘受している余裕はもはやないということです

◉【図15】ビッグデータ活用の失敗例

アクセンチュアのこれまでの経験をベースとすれば失敗の要因は6つに大別される。

□データを分析して何かを出そうとするので、アクションにつながらない
⇨とるべきアクションから必要なデータを「逆算」する

□完璧なデータベースの構築に時間・労力をかけすぎ、実は効用逓減ゾーンに入っている
⇨高速PDCAで、取るべきデータ、分析手法、アクションを継続改善

□ソーシャルリスニングからの示唆に過大に期待
しかし、サイレントマジョリティーはつぶやかない
⇨自社パネル等、セミパブリックなメディアを能動的に構築

□気の利いたデータを取れるのも、意味のあるアクションを取るのも、すべては現場。情シス、マーケティングに任せる話ではない
⇨データ→分析→アクションの一方通行でなく、双方向のループを組織横断で構築

□すべてを自前でやろうとする。その逆に実は競合差別性の源泉である部分を外部に丸投げ
⇨Make or Buy or Useの戦略的な峻別（時間軸も併せて）

□これまでのCRMの延長線ではない
⇨Intelligent Enterpriseへの一大転換に向けたトップのコミットメントとガバナンスが必須

（図15）。一方で、真の顧客指向に秘策がないこと、すなわちback to basicをやり切ることの重要性を改めて強調したいと思います。

前述したアクセンチュアによるグローバルの消費者サーベイは、「無関心化」する前の段階の「わがまま化」している消費者に対して、企業側が彼らの不興を買うような製品やサービスを提供してしまったとしても、顧客は企業側からの建設的なフォローに対して聞く耳を持ち、その際には対人ベースでの会話が望まれ

◉【図16】顧客との対話余地

顧客は問答無用で他企業に乗り換えるというわけではなく、多くの場合には交渉の余地がある（聞く耳をもっている）。

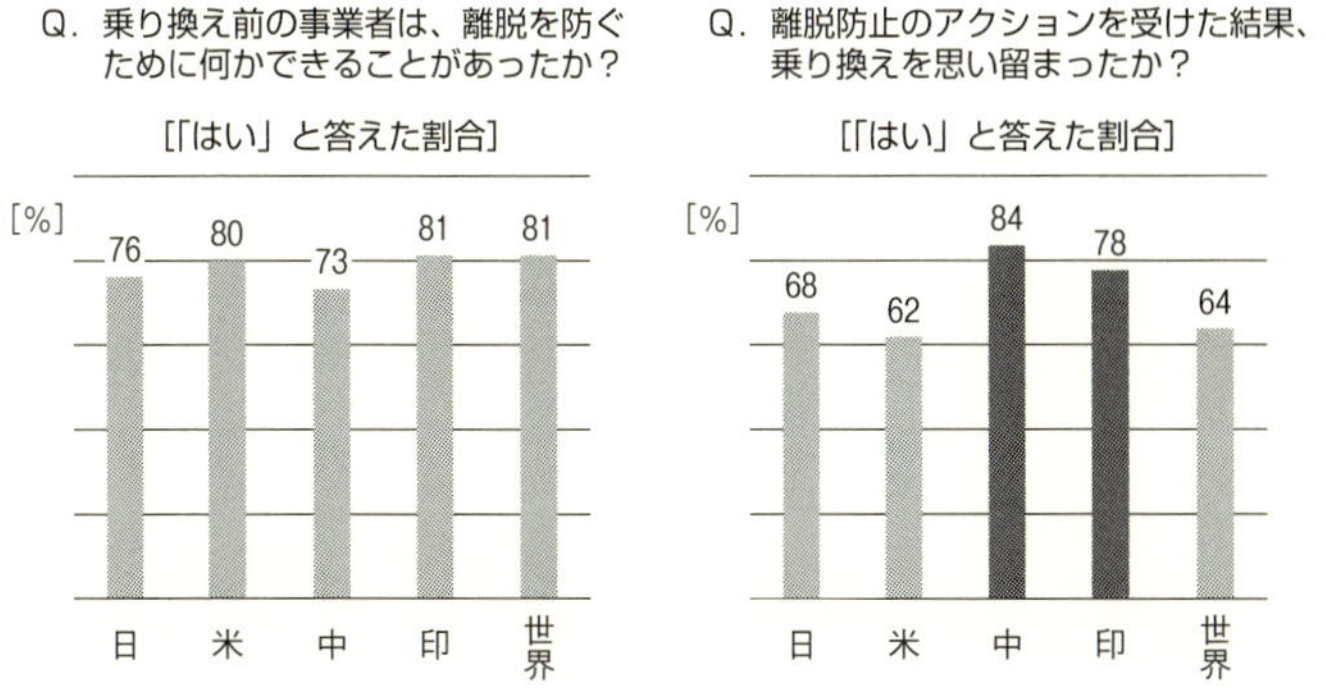

ていることを示唆しています（図16）。

ここで真の顧客指向のための back to basic の例として、タイムズのカーシェアでの事例を紹介します。彼らはすでに55万人を駐車場会員として有しており、その点においてカーシェア会員獲得においては有利なポジションにあります。しかしながら、カーシェアのプロバイダーの乗り換えは容易であるため、サービス品質の向上にフォーカスすべく、自前のコールセンターで毎月数十万件にのぼる利用者の声を集めてそれに基づくサービス品質の改善を高速でやり続けています。

こうした取り組みによる改善の例を紹介しましょう。当時、最も多かったクレームは自動車に忘れ物をしてしまったけれども、ドアがすでに施錠されてしまったというものでした（タイムズの車は返却時にカードをかざすことで施錠され、15分単位で課金される利用者は一刻も早く返そうと、あわてて施錠してしまう)。そこで、返却時にもう一度ドアを開けられるQRコードを利用者の携帯電話にメールで送信することにしましたが、クレームはいっこうに減りません。データを深掘りしてみたところ、携帯すら車内に置き忘れてしまい、利用者はタイムズからのメールを受け取れていなかったことが判明し、その後はカードをかざすことで30分以内にもう一度ドアを開けられるように変更しました。

このように、基本的なことの積み重ねによってのみ、真の顧客指向への転換が可能となることを改めて強調しておきたいと思います。

チャレンジの2点目は、テクノロジーをフルに活用したインテリジェント・エンタープライズへの変革です。利用起点で短くて早い事業サイクルはテクノロジーの活用なくしてはそもそも実現不可能です。新しいテクノロジーをめぐる議論においては、これまでは、ともすると規格の標準化をどうするか、どこが覇権を握るのか、といった点に焦点が当たりすぎていたきらいがありました。日本版への前書きにおいても述べた通り、最も重要なことは、IoT、ビッグデータ解析を含むデジタル・テクノロジー、Industrial IoT が有機的に統合されたエコシステムをいかに早く構築するかにあります。

残念ながら、テクノロジーが事業にもたらすインパクトや、それについての対応の緊急度、危機感については、日本企業のトップと海外企業のトップとの間にはかなりのギャップが存在しているのが実態です(図17)。まずはトップの意識改革を期待したいところです。

企業を、事業とそれを支える経営・業務に分けると、これまでIT(テクノロジー全般)は「経

◉【図17】日本企業のデジタルに対する意識

日本企業のデジタルに対する重要性の認識は高いものの、市場環境を一変させるような事業機会や脅威に気づいていない可能性あり。

デジタルに対する意向

Q. デジタルが戦略的な成長の実現要素であると考えていますか？

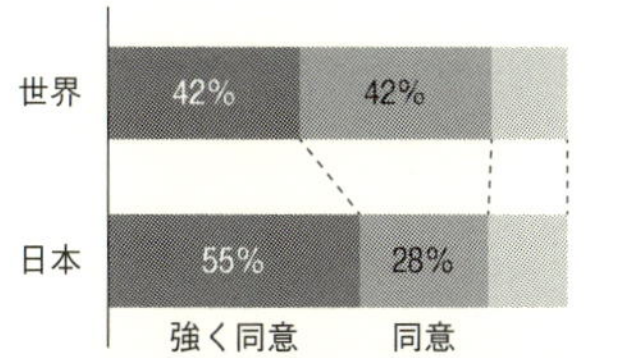

出所：Increasing agility to fuel growth and competitiveness、アクセンチュア、2016年

市場を一変させる新製品・サービスの投入

Q. 今後12カ月で、競合企業が現在の市場環境を一変させるような製品・サービスを打ち出すと考えていますか？

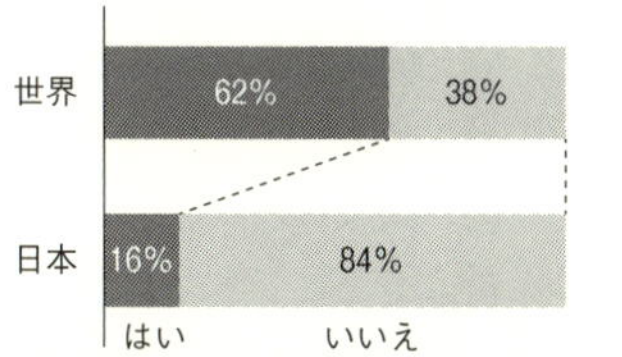

出所：グローバルCEO調査2015、アクセンチュア

営・業務の下支え」の役割でした。しかし、本書で述べているような事業モデルの転換にあたっては、ＩＴの役割は「新たな事業競争力の創造」にあると認識することが第一歩です。

自動車をインターネットに接続し、ユーザーに移動体としての車以上の価値を提供する「コネクテッド・カー」を例として説明しましょう。ここでは、自動車の開発・生産・販売・アフターサービスといった一連の業務と収益管理を支えるだけでなく、自動車・運転手の動態情報や、様々な外部情報を収集・分析して安全性や利便性を高める、すなわち新しい顧客価値を創り出すところまでＩＴの役割が広がっています。また、保険の分野では、ウェアラブル端末で健康状態をリアルタイムでチェックし、その結果に連動させて保険料を変え、それをインセンティブに契約者の健康状態を維持・改善するサービスも検討されています。こうしたイノベーションの鍵を握るのはＩＴです。

これらの例からも分かる通り、現在、ＩＴによって何ができるのかという知識は、事業開発や商品開発にも求められるようになっています。しかし、商品の中にセンサーやソフトウェアが組み込まれ、顧客が商品を購入した後もクラウドを通してリアルタイムに管理したり、ＩＴサービスを提供するということになると、事業企画や商品開発部門だけでは手に負えなくなります。そこで、キーパーソンとなるのが、企業内の情報システムの構築・運用を統括してきたＣＩＯです。ＣＩＯには、企業全体を見渡し、事業戦略とＩＴを融合させるイノベーションリーダーとしての役割が期待されています。

こうした視点で改めてＣＩＯの役割を再定義し、そのために必要なケイパビリティを担保することが重要となるでしょう。最後にテクノロジー、特に狭義のＩＴシステムの構築と運用にあたっての基本的な思想にも変革が求められるでしょう。すなわち、「短くて速い事業サイクル」を構築するにあたっては、当然のことながら、ＩＴシステムにも変化にスピーディに対応できる柔軟さが必要になります。そのためには、個々の事業の自社にとっての位置付けと市場の成熟度、事業に求められる変化のペース、個々の変化要件の不確実性、品質リスクの許容度などを識別し、適切なシステムアーキテクチャや開発アプローチ、リソースアロケーション、要素技術やスキルの獲得手段、パフォーマンス管理のアプローチを選択する、それが、アクセンチュアが提唱している「マルチスピードＩＴ」と呼ぶ考え方につながります。

システム開発アプローチを例に挙げてみましょう。まず事業の変化のペースが遅く、個々の変化に求められる要件もある程度明確な案件に対しては、決められた要件や仕様を厳格な工程管理のもと着実に作り込む「ウォーターフォール型」（4速ギア）もしくは「イタレーション型」（3速ギア）を選択します。一方で、事業の変化のペースが速く、個々の変化に求められる要件も不明確な案件に対しては、仕様や設計の変更があるのは当然という前提に立ち、試行と改良を繰り返し、徐々に完成度を上げていく「アジャイル型」（2速ギア）を選択します。変化に一定のペースはないものの、突発的に起こる細やかな変化への素早い対応を求めてくる事業に対しては、「カンバン（ジャスト・イン・タイム）方式」（1速ギア）で対応します。

このように、IT組織には速度の違う複数のアプローチを使い分ける能力と体制が必要になります。当然のことながら、「短くて速い事業サイクル」への転換も一朝一夕に実現できるものではありませんので、これまでの事業サイクルからの移行期間においては、こうした多段変速ギアの使い分けが極めて重要となるでしょう。

チャレンジの3点目は、自前主義からの訣別です。前述したような真の顧客指向への転換、テクノロジーエコシステムの構築にあたっては、これまでのような自前主義、あるいは従来のような自社が属する業界やその周辺でのスケール、スコープを狙った散発的なアライアンスM&Aでは限界があることは明白です。

そこで必要となるのが、他社が持つ資産やケイパビリティを有機的に活用できるエコシステムの構築です。有名な事例ですが、東レとファーストリテイリングのヒートテックに関する共同開発に再び目を向けてみましょう。東レが死守してきた三大合成繊維に関する技術資産は、ファーストリテイリングという従来のアパレル企業とは異質のプレーヤーと提携しなければ、ヒートテックという形で消費者の新たな需要を掘り起こすことには結実しなかった可能性があることはよく指摘されている通りです。

まさに潜在的な価値のある資産を持つ企業が、そうした価値の顕在化の可能性に気づいた企業と組んだことによって資産をスピーディに収益化できた好事例でしょう。

「サーキュラー・エコノミー」の考え方が浸透するにつれて本当の意味でのコンバージェンスを加速する可能性があることは前述した通りですが、これが意味するところは、日本企業にとってはこれから複数の「異種格闘技戦」をこなさなければいけない時代が来たということです。ここでいう「異種格闘技戦」とは、自社が持つ常識や価値観とは全く異なる複数の企業とエコシステム型のアライアンスを構築し、短くて速い事業サイクルを回すとともに、破壊と創造をスピーディに行っていくことです。

この点においても、日本の企業の取り組みは海外に比べて遅れているのが現状ですが、ここではアクセンチュアが取り組んだ経験から得た学びを共有しておきたいと思います。アクセンチュアは前述したような異種格闘技系のM&Aによるエコシステムの構築について、数年前からかなり積極的に取り組んできています（図18）。こうした経験から学んだこととして、企業価値評価、事業統合、

◉【図18】アクセンチュア自身による直近の Digital M&A 実績

アクセンチュアは直近3年で14のデジタル企業を買収した。この買収経験によりDigital M&Aにおける従来のM&Aとの違いと成功のポイントが明らかとなった。

アクセンチュアのデジタル企業買収（2013-2015年）

買収会社	事業概要	買収会社	事業概要
i4C Analytics（イタリア）	アナリティクスPF（プラットフォーム）ベンダー このPFを用いることで、業界、機能に特化したオーダーメイドの分析用アプリケーションを迅速に立ち上げることが可能。	Reactive Media（オーストラリア）	デジタル広告代理店 マーケティング、デザイン、テクノロジーをトータルで顧客に提供。British Airways、日産、豪気象庁等を顧客に持つ。 2012年The Webby Awards受賞。
Gapso（ブラジル）	アナリティクス会社 主に鉱業、農業向けに、統計分析を用いたサプライチェーン、製造、物流の最適化サービスを提供している会社。顧客はBP、ロイヤルダッチシェル、ペトロブラス、ヴァーレ等。	PacificLink Group（香港）	デジタル広告代理店 オンライン、オフラインを融合させたマーケティングに強み。Adidas, Pandora, Estée Lauder, Audi の広告を手掛ける。Markies Awards 2015 受賞。
Chaotic Moon（米国）	デジタル制作会社 アプリだけでなく、サービスデザインにも強みがあり、Whole FoodsのSmartカートは同社が手掛けている（RFIDを用いてカゴ内の商品情報を読み、合計金額の表示、リコメンドを実施）。	BrightStep Partners（スウェーデン）	e-commerce プラットフォームベンダー e-commerce PFの開発、オムニチャネルの最適化コンサルティングを北欧のローカル企業中心に提供。
AD.Dialeto（ブラジル）	デジタル広告代理店 戦略から、プランニング、制作までをend to end でサポート。特に、優れたMarketing ROI Formulaを保有していることが強み。hp, Cartier, IWC, MONT BLANC の広告を手掛ける。	Agilex Technologies, Inc.（米国）	デジタルソリューションベンダー 米国連邦政府向けに特化してAnalytics, Cloud, Mobileサービスを提供。 商務省、国土安全保障省、退役軍人省が主要顧客。
S3 TV Technology（アイルランド）	映像配信サービス向けソフトウェアベンダー 映像配信サービス向けに、自動化されたテスト、モニタリング、診断ソフトウェアを提供。	Javelin Group（英国）	デジタル系コンサルティングファーム 小売×デジタルに強みがあるコンサルティングファーム。デジタルマーケティングのアセスメント、オムニチャネルの最適化等を手掛ける。
Fjord（英国）	デザイン/デジタルマーケティングサービス マルチデバイスでのデジタル領域のサービスデザインに強みがある。グローバルで9つのデザインハブを構え、BBC, BBVA, Citibank等を顧客に持つ。	Boomerang Pharmaceutical Communications（スイス）	デジタル広告代理店 デジタル戦略立案からマーケティング、Webデザインまでend to endのサービスを医療医薬品・バイオ産業向けに提供。
Cimation（米国）	IIoTソリューションベンダー 主に石油、ガス等の産業向けに、センサーを使ったIIoTコンサルティングを含む生産プロセスの自動化・適正化といったソリューションを提供。	Acquity Group Ltd.（米国）	デジタルソリューションベンダー 戦略からプランニング、制作までをend to end でサポート。 Interactive Media Awards E-Commerce部門 2013 受賞。

◉【図19】従来のM&AとDigital M&Aの3つの違いと成功のポイント

Digital M&Aは、これまでの市場、顧客、製品等の獲得によって自社事業のスケールを拡大するためのM&Aとは違い、ケイパビリティを獲得するM&Aとなるため、留意すべきポイントが大きく異なる。

	従来のM&A		DigitalM&A
❶ 企業価値評価の手法	**“事業性とリスクの評価”** 対象会社のビジネスに対する事業性（単体・シナジー）とリスクの評価	⇔	**“ケイパビリティの評価”** 対象会社自身の持つケイパビリティを買収後に維持・拡大できるかというケイパビリティの評価
❷ PMI（Post Merger Integration）の思想	**“自社のグローバルオペレーティングモデルへ組み込む”** 対象会社を自社（買収側）のグローバルオペレーティングモデルに組み込み、自社と同じ仕組みで動かす	⇔	**“対象会社のケイパビリティを維持できるモデルを構築する”** 対象会社のケイパビリティを生成・拡大しているエコシステムを維持するためのオペレーティングモデルを構築する
❸ エグジットクライテリア（撤退基準）の重要性	**“重要度は高くない（相対的に）”** すでにビジネスとして成立している魅力的な企業を買う場合が多いため、撤退基準を考慮する必要があまりない	⇔	**“重要度が高い”** ケイパビリティを獲得し、新たなサービス、ビジネスモデルを創造することは不確実性が高いため、撤退基準を明確にしておく必要がある

エグジットの3点についてのやり方が従来とはかなり異なるということです（図19）。こうしたレッスンも参考としながら、日本企業においてもエコシステム型のアライアンスの動きが加速することを期待しています。

　なお、このようなエコシステムの構築にあたっては、企業とのアライアンスだけではなく、個々の人材活用方法についても変革が必要であることを忘れてはなりません。実は人材活用においても、「短くて速いサイクル」という考え方が新しい方向性を示唆しています。すなわち、個々の人材が持つ潜在的なタレントとしての価値を、もっと細かな単位でフルに活用するという、適時・適材・適所の高速サイクル化です。このためには個々の人材が持つ潜在価値をテクノロジーの活用による新しいやり方で計測する必要があります。製品を利用ベースで課金する際に課金レベルをどうするかという視点と同様に、短サイクルでの貢献価値をどのように報酬に反映させるかについても、これまでとは異なる考え方が必要となります。

こうして考えてみると、入社時になんとなく生涯賃金が決まる旧来の日本的な人材採用・報酬体系は、販売時に利用価値を考慮することなく収益が決定する長くて遅い事業サイクルと共通点があり、いずれにしてもそうした人材活用の考え方からの訣別は必須です。

すなわち、サーキュラーエコノミーの時代の人材については、これまでのように同質であることは害であり、多様性が不可欠という認識が重要です。顧客が多様化するだけでなく、製品・サービスの活用シーンや活用ニーズも無限に多様化していくため、企業においてそれを企画し運営する側の人材も多様でなくてはなりません。これまで企業が活用に悩んでいた女性、シニア層、ミレニアム世代の人材の力を大きくビジネスに活かす千載一遇のチャンスでもあるのですが、これまでの日本企業の対応は、顕在化したボトルネックを都度取り除くという、単発的かつ後手に回りがちな施策にとどまっているのではないでしょうか。

人材育成においても「高回転な育成・貢献モデル」を構築する必要がありますが、その際に、無視できないポイントが2つあります。1点目は「エンプロイー・エクスペリエンス」を軸とした処遇体系です。消費者がモノの所有よりもそれによって得られる経験に対価を支払う、カスタマー・エクスペリエンスを重複する傾向は前述した通りですが、雇用の世界にも同じことが起こっているといえます。お金を払えば働いてもらえる時代はすでに終わりを告げており、被雇用者は「生涯賃金」よりも「成長機会」、「自由な働き方」や「社会への貢献」といった、その組織に所属することで得られるエクスペリエンスを重視しています。金銭的リワードだけでなく、こうした被雇用者が望む経験を与えることで処遇をするという考え方を取り入れないと、今後の人材マネジメントの仕組みは機能しなくなっていくでしょう。

2点目は、キャリアや働き方のパーソナライズです。被雇用者は、人生一毛作、作り置きの固定キャリアには魅力を感じなくなってきています。自身の志向性やプライベートライフに合わせてキャリアをパーソナライズするために、若手人材や女性は、時には組織のスイッチングを厭わないでしょう。

これまでの日本の人事制度におけるキャリアは、例えば「総合職」「専門職」といった、2つか3つのハシゴ（キャリア系統）しかなく、一度決めたらひたすら同じハシゴを上る形になっていました（ラダー型という）。しかし、現在の被雇用者が望むパーソナライズされたキャリアと働き方を提供するためには、いわばジャングルジムのような形状の「ラティス（格子）型」に変える必要があります。上るだけでなく横に移動することもでき、頂上までの行き方も自分で決められ、キャリアアップへの道をそれぞれの社員がカスタムメイドできることが、これからの人材獲得・活用には非常に重要な要件となるわけです。

しかしながら、こうしたカスタムメイドキャリアや多角的な報酬体系を構築するには、膨大な運用工数が必要になります。この問題を乗り越えるには、現状のやり方を改善するとか、効率化するレベルでは間に合いません。そして、ここでも威力を発揮するのがデジタル技術です。

例えば、シリコンバレーでは、クラウドツールを活用し、採用候補者プールの中から、募集職種におけるハイパフォーマーのデータを分析し、導き出された採用要件に合致する人材をリコメンドするというテクノロジーがサービス化されています。グーグルは、すでに独自の採用候補者データベースを作っています。現在、求職活動を行っていない人すらも、そのデータベースに含み、その人がどういったキャリアを積み、どんなポジションについているかといったことも含めて追いかけて、自社のビジネスに必要になった瞬間にアクセスするといったことが想定されています。

また、選考については、面接で応募者の人となりを見るという、面接官の主観に依存したやり方は今後、改善されていくでしょう。これもグーグルの例ですが、対象となる職務を高いレベルで遂行できるかどうかをテストするという面接のスタイルを採っていて、そのために職務に合わせた質問を科学的に導き出すツールも開発しています。前述したテクノロジーの活用と重複する部分もありますが、日本企業もいち早くこうしたツールを取り込むことに注力すべきでしょう。

4つのチャレンジの最後にして最大のものとして、「経営の高速化」を挙げたいと思います。オペレーションの高速化については、日本の企業は相当なレベルまで改善してきているというのが私たちの見方で、今後もさらなる改善が可能でしょう。

一方で、経営の高速化、なかでも重要な意思決定の高速化については、依然として多くの課題があるのが実態ではないでしょうか。これまで述べてきた「サーキュラー・エコノミー」型のモデル、すなわち短くて速い事業サイクルへの転換とそれによる収益の成長を実現するためには、これまでとは決定的に異なる高速で意思決定を行い、走りながら軌道修正のための二の矢、三の矢を放っていく経営スタイルが必須です。この点においてもテクノロジーのエコシステムがもたらすデータとインサイトを的確に活用することは必須であることは無論ですが、トップ自身が経営の高速化に強くコミットすること以外には打開の方策がないことも改めて認識する必要があります。

こうしたチャレンジを克服した企業のみが享受できる、新たな成長機会と競合優位性こそが、本書の中で触れられている「サーキュラー・アドバンテージ」です。戦略論に詳しい読者でしたら、従来の戦略論が固定化したラーニングカーブをいかに早く駆け降りるかという発想をベースとしていることはご存じでしょう。「サーキュラー・アドバンテージ」は、ラーニングカーブの形を自らが能動的に、短期間で、競合他社が駆け降りることができない形に変えるという強い意図と実行力を持った企業のみが享受できる大きな果実なのです。

最後に

「サーキュラー・エコノミー」による成長戦略が旧来の戦略論と決定的に異なる点は、個々の企業が「サーキュラー・アドバンテージ」がもたらすさらなる成長機会と、それがもたらす営利を追求する結果、日本の社会システムが抱える課題を乗り越えていくことにつながることです。本書の読者がこのような希望を胸に、「サーキュラー・アドバンテージ」の果実をいち早く手中に収めるべく、大きなチャレンジに積極果敢に挑まれることを期待して筆を擱くことにします。

アクセンチュア・ストラテジー
マネジング・ディレクター　牧岡　宏
マネジング・ディレクター　石川雅崇

調査方法

本書の内容を検討し始めたのは2010年です。世界経済フォーラム（WEF）のヤング・グローバル・リーダーズ（YGL）のメンバーであるピーター・レイシーとデイビッド・ローゼンバーグ氏が、YGLのサーキュラー・エコノミーに関するタスクフォースを立ち上げ、イノベーションや新たなビジネスモデルに着目したのがきっかけです。

それから数年間にわたり、マーク・ボランド氏、デイム・エレン・マッカーサー氏、グンター・パウリ氏、レン・ソアズ氏、ジョン・ウォーナー氏をはじめとする数々の専門家や経営者が同タスクフォースに参画し、講演を行いました。そして2012年、ヤコブ・ルトクヴィストがピーター・レイシーをサポートするタスクフォースのマネジャーとして加わり、サーキュラー・エコノミーに向けた実践的なハンドブックを作成するアイデアが生まれました。その後、サーキュラー・エコノミーにおける成功を決める要因、それを達成するための最善の方策をまとめた、本格的なビジネス書に発展しました。

2013年から2014年に、アクセンチュアのグローバルチーム（米国、スウェーデン、オランダ、ドイツ、インド、中国のスタッフなど）が膨大な量の研究や分析を行い、文献調査に加えて、インタビュー、ケーススタディを実施し、サーキュラー・エコノミーの経済的影響を計算するためのモデルを開発しました。

そのモデルを構築する際、天然資源の需要と供給、生態系管理、人口と経済成長に関する研究成果を活用しました。現在の研究成果と過去データおよび将来見通しとを組み合わせて、技術革新などの変数を調整し、天然資源に関する需給を予測しました。このモデルを使って、「成り行き（Business-As-Usual）シナリオ」での資源需要の超過量、全く対応しなかった場合の影響、資源需要を大幅に減らすためにサーキュラー・エコノミーに基づいた解決策を導入する経済機会について評価しました。補足資料の「モデル構築のためのデータテーブル」もご参照ください。

ケーススタディでは、ビジネスの拡大可能性に注目し、ビジネスとしての成功事例を示しました。全体として、合計120の詳細なケーススタディを実施し、すべての大陸から事例を集めました（ただし、若干、ヨーロッパと北米の事例が多くなっています）。大企業が65社、中規模の企業が35社、革新的なスタートアップ企業が20社という構成でした。

ケーススタディを補足するため、50名以上の経営幹部や専門家を対象にした詳細なインタビューを実施し、本文でも紹介しています。さらに、それらのケーススタディとインタビューの内容を体系的に分析し、それぞれの支持基盤となっているビジネスモデル、ケイパビリティ、テクノロジーを明らかにしました。この企業分析の結果から、サーキュラー・エコノミーのビジネスモデルの5

種類を特定しました。その後、ケーススタディとビジネスモデルとの対応付けを行いました。

補足資料

モデル構築のためのデータテーブル

以下の表は、本書で作成あるいは使用した主なデータです。資源の需要と供給の推計、サーキュラー・エコノミーによって、制約下にある素材やエネルギー資源の将来の需要超過を克服できるかの評価に用いています。これらのデータは、透明性を確保するために、また、詳細な数値に関心のある読者のために掲載しています。

この分析は、主に「国内物質消費量」（DMC）に基づいています。素材やエネルギー資源の使用量（トン数）を各国あるいはグローバルに計測したものです。DMC指標とともに、資源不足が問題となるものについては、資源利用量の代わりに、「限りある資源」に限定した指標を使用しました。例えば、砂や砂利のような素材は除外しています。つまり、「限りある資源」の需要と供給の予想は、DMC全体の需要と供給ではなく、制約下にある資源およびエネルギーに限定した予測値と理解してください。新たにサーキュラー型で制約のない資源が開発され、使用されるようになれば、DMC全体は大幅に増加する可能性があります。

◉サーキュラービジネスモデルにより増加する全世界での予想追加産出量（GDP、1990年 GK 兆ドル、特定年次）

年	ベースライン	楽観的なBAU	予想値
2020	1.6	1.3	1.5
2025	3.6	1.9	2.7
2030	6.3	2.6	4.5
2035	12.1	3.5	7.8
2040	18.4	4.6	11.5
2045	26.0	6.5	16.2
2050	41.0	9.6	25.3

出所：資源の需要および供給に関する予測データ、および生産弾力性に関するデータを基に、アクセンチュアが分析。

◉制約下にある天然資源（エネルギーを含む）の超過需要（国内物質消費量、10億トン、2015～2050年）

年	ベースライン	楽観的なBAU	予想値
2015	0	0	0
2020	4	3	3
2025	8	4	6
2030	12	5	9
2035	20	6	13
2040	29	6	18
2045	38	8	23
2050	48	10	29

出所：生産量の成長、フットプリント原単位、バイオキャパシティの利用の予測値を基に、アクセンチュアが分析。

◉資源供給不足に対する生産弾力性

資源供給不足の割合	20%	50%	75%	90%
生産（GDP）弾力性	0.33	0.37	0.43	0.55

出所：以下のデータを基にアクセンチュアが分析
・「国家の富はどこに？」（世界銀行作成　http://siteresources.worldbank.org/INTEEI/214578-1110886258964/20748034/All.pdf　2006年出版）
・「経済成長は第一次エネルギーにどのように依存しているか？　50カ国におけるエネルギー生産量の弾力性（1970年～2011年）」（Gaël Giraud, Zeyner Kahraman 著、パリ経済学校　http://www.parisschoolofeconomics.eu/IMG/pdf/article-pse-meddejuin2014-giraud-kahraman.pdf　2014年４月10日現在）

◉分析で用いた人口および産出量のベースライン予測値（1961～2050年）

年	1961	1962	1963	1964	1965	1966	1967	1968	1969	1970
世界の人口（ベースライン）〈10億人〉	3.1	3.1	3.2	3.3	3.4	3.4	3.5	3.6	3.6	3.7
世界のGDP（ベースライン）〈1990年GK兆ドル〉	9.0	9.5	9.9	10.6	11.1	11.7	12.1	12.8	13.5	14.2

年	1971	1972	1973	1974	1975	1976	1977	1978	1979	1980
世界の人口（ベースライン）〈10億人〉	3.8	3.9	3.9	4.0	4.1	4.2	4.2	4.3	4.4	4.5
世界のGDP（ベースライン）〈1990年GK兆ドル〉	14.8	15.5	18.0	16.8	17.0	17.9	18.6	19.4	20.1	22.3

年	1981	1982	1983	1984	1985	1986	1987	1988	1989	1990
世界の人口（ベースライン）〈10億人〉	4.5	4.6	4.7	4.8	4.9	4.9	5.0	5.1	5.2	5.3
世界のGDP（ベースライン）〈1990年GK兆ドル〉	22.7	23.0	23.6	24.6	25.5	26.3	27.2	28.4	29.3	29.8

年	1991	1992	1993	1994	1995	1996	1997	1998	1999	2000
世界の人口（ベースライン）〈10億人〉	5.4	5.5	5.5	5.6	5.7	5.8	5.9	5.9	6.0	6.1
世界のGDP（ベースライン）〈1990年GK兆ドル〉	30.1	30.3	30.7	31.5	32.6	33.7	34.9	35.6	33.9	35.5

年	2001	2002	2003	2004	2005	2006	2007	2008	2009	2010
世界の人口（ベースライン）〈10億人〉	6.2	6.2	6.3	6.4	6.5	6.6	6.6	6.7	6.8	6.9
世界のGDP（ベースライン）〈1990年GK兆ドル〉	36.5	37.8	39.5	41.5	43.6	46.1	48.7	50.3	50.4	53.2

年	2011	2012	2013	2014	2015	2016	2017	2018	2019	2020
世界の人口（ベースライン）〈10億人〉	6.9	7.0	7.1	7.2	7.3	7.3	7.4	7.5	7.6	7.6
世界のGDP（ベースライン）〈1990年GK兆ドル〉	55.5	57.4	59.1	60.8	62.5	64.3	66.1	68.0	70.0	72.0

年	2021	2022	2023	2024	2025	2026	2027	2028	2029	2030
世界の人口（ベースライン）〈10億人〉	7.7	7.8	7.8	7.9	8.0	8.1	8.1	8.2	8.3	8.3
世界のGDP（ベースライン）〈1990年GK兆ドル〉	74.0	76.2	78.3	80.6	82.9	85.3	87.7	90.2	92.8	95.5

年	2031	2032	2033	2034	2035	2036	2037	2038	2039	2040
世界の人口（ベースライン）〈10億人〉	8.4	8.4	8.5	8.6	8.6	8.7	8.7	8.8	8.8	8.9
世界のGDP（ベースライン）〈1990年GK兆ドル〉	98.2	101.0	103.9	106.9	109.9	113.1	116.3	119.6	123.1	126.6

年	2041	2042	2043	2044	2045	2046	2047	2048	2049	2050
世界の人口（ベースライン）〈10億人〉	8.9	9.0	9.1	9.1	9.1	9.2	9.2	9.3	9.3	9.4
世界のGDP（ベースライン）〈1990年GK兆ドル〉	130.2	133.9	137.8	141.7	145.8	149.9	154.2	158.6	163.2	167.8

出所：アクセンチュア分析

・過去のGDPデータ（1961年～2013年）：全米産業審議会「総合経済データベース―主な調査結果」
http://www.conference-board.org/data/economydatabase/　2014年1月現在

・人口：米国国勢調査局「国際データベース」
https://www.census.gov/population/international/data/idb/informationGateway.php
2014年12月23日現在

◉フットプリント原単位およびバイオキャパシティ利用（グローバル合計、2013～2050年）

年	2013	2014	2015
フットプリント原単位（国内物質消費量1トン当たりのエコロジカル・フットプリント〈ヘクタール〉）	0.42	0.42	0.42
バイオキャパシティ利用（エコロジカル・フットプリント〈10億ヘクタール〉）	20	20	20

年	2016	2017	2018	2019	2020
フットプリント原単位（国内物質消費量1トン当たりのエコロジカル・フットプリント〈ヘクタール〉）	0.41	0.41	0.41	0.40	0.40
バイオキャパシティ利用（エコロジカル・フットプリント〈10億ヘクタール〉）	20	20	20	20	20

年	2021	2022	2023	2024	2025
フットプリント原単位（国内物質消費量1トン当たりのエコロジカル・フットプリント〈ヘクタール〉）	0.40	0.39	0.39	0.39	0.39
バイオキャパシティ利用（エコロジカル・フットプリント〈10億ヘクタール〉）	20	20	20	19	19

年	2026	2027	2028	2029	2030
フットプリント原単位（国内物質消費量1トン当たりのエコロジカル・フットプリント〈ヘクタール〉）	0.38	0.38	0.38	0.37	0.37
バイオキャパシティ利用（エコロジカル・フットプリント〈10億ヘクタール〉）	19	19	19	19	19

年	2031	2032	2033	2034	2035
フットプリント原単位（国内物質消費量1トン当たりのエコロジカル・フットプリント〈ヘクタール〉）	0.37	0.37	0.36	0.36	0.36
バイオキャパシティ利用（エコロジカル・フットプリント〈10億ヘクタール〉）	18	18	18	17	17

年	2036	2037	2038	2039	2040
フットプリント原単位（国内物質消費量1トン当たりのエコロジカル・フットプリント〈ヘクタール〉）	0.35	0.35	0.35	0.35	0.34
バイオキャパシティ利用（エコロジカル・フットプリント〈10億ヘクタール〉）	17	16	16	16	15

年	2041	2042	2043	2044	2045
フットプリント原単位（国内物質消費量1トン当たりのエコロジカル・フットプリント〈ヘクタール〉）	0.34	0.34	0.34	0.33	0.33
バイオキャパシティ利用（エコロジカル・フットプリント〈10億ヘクタール〉）	15	15	14	14	14

年	2046	2047	2048	2049	2050
フットプリント原単位（国内物質消費量1トン当たりのエコロジカル・フットプリント〈ヘクタール〉）	0.33	0.33	0.32	0.32	0.32
バイオキャパシティ利用（エコロジカル・フットプリント〈10億ヘクタール〉）	13	13	13	12	12

出所：アクセンチュア分析
・過去データ：グローバル・フットプリント・ネットワーク「データ及び結果：フットプリントアカウント」
http://www.footprintnetwork.org/ar/index.php/GFN/page/footprint_data_and_results/
2014年12月23日現在

◉ベースライン資源需要
（国内物質消費量、10億トン、1961～2050年）

年	1961	1962	1963	1964	1965	1966	1967	1968	1969	1970
バイオマス	9	9	10	10	10	11	11	11	11	11
化石エネルギー	4	5	5	5	5	6	6	6	6	6
鉱石、工業用鉱物	2	2	2	2	2	2	2	2	2	3
建設用鉱物	4	5	5	5	6	6	6	6	7	7

年	1971	1972	1973	1974	1975	1976	1977	1978	1979	1980
バイオマス	12	12	12	12	13	13	13	13	13	13
化石エネルギー	7	7	7	7	7	8	8	8	8	8
鉱石、工業用鉱物	3	3	3	3	3	3	3	3	3	3
建設用鉱物	7	8	8	8	8	9	9	10	10	10

年	1981	1982	1983	1984	1985	1986	1987	1988	1989	1990
バイオマス	14	14	14	15	15	16	16	16	16	17
化石エネルギー	8	8	8	9	9	9	9	9	10	10
鉱石、工業用鉱物	3	3	3	3	3	3	3	4	4	4
建設用鉱物	10	10	10	11	11	11	12	12	12	12

年	1991	1992	1993	1994	1995	1996	1997	1998	1999	2000
バイオマス	16	17	17	17	17	17	17	17	18	18
化石エネルギー	9	9	9	9	10	10	10	10	10	10
鉱石、工業用鉱物	4	4	4	4	4	4	4	4	4	4
建設用鉱物	13	13	14	15	15	16	16	16	17	17

年	2001	2002	2003	2004	2005	2006	2007	2008	2009	2010
バイオマス	18	18	18	19	19	19	20	20	20	21
化石エネルギー	10	10	11	11	12	12	12	13	13	14
鉱石、工業用鉱物	4	5	5	5	6	6	6	7	7	7
建設用鉱物	18	19	20	22	23	25	26	27	28	30

年	2011	2012	2013	2014	2015	2016	2017	2018	2019	2020
バイオマス	21	22	22	22	22	23	23	23	23	24
化石エネルギー	14	14	14	15	15	15	15	16	16	16
鉱石、工業用鉱物	7	7	8	8	8	8	8	9	9	9
建設用鉱物	32	33	34	35	37	38	39	41	42	44

年	2021	2022	2023	2024	2025	2026	2027	2028	2029	2030
バイオマス	24	24	24	25	25	25	25	25	26	26
化石エネルギー	16	17	17	17	18	18	18	18	19	19
鉱石、工業用鉱物	9	10	10	10	10	11	11	11	12	12
建設用鉱物	45	47	49	51	52	54	56	58	60	62

年	2031	2032	2033	2034	2035	2036	2037	2038	2039	2040
バイオマス	26	26	27	27	27	28	28	28	28	29
化石エネルギー	19	20	20	20	21	21	21	22	22	22
鉱石、工業用鉱物	12	12	13	13	13	14	14	15	15	15
建設用鉱物	63	65	66	68	69	71	73	74	76	77

年	2041	2042	2043	2044	2045	2046	2047	2048	2049	2050
バイオマス	29	29	29	30	30	30	31	31	31	32
化石エネルギー	23	23	24	24	24	25	25	26	26	26
鉱石、工業用鉱物	16	16	17	17	18	18	18	19	19	20
建設用鉱物	79	80	82	83	85	86	88	89	91	92

出所：以下のデータを基にアクセンチュアが分析し、予測
・過去データ（1961〜2010年）：フリドリン・クラウスマン、シモン・ギングリッジ、ニーナ・アイゼンメンガー、カールハインツ・エルブ、ヘルムート・ハーベルル、マリーナ・フィッシャーコヴァルスキー著「世界における資源利用の拡大　20世紀のGDPおよび人口」エコロジー経済学、68(10)、2009年8月15日現在
・アンケ・シャファジック、アンドレアス・メイヤー、シモン・ギングリッジ、ニーナ・アイゼンメンガー、クリスチャン・ロイ、フリドリン・クラウスマン著「世界の代謝変化：世界資源の流れ　地域別パターンと傾向　1950〜2010年」Global Environmental Change 第26巻参照。2014年5月現在
http://www.sciencedirect.com/science/article/pii/S095937801400065X

◉総資源供給量

One-Planet Economy 2050年シナリオ
（国内物質消費量、制約下にある資源、10億トン、2013～2050年）

年	2013	2014	2015	2016	2017	2018	2019	2020
ベースライン	47	48	49	49	49	49	49	50
楽観的なBAU	47	48	49	49	49	49	49	50

年	2021	2022	2023	2024	2025	2026	2027	2028	2029	2030
ベースライン	50	50	50	50	50	50	50	50	50	50
楽観的なBAU	50	50	50	51	51	51	51	51	52	52

年	2031	2032	2033	2034	2035	2036	2037	2038	2039	2040
ベースライン	50	49	49	48	48	47	46	46	45	45
楽観的なBAU	52	52	51	51	51	51	50	50	50	50

年	2041	2042	2043	2044	2045	2046	2047	2048	2049	2050
ベースライン	44	43	43	42	41	40	40	39	38	37
楽観的なBAU	49	49	48	48	48	47	47	46	46	45

出所：フットプリント原単位、バイオキャパシティの利用に関するデータを基に、アクセンチュアが分析。

◉分析時に使用したベースライン資源原単位

（kg／1990年GKドル）（2010～2050年）

年	2010	2011	2012	2013	2014	2015	2016	2017	2018	2019
バイオマス	0.39	0.39	0.38	0.37	0.37	0.36	0.35	0.35	0.34	0.33
化石エネルギー	0.25	0.25	0.25	0.24	0.24	0.24	0.24	0.23	0.23	0.23
鉱石、工業用鉱物	0.13	0.13	0.13	0.13	0.13	0.13	0.13	0.13	0.13	0.13
建設用鉱物	0.57	0.57	0.57	0.58	0.58	0.59	0.59	0.59	0.60	0.60
全体平均	1.34	1.34	1.33	1.32	1.32	1.31	1.31	1.30	1.30	1.29

年	2020	2021	2022	2023	2024	2025	2026	2027	2028	2029
バイオマス	0.33	0.32	0.31	0.31	0.30	0.30	0.29	0.29	0.28	0.28
化石エネルギー	0.22	0.22	0.22	0.22	0.21	0.21	0.21	0.21	0.20	0.20
鉱石、工業用鉱物	0.13	0.13	0.13	0.13	0.12	0.12	0.12	0.12	0.12	0.12
建設用鉱物	0.61	0.61	0.62	0.62	0.62	0.63	0.63	0.64	0.64	0.65
全体平均	1.28	1.28	1.28	1.27	1.27	1.26	1.26	1.25	1.25	1.25

年	2030	2031	2032	2033	2034	2035	2036	2037	2038	2039
バイオマス	0.27	0.27	0.26	0.26	0.25	0.25	0.24	0.24	0.23	0.23
化石エネルギー	0.20	0.20	0.19	0.19	0.19	0.19	0.18	0.18	0.18	0.18
鉱石、工業用鉱物	0.12	0.12	0.12	0.12	0.12	0.12	0.12	0.12	0.12	0.12
建設用鉱物	0.64	0.64	0.64	0.63	0.63	0.63	0.62	0.62	0.62	0.61
全体平均	1.24	1.22	1.21	1.20	1.19	1.18	1.17	1.16	1.15	1.14

年	2040	2041	2042	2043	2044	2045	2046	2047	2048	2049	2050
バイオマス	0.22	0.22	0.22	0.21	0.21	0.20	0.20	0.20	0.19	0.19	0.19
化石エネルギー	0.18	0.17	0.17	0.17	0.17	0.17	0.16	0.16	0.16	0.16	0.16
鉱石、工業用鉱物	0.12	0.12	0.12	0.12	0.12	0.12	0.12	0.12	0.12	0.12	0.12
建設用鉱物	0.61	0.6	0.59	0.59	0.58	0.57	0.57	0.56	0.55	0.55	0.54
全体平均	1.13	1.11	1.10	1.09	1.07	1.06	1.05	1.04	1.02	1.01	1.00

出所：アクセンチュア分析、予測

・過去の資源利用データ（1961〜2010年）：フリドリン・クラウスマン、シモン・ギングリッジ、ニーナ・アイゼンメンガー、カールハインツ・エルブ、ヘルムート・ハーベルル、マリーナ・フィッシャーコヴァルスキー著「世界における資源利用の拡大　20世紀のGDPおよび人口」エコロジー経済学、68(10)、2009年8月15日

・過去のGDPデータ（1961〜2013年）：全米産業審議会「総合経済データベースー主な調査結果」
http://www.conferenceboard.org/data/economydatabase/　2014年1月現在

謝辞

次の方々には、本プロジェクト、インタビュー、チーム作業、レビュー、ディスカッションにおいて、多大なる貢献をいただき、知見を授かりました。心から感謝を申しあげます。

マリオ・アブレウ、リカルド・アールボム、デイビッド・エイクマン、ギーン・バン・アルケル、アイダ・アウケン、タチアナ・ババキナ、ギュンター・バッハマン、ジェマ・ベイカー、マイク・バリー、トン・バスティアン、イーブン・ベイヤー、レイナー・ベッカー、アンダース・ベーリング、ブルーノ・バートン、シシリア・ブランステン、マイケル・ブラウンガート、ヨースト・ブリンクマン、キャサリン・ブラウン、ヘンク・デ・ブルイン、ジェーン・ブライアット、フィリップ・バドマイヤー、ヴァネッサ・ブタニ、ナタリー・カルマース、リトゥ・チャンドラ、サー・イアン・マイケル・チェシャー、アダム・クーパー、シチェ・ダイクストラ、クウェンティン・ドレウェル、アレックス・ダフ、ジョン・ダットン、ケビン・Ｐ・エクリ、フレーク・ファン・エック、フリッツ・エンガラー、アレクサンダー・コロッデスキュリー、ジェイミー・レオン・エヴァンス、ノエル・フェルナンデス、ジェラルド・フィッシャー、ハビエル・フライン、デイビッド・ガードナー、ジェイソン・グード、ジェイムス・グレイソン、フェムカ・フロータス、ジャネット・ギュンター、トーマス・ハグランド、クラス・ハルバリ、ゲイリー・ハニファン、ジャン・ピエール・ハニキャー、マーク・ハバーラック、ジーン・フィリップ・ヘルミーネ、サイモン・ボアス・ホフマイヤー、フランス・ファン・ホーテン、スティーブ・ハワード、クリストファー・ヴィルスティーン、ソニー・カプール、ジャスティン・キーブル、アラン・ケーゾ、ヨースト・デ・クラウファー、ガウダム・クリシュナン、エレン・マッカーサー、ベニータ・マトフスカ、マーク・P・マクドナルド、ウィリアム・マクダナー、ロバート・P・マクナマラ、パラス・メタ、クイ・メンメン、アナ・パウヤ・ムンディム、カスパー・ミルゴー・ニールセン、ペダー・ホルク・ニールセン、マルシオ・ニグロ、シシリア・ノード、ポール・ヌーンズ、ザビネ・オーバーフーバー、ステファン・ペアツェット、ムリナル・パレーク、ギュンター・パウリ、クラウス・スティグ・ペダーセン、キャサリン・ペターソン、ヤネス・ポトチュニック、ヨルゲン・ブール・ラスムセン、クリスティン・レックバーガー、エイプリル・リンネ、エリック・ローランド、マグナス・ローゼン、デイビッド・ローゼンバーグ、ラチット・ランタ、ルイーサ・サンティアゴ、ステファン・シャルテガー、ジュリエット・ショア、ジェン・チュウ・スコット、ティナ・シニア、アディティア・シャルマ、フェイケ・シーベスマ、サマンティ・シルバ、マーテンス・ショアーズ、ローナ・ソリス、バート・バン・ソン、マーク・スペルマン、ウォルター・スタヘル、パー・ストルツ、ヘンリック・サンストラム、キム・チョア、クラウス・テプファー、マルコ・トレグロッサ、ヴァータン・ヴァルタニアン、アンドレ・ベネマン、マティス・ヴァッカーナゲル、ドミニク・ウォーレイ、トビー・ウェブ、ダアン・ウェデポール、エルンスト・ヴァイツゼッカー、フォッコ・ヴィンチェス、ジョンソン・イエ、シト・ユーバー、ダーチアン・ツー

著者略歴

ピーター・レイシー (Peter Lacy)

アクセンチュア・ストラテジー グローバル・マネジング・ディレクター
国連、世界経済フォーラム、各国政府、CEOを対象にコンサルティングを行う。オックスフォード大学の特別研究員を務め、WEFヤング・グローバル・リーダーにも選出。「サーキュラー・エコノミー」推進に向けたビジネスイノベーションを表彰する「The Circulars」の共同創設者。

ヤコブ・ルトクヴィスト (Jakob Rutqvist)

アクセンチュア・ストラテジー マネジャー
北欧サステナビリティリーダーシップチームのメンバー。アクセンチュア入社以前は、イノベーション、気候変動、エネルギーに関するロビイストとして、国際連合など政府系機関の活動に携わる。ハーバード大学卒業。

監訳者略歴

牧岡宏

アクセンチュア・ストラテジー マネジング・ディレクター
東京大学工学部卒業。マサチューセッツ工科大学経営科学修士。全社成長戦略、組織・人材戦略、M&A戦略などの領域において幅広い業界のコンサルティングに従事。

石川雅崇

アクセンチュア・ストラテジー マネジング・ディレクター
同志社大学商学部卒業。ノースウエスタン大学経営大学院アドバンスドビジネスマネジメントプログラム修了。デジタルによる企業戦略策定、IoTによる企業変革を推進。早稲田大学理工学術院客員教授。

訳者略歴

アクセンチュア・ストラテジー

ビジネスとテクノロジーを融合させ、ビジネス価値を創造する戦略パートナー。ビジネス／テクノロジー／オペレーション／ファンクションの各戦略における高い専門性を組み合わせ、業界に特化した戦略の立案と実行を通してお客様の変革を支援。デジタル化時代における創造的破壊への対応や競争力強化、グローバル・オペレーティング・モデル構築、人材力強化、リーダーシップ育成などの経営課題に注力し、効率性向上だけではなく成長の実現に貢献している。
https://www.accenture.com/strategy

サーキュラー・エコノミー
デジタル時代の成長戦略

2016年11月22日　発行
2017年8月7日　2刷

著　者　ピーター・レイシー
　　　　ヤコブ・ルトクヴィスト
監訳者　牧岡宏
　　　　石川雅崇
訳　者　アクセンチュア・ストラテジー

発行者　金子　豊
発行所　日本経済新聞出版社
　　　　東京都千代田区大手町1-3-7　〒100-8066
　　　　電話（03）3270-0251（代）
　　　　http://www.nikkeibook.com/

装　幀　松田洋一
印刷・製本　中央精版印刷
本文ＤＴＰ　キャップス

ISBN978-4-532-32123-9